国家卓越工程师教育培养计划系列丛书
国家级“轨道交通通信与控制虚拟仿真实验教学中心”系列丛书
国家级“电子信息与计算机实验教学中心”系列丛书

轨道交通信号与控制综合实验

戴胜华　李正交　编著

中国铁道出版社

2017年·北京

内 容 简 介

本书为国家卓越工程师教育培养计划系列丛书、国家级“轨道交通通信与控制虚拟仿真实验教学中心”系列丛书、国家级“电子信息与计算机实验教学中心”系列丛书之一。全书共分为九章，内容包括：列车运行控制虚拟仿真实验、运营系统虚拟仿真综合实验、信号系统虚拟仿真综合实验、应答器点式地—车通信实验、机车信号连续式地—车通信实验、分散自律调度集中实验、计算机联锁实验、信号集中监测实验、轨道交通信号事故再现与分析实验。

本书可作为高等院校或者职业技术院校轨道交通信号与控制专业实验教学用书，也可供相关学科的教师、实验和工程技术人员学习参考。

图书在版编目(CIP)数据

轨道交通信号与控制综合实验/戴胜华，李正交编著．—北京：中国铁道出版社，2017.8

（国家卓越工程师教育培养计划系列丛书）

ISBN 978-7-113-23213-9

Ⅰ.①轨… Ⅱ.①戴… ②李… Ⅲ.①轨道交通-交通信号-信号系统-实验-职业培训-教材 Ⅳ.①U284-33

中国版本图书馆 CIP 数据核字(2017)第 129594 号

书　　名： 国家卓越工程师教育培养计划系列丛书
国家级“轨道交通通信与控制虚拟仿真实验教学中心”系列丛书
国家级“电子信息与计算机实验教学中心”系列丛书
轨道交通信号与控制综合实验

作　　者： 戴胜华　李正交　编著

策　　划： 朱敏洁
责任编辑： 朱敏洁　　**编辑部电话：** 010-51873134　　**电子信箱：** zhuminjie1105@163.com
封面设计： 郑春鹏
责任校对： 苗　丹
责任印制： 高春晓

出版发行： 中国铁道出版社（100054，北京市西城区右安门西街 8 号）
网　　址： http://www.tdpress.com
印　　刷： 三河市宏盛印务有限公司
版　　次： 2017 年 8 月第 1 版　2017 年 8 月第 1 次印刷
开　　本： 787 mm×1 092 mm　1/16　印张：14　字数：339 千
书　　号： ISBN 978-7-113-23213-9
定　　价： 42.00 元

序

2012年，教育部修订了《普通高等学校本科专业目录》，将自动化（铁道信号）更名为轨道交通信号与控制专业，并将其作为国家特设专业。轨道交通信号与控制专业由原来十余所高校开设的小专业，变为全国近百所高校开设的工科专业，北京交通大学作为教育部铁路运输与工程教指委“轨道交通信号与控制专业”教学指导组组长单位，根据自身专业发展优势，特别是轨道交通信号与控制专业卓越工程师培养的前期经验，按照工程教育认证要求，以学生为中心，成果导向教育（Outcome-based Education，OBE）为理念，特推出面向“卓越工程师教育培养计划”的系列教材，为信号专业卓越工程师的培养提供参考。

北京交通大学轨道交通信号与控制专业已有六十余年的历史，依托“交通信息工程及控制”国家级重点学科、“轨道交通控制与安全”国家重点实验室、“轨道交通运行控制系统”国家工程研究中心、“城市轨道交通自动化控制”北京市重点实验室以及国家轨道交通通信与控制虚拟仿真实验教学中心、国家电工电子实验教学示范中心、国家电子信息实验教学中心和北京交通大学—郑州铁路局国家级工程实践教育中心，专业建设不断取得突破，2010年进入“卓越工程师教育培养计划”，同年成为国家特设专业建设点。

为了更好地呈现轨道交通信号与控制专业卓越工程师的培养，在校内现有的课程教学体系基础上，与专业认识实习、企业实习、生产实习相结合，与企业工程素质培养相协调，突出应用理论的工程实践教学，特推出面向卓越工程师教育培养计划校外实践教学的系列教材。

本套轨道交通信号与控制专业国家卓越工程师教育培养计划系列丛书、国家级“轨道交通通信与控制虚拟仿真实验教学中心”系列丛书、国家级“电子信息与计算机实验教学中心”系列丛书，目前首批出版四册，分别是《铁路信号抗干扰技术及实践》《CTC系统原理与应用》《编组站调车控制系统》《轨道交通信号与控制综合实验》。

本套丛书凝聚着一大批校内外卓越工程师教育培养计划教育者的智慧和汗水。谨以此书献给为轨道交通信号与控制专业培养人才的同志们。

戴胜华

2017年2月

前　言

《轨道交通信号与控制综合实验》是国家卓越工程师教育培养计划系列丛书、北京交通大学国家级“轨道交通通信与控制虚拟仿真实验教学中心”系列丛书、国家级“电子信息与计算机实验教学中心”系列丛书之一，以培养学生基本专业实践技能为目标，是北京交通大学轨道交通信号与控制专业本科生开设的实践性必修课程。

本教材按照中国工程教育认证要求设计，以学生为中心，按照成果导向教育(Outcome-based Education，OBE)理念根据轨道交通与控制专业培养目标、毕业要求反向设计课程体系，并进行有效的达成度评价进行持续改进，是在北京交通大学轨道交通信号与控制专业多年来课程实验及综合实验设计教学改革的基础上编写而成的，汇集了多年的实验实践教学经验。

目前本教材支撑轨道交通信号与控制专业以下毕业要求指标点：

1. 依据解决方案，实现系统或模块，在设计实现环节上体现创造性。

本教材中所涉及的实践内容，包含有实验方案设计环节，学生需要根据所学知识，对实验方案进行设计，并对不同方案的实验效果进行比对分析，确定最优设计方案。

2. 学会使用现代工程工具和信息技术工具，并能够理解其局限性。

本教材的实验内容在实验过程中需要运用现代工程工具和信息技术工具对实验结果的可靠性和有效性进行合理的分析，实现信号特性的基本评估。评估的主要指标包括：电压特性、电流特性、频率特性、幅值特性等，实现轨道交通信号的综合分析。

3. 理解团队工作中不同角色的责任，具有协作精神。

本教材的实验内容由同学分组合作完成，学生在完成实验过程中需要对实验内容进行有效的分工，最终合作完成实验任务，并保证合理的进度。

本教材共九章，第一章为列车控制虚拟仿真实验，以列车运行控制原理为实验教学核心，重点介绍京沪高铁列控虚拟仿真综合实验、列车模拟驾驶虚拟仿真实验、列车运行控制综合实验；第二章与第三章，以虚拟仿真人机交互实验方式，重点介绍高速铁路运营系统、高速铁路信号系统的组成及工作原理、关键设备操作方法、检修及故障处理等技术性知识，以及信号工安全作业、事故救援、职业道德等非技术性知识；第四章与第五章为地—车通信实验，重点介绍应答器点式传输、机车信号连续式传输两种信息传输设备的关键性能指标的测试与判定实验方法;第六章为调度集中实验,主要介绍列车接车、发车、调车、超车、组合与分解等关键功能性实验;第七章为计算机联锁实验,主要介绍列车、调车以及特殊进路的办理与解锁实验;第八章为信号集中监测实验,主要介绍信号机回路电流、开关量、外电网、半自动闭塞、25 Hz 相敏轨道电路、道岔表示及动作等铁路信号的监测原理及方法实验;第九章,通过轨道交通信号事故再现与分析实验,让学生在观察事故的同时重视安全问题,通过对事故原因的查找、分析与解决,培养学生的安全意识、创新意识和实践动手能力。

本教材由戴胜华、李正交编著,北京交通大学轨道交通通信与控制虚拟仿真实验教学中心轨道交通信号与控制教学团队教师参与编写。在本书的编写过程中,还得到了北京交大微联有限公司戴亮、时崇仁,北京交大思诺科技有限公司张一驰、吕志卿,北京交通大学赵会兵、袁磊、刘雨、杨吉、周庆飞、姚锐、杜俊霖、曹李竹、秦发园、邢玉龙、刘菁华,以及 2011 年至 2016 年参与综合实验教学改革的轨道交通信号与控制专业所有本科生及研究生助教等单位和相关人员的大力支持,在此表示感谢。

随着中国列车运行控制系统的不断发展,轨道交通信号与控制技术必将进一步发展与完善,期望本书对轨道交通信号与控制专业实验教学工作的开展有所帮助。由于时间和水平有限,不妥之处望给予指正。

编　者

2017 年 5 月

目　　录

第一章　列车运行控制虚拟仿真实验

本章作为列车运行控制虚拟仿真实验内容，前三节以高速铁路列车运行控制技术为支撑，通过京沪高铁列控虚拟仿真实验系统及列车运行控制实验模块来完成列车运行控制虚拟仿真实验，由于章节限制，本书仅对京沪高铁列控虚拟仿真实验系统的架构、实验内容及基本操作流程进行了简要描述，详细实验内容会在后续系列实验丛书中进行详细描述；本章后四节以城市铁路列车运行控制技术为支撑，通过城铁列车模拟驾驶实验平台，从模拟驾驶、多列车运行模式、故障排除等方面对列车运行控制虚拟仿真实验进行描述。

第一节　京沪高铁列控虚拟仿真综合实验

京沪高铁列控虚拟仿真实验平台针对高速铁路列车运行控制系统级结构架构学习、同一时刻跨区域操作、信息流传输显示等问题搭建而成，以京沪高铁 CTCS-3 级列控系统总体结构图为依据，利用半实物仿真的方式，提供 CTCS-3 级高速铁路列控系统的仿真环境，并能够提供列控原理仿真、系统实际操作和故障设置及恢复功能，依托本平台设计的实验能够使本科生在同一时刻同一区域对 CTCS-3 级列控系统的整体架构进行学习与操作，特别是列控系统设备间信息流向有清晰的认知，便于更全面、更详细、更具体地理解和掌握 CTCS-3 级列车运行控制系统工作原理与操作流程，通过引入故障设置与恢复功能，了解现场存在的问题，并有针对性的分析与解决。京沪高铁列控系统虚拟仿真系统总体结构如图 1-1 所示。

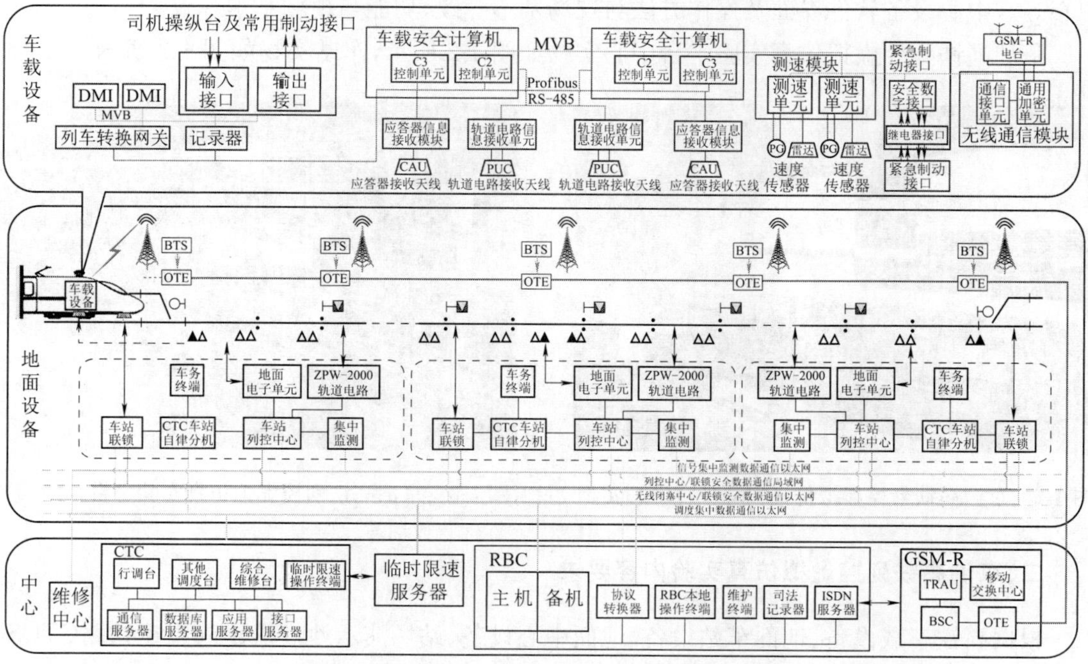

图 1-1　京沪高铁列控虚拟仿真系统总体结构

一、京沪高铁列控虚拟仿真实验平台介绍

本仿真实验系统由高铁站场演示沙盘、高铁列控车载设备、高铁列控地面车站设备、高铁列控地面中心设备等构成，同时配有高铁列控综合实验。

1. 高铁站场演示沙盘，根据实验中心场地大小以及京沪高铁线路长度等比例设计，沙盘长 15 m，宽 1 m，高 0.75 m，设北京南站、南京南站、上海虹桥站等三个高铁站，共三站两区间。区间及站内信号设备（信号机、道岔、轨道电路、应答器、GSM-R 无线基站）、股道数量和线路结合京沪高铁各车站及区间线路实际情况以及实验中心场地大小简化设计，最大限度上复原京沪高铁；沙盘上实际铺设的轨道线路长 13.18 m，1 cm 代表实际线路 1 km，沙盘上列车行车速度也需按此比例设置。

2. 高铁列控车载设备，配有可供沙盘线路上可靠分路、灵活行走的各种常见车型的动车组模型，能与计算机联锁设备配套使用。车辆数量投标方根据投标技术方案合理配置，采用无线遥控方式，根据信号显示自动发指令进行行车控制，机车具备无级调速或 3～5 级速度调节功能。同时列车上配有车载 DMI，实现人机交换功能。

3. 高铁列控地面车站设备，京沪高铁线路 3 个车站（北京南站、南京南站、上海虹桥站），相关信号设备的操作界面与现场基本一致，操作设备数量采用单套设备。各车站信号设备主要包括车站联锁系统、车站列控中心、信号集中监测车站子系统、CTC 车站子系统（含自律分机、车务终端）等；各车站信号设备操作软件界面及操作方法与现场基本一致，功能与现场基本一致。

4. 高铁列控地面中心设备，京沪高铁线路根据实验需要可设中心系统一套，主要包括无线闭塞中心（RBC）、GSM-R 无线通信中心、临时限速服务器、CTC 中心子系统、信号集中监测中心等。中心设备软件界面及操作方法与现场基本一致，功能与现场基本一致。

京沪高铁列控虚拟仿真实验平台中心实物如图 1-2 所示，车站实物如图 1-3 所示。

图 1-2　京沪高铁列控虚拟仿真实验平台中心实物

图 1-3　京沪高铁列控虚拟仿真实验平台车站实物

二、京沪高铁列控虚拟仿真实验内容要求

根据高铁车载设备、地面车站设备、地面中心设备、站场演示沙盘搭建的高速铁路CTCS-3级虚拟仿真实验系统各设备间能够按照真实列控系统正常通信、控制与操作，能够完整复现

CTCS-3 级列控系统列车作业、调车作业全过程，同时根据实验及现场实操要求。相关信号设备操作软件界面及操作方法与现场基本一致，功能与现场基本一致，且相关数据可供学生显示、采集与存储，用于实验教学。

三、京沪高铁列控虚拟仿真实验操作步骤

1. 系统开启步骤

(1)系统上电；依次打开 CTC、RBC、TSRS、CBI、CSM 等列控系统。

(2) 等待所有软件自启动完成，启动列车，按运行图作业计划操作即可。

2. 系统运行步骤

依托运行图作业计划，按计划操作各列控设备完成相关作业任务。

3. 系统关闭步骤

(1)等待作业计划运行完毕；关闭列车。

(2) 依次关闭 CTC、RBC、TSRS、CBI、CSM 等列控系统；系统断电。

四、列车运行控制虚拟仿真实验报告要求

1. 根据作业计划详细记录实验操作过程及作业结果。
2. 记录实验中遇到的问题，思考原因。
3. 简述个人实验心得体会。

第二节　列车限制速度曲线绘制实验

一、实验目的

理解列车运行控制系统的核心功能；掌握列车运行控制系统车载设备限制速度曲线的原理。

二、实验原理

1. 超速防护原理

列控系统的核心功能之一是超速防护，包括：防止列车超速、防止列车越过危险点。

在典型的列控系统中，车载设备一般是完成上述超速防护功能的最终环节。车载设备首先计算列车当前的允许速度，即列车当前运行的限制速度 v_L。然后，车载设备实时比较列车当前速度 v_0 是否小于当前的限制速度 v_L。如果检测到 v_0 大于 v_L，则判断列车超速或即将越过危险点，并通过施加制动的方式来干预列车运行，使列车不超速，或在危险点停车。

车载设备在计算列车当前的限制速度 v_L 时，需要知道以下信息：①列车当前位置距前方危险点的距离；②线路条件，如：前方轨道区段是否有限速等。

如图 1-4 所示为列车超速防护的简化结构图。

图 1-4　列控系统超速防护原理

为简化起见,假定车载设备只能施加一种等级的制动。列车超速防护功能可简化表示为下面的伪代码。

```
while (1)
{
    ReceiveDataFromTrackside;//从地面设备接收信息,包括危险点位置和临时限速信息
    CalculateSpeedAndPosition;//计算列车当前速度和位置
    CalculateSpeedLimit;//计算列车当前限速
    if (v_now > v_limit)      //判断是否超速
        Brake;          //输出制动
}
```

本实验要求编程实现上述底色为灰的函数的功能。

2. 列车动力学原理

把列车作为控制对象,我们需要了解列车的动力学特性。列车的动力学模型经适当简化后,可认为其特性如下:

简单来讲,当车载设备输出制动命令时,列车牵引切断和制动力真正达到 100%需要一定时间,称为制动延时。因此,我们假定车载设备开始触发制动需经过两个阶段:第一阶段为空走阶段,列车制动力为 0,牵引力保持制动前状态,持续时间是牵引切断延时;第二阶段为制动阶段,牵引被切断(牵引力为 0),制动力为 100%。

三、实验内容

假设列车在一段长 1 500 m 的试验线上运行。列车运行起点在 60 m 处,运行方向沿着里程增加的方向运行。

列车数据:列车全长 55 m,最大牵引加速度为 1.7 m/s^2,最大制动减速度为 1.5 m/s^2,牵引切断延时 6 s。

线路情况：

(1)试验时为保证安全,要求列车运行时不得超过 1 400 m 处。

(2)全线要求限速 100 km/h;

(3)限速 1:在 400～450 m 之间,要求限速 90 km/h(新增的条件);

(4)限速 2:在 600～900 m 之间,要求限速 40 km/h(新增的条件);

请编程计算列车在线路上各点的限制速度(每隔一厘米计算一个速度点)。限制速度是指:为保证行车安全,当列车速度超过此速度值后,必须采取制动措施。

四、实验报告要求

实验结果应包含三个文件:一个图片文件、一个 txt 格式的文本文件和一个实验报告文件。三个文件的要求如下。

(1)图片格式文件(如:jpg、bmp 格式):绘制限制速度曲线图。横坐标为公里标,纵坐标为速度,如图 1-5 所示。

(2)文本文件(txt 格式):文件记录线路每一处对应的安全运行速度。每隔 1 cm 记录一个速度点。文件记录格式为(如图 1-6 所示):

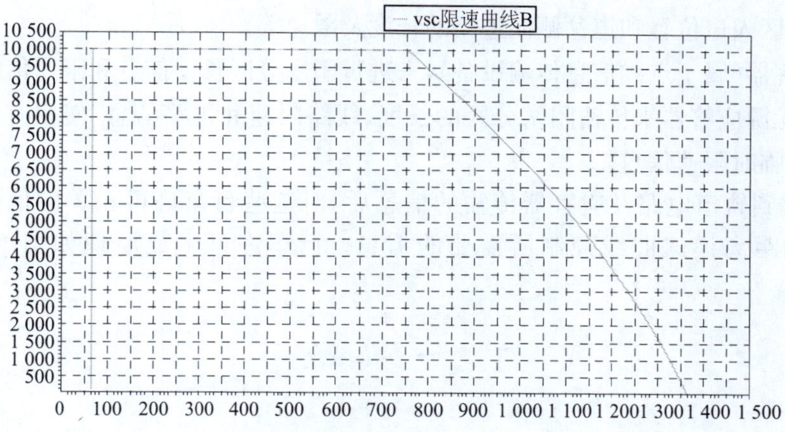

图 1-5　实验报告图片文件

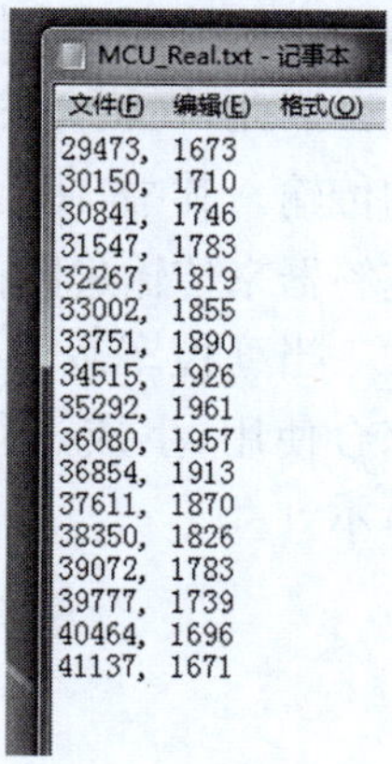

图 1-6　实验报告文本文件

①纯文本格式,保存为 txt 文件。

②每一行记录一个点,格式为:“位置,速度”,表示一个点的“位置—速度”信息。

③表示位置的数值,其单位为厘米(cm)。

④表示速度的数值,其单位为厘米每秒(cm/s)。

⑤在一行中,位置在前,速度在后,中间用逗号“,”隔开。注意:用半角的逗号(即英文逗号),不得用中文逗号。

(3)实验报告文件(如:word 格式):描述你所做的工作,通过实验报告文档向他人展示你的成果。实验报告内容不限,以能把问题说清楚为准。可包括:问题分析、方案设计、方案实现、结果分析、感想和体会等。

第三节 列控系统行车许可使用实验

一、实验目的

理解列车运行控制系统地面设备工作原理以及车载设备使用 MA 的原理。掌握列控系统车载设备基本工作原理，初步具备解决列控系统实际工程问题的能力。

二、实验原理

1. 列控系统行车许可生成原理

列车运行控制系统（本节以 CTCS-2 级为例进行行车许可使用实验介绍，后文简称列控系统）是基于轨道电路和应答器传输列车行车许可信息，采用目标距离模式曲线监控列车安全运行的列车运行控制系统。对于列控设备来说，行车许可终点就是列车前方被占用闭塞区入口，列控车载设备为实现监控列车运行速度的功能，必须确定前方被占用闭塞区的入口位置和入口速度，以及车头到行车许可终点之间的线路数据和限速信息。

列控系统地面设备中，轨道电路通过发送 18 个低频信息，连续向车载设备发送列车前方空闲闭塞分区数量信息以及列车接近的车站信号机开放经道岔侧向位置进路信息，但无法发送确定的前方被占用闭塞区入口位置和道岔侧向进路的长度及限速等。

因此，在轨旁安装应答器（属于点式信息传输设备），来进行闭塞分区长度信息和限速信息的传输。其中，使用区间无源应答器来传输闭塞分区的长度、线路限速和进路信息，使用有源应答器来传输进路信息和临时限速信息。

当列控车载设备接收到轨道电路及应答器传输的信息后，对这些行车许可相关的信息综合使用，生成进行目标距离模式曲线控制所需要的信息。行车许可生成原理如图 1-7 所示。

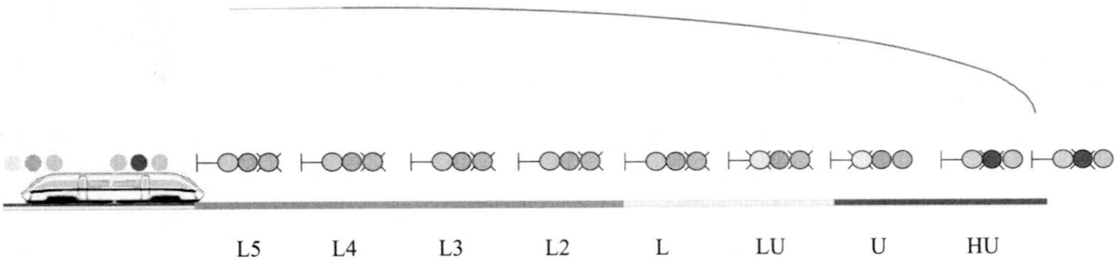

图 1-7 行车许可生成原理

2. 列控系统行车场景

列控系统中，列车运行可分为区间行车和站内行车，其中站内行车的典型场景包括正线接/发车、侧线接/发车、侧线大号码道岔接/发车、引导接/发车等，在本实验中，我们考虑站内接车的情况。不同的场景中，轨道电路的码序和行车速度要求也不同。

当接车信号未开放时，列车的行车许可终点应在进站信号机，对于车载设备应按照机外停车的方式进行模式曲线计算和速度防护。其轨道电路码序及模式曲线如图 1-8 所示。

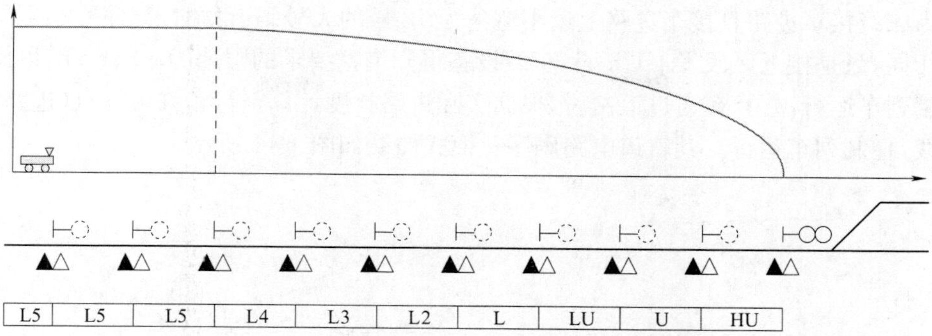

图 1-8　机外停车

当接车进路已排列，进站信号机开放后，则列车根据进路不同分别进行控制。

若为正线接车进路，则行车许可终点延伸至出站信号机，覆盖正线股道，列车即将进入正线，停在出站信号机之前。其轨道电路码序及模式曲线如图 1-9 所示。

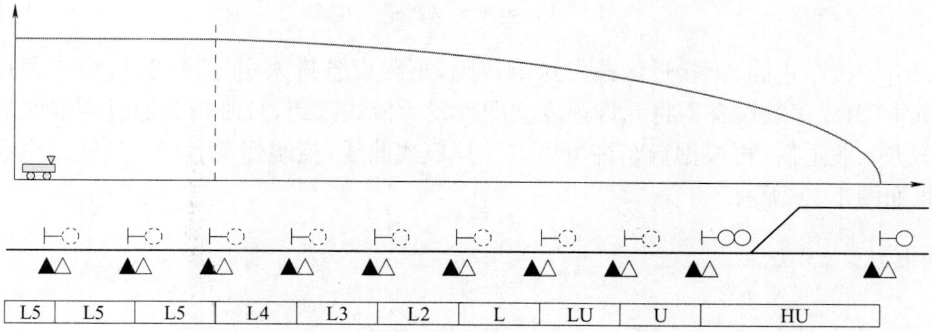

图 1-9　正线接车

若为侧线接车进路且接车进路上最小道岔为 18 号以下道岔时，行车许可终点延伸至出站信号机，覆盖侧线股道，列车即将进入侧线，停在出站信号机之前。在接近区段发 UU 码，当列车行至该区段时，通过码序得知即将进入侧线，并且道岔要求限速 40 km/h，则车载设备将接近区段的出口速度设为 40 km/h，以此为目标速度控制列车运行，并且在通过道岔后，根据实际进路长度计算至行车许可终点（进路终点）的限速曲线，控制列车运行。其轨道电路码序及模式曲线如图 1-10 所示。

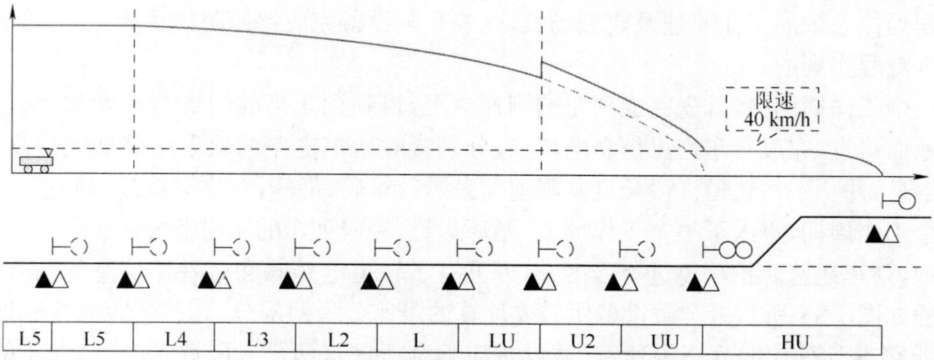

图 1-10　侧线接车

若为侧线接车进路且接车进路上最小道岔为 18 号的大号码道岔时，与侧线小号码道岔接车流程相同，只是接近区段发 UUS 码，车载设备得知道岔要求的限速为 80 km/h，以此为目标速度控制列车运行，并且在通过道岔后，根据实际进路长度计算至行车许可终点（进路终点）的限速曲线，控制列车运行。其轨道电路码序及模式曲线如图 1-11 所示。

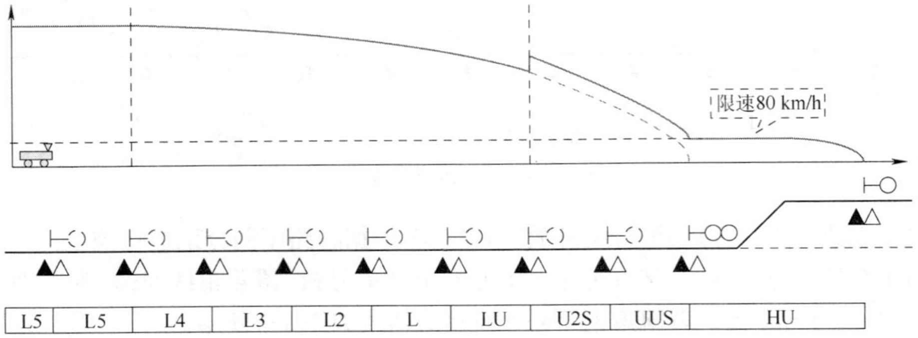

图 1-11　侧线大号码道岔接车

若为引导接车进路，则接近区段发送 HB 码，车载设备进入引导模式，该模式存在模式限速 40 km/h，因此车载设备需将允许速度立即设置为模式限速，且维持到通过咽喉区的无码（B 码），列车进入股道后，再根据行车许可终点计算模式曲线，控制列车运行。其轨道电路码序及模式曲线如图 1-12 所示。

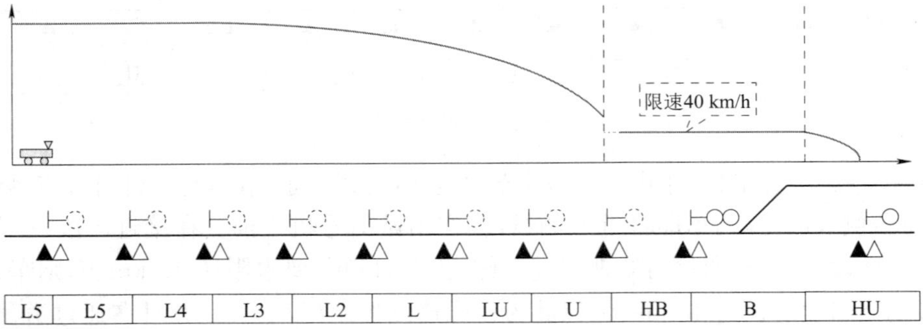

图 1-12　引导接车

3. 列控系统车载设备超速防护功能工作原理

根据列控系统的工作原理及典型场景，列控车载设备完成超速防护功能，是通过如图 1-13 中的基本流程实现的。

在一个工作周期中，首先完成列车的测速测距，得到列车当前的走行速度和走行距离，然后读取地面信息，完成行车许可信息的传输，分别接收轨道电路的轨道电路低频信息，再接收应答器信息，并从中将轨道区段长度及限速信息进行解码，最后，完成车载超速防护功能，这样结束一个工作周期，进入下一个工作周期，循环运行，完成列车的实时监控。

其中，列车超速防护功能进一步展开，可见有了轨道电路码和应答器信息的输入，其基本工作流程如图 1-14 所示。车载设备所需要计算的限速分为两部分：速度—距离模式曲线上的线速和线路本身存在的静态限速，车载设备应综合考虑这两部分限速，完成对列车的超速防护。因此，车载设备根据之前从地面获得的闭塞分区长度、线路限速、轨道电路码、当前速度和当前位置，首先能够根据轨道电路码和闭塞分区长度，确定 EoA 或 LoA，即根据列车的当前走行距离计算到目标点的距离以及目标点限速，确定目标距离以及目标速度后，计算列车的距离—速度防护曲线在当前位置的曲线限速；再根据列车当前所处的位置和应答器提供的线路限速信息，得到当前点所对应的线路限速值，综合考虑这两部分限速后，能够确定列车在当前位置的最终允许速度值.根据这个允许速度，完成与实际速度的对比，采取超速防护措施，即超过允许速度就要输出制动，若速度在允许速度以下，则缓解制动。

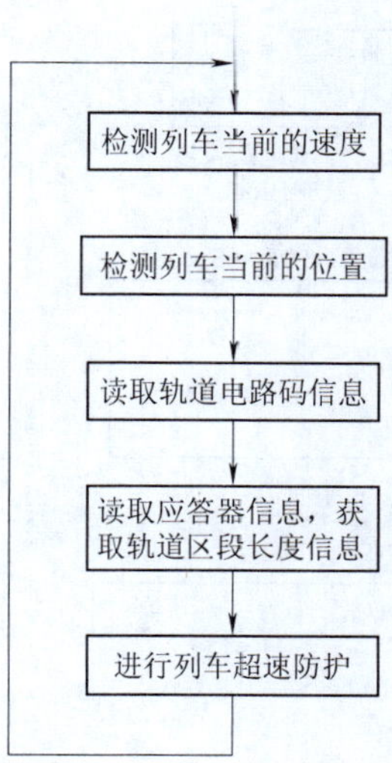

图 1-13　车载设备基本工作流程

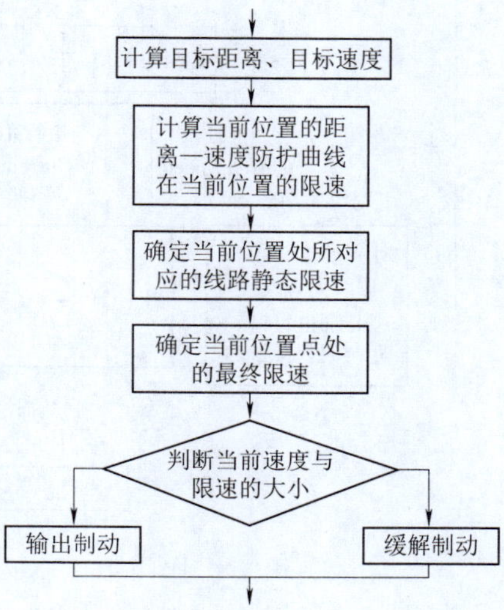

图 1-14　列车超速防护功能基本工作流程

三、实验环境

1. 实验仿真环境使用方法

根据上述车载设备超速防护功能原理，在本实验中，我们模拟了一个列车运行控制系统，需要实验人员对列控车载设备超速防护功能进行具体实现。

在这个列控系统仿真环境中，模拟列车运行的线路如图 1-15 所示。

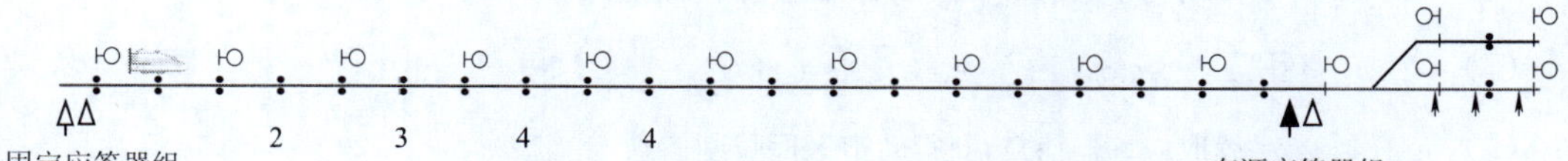

图 1-15　列车运行线路

为了简化起见，将列车运行的线路设定为：该线路共由 11 个闭塞分区构成，线路上列车只会经过两个应答器组，固定应答器组 BG1 和进站口的有源应答器组 BG2，当列车经过应答器组的时候，会收到它们提供的信息：

BG1 提供固定的各闭塞分区长度和线路限速；BG2 提供列车进路长度和进路处的线路限速。

注意：我们认为列车开始以一定的初速度通过了固定应答器组 BG1，并假定列车位置的递增均表示基于应答器组 BG1 的位置偏移量。并且，两个应答器组的位置认为与闭塞分区起点重合。

仿真实验环境的主要结构和相互关系如图 1-16 所示。其中的超速防护程序部分是需要填写的实验部分,其他模块是仿真环境已经编写好的后台程序,对实验人员不可见。

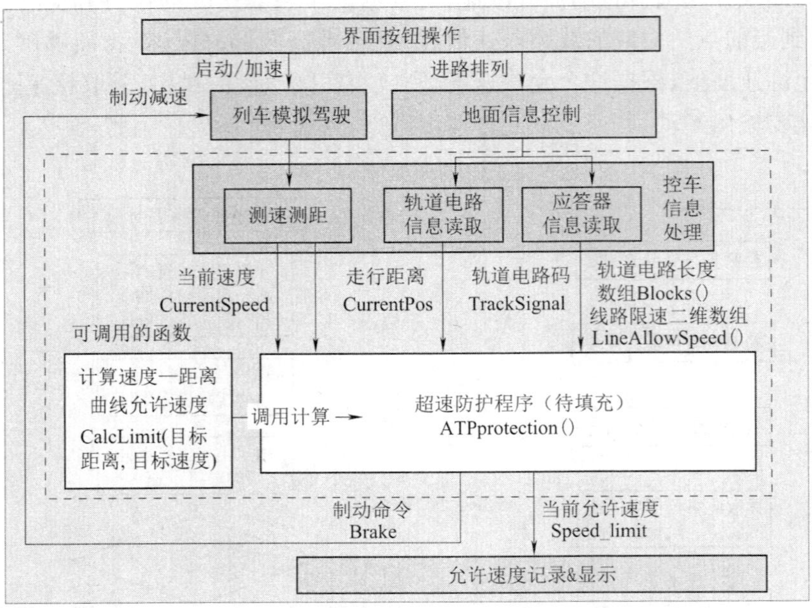

图 1-16 Excel 仿真环境结构

列控车载设备为完成超速防护功能,其控制程序(上图中虚框部分)大致为:

```
(1) while (1)
(2) {
(3)        //测速测距
(4)        CurrentSpeed = CalculateSpeed();
(5)        CurrentPos = CalculatePosition();
(6)        //读取列车当前所在区段的轨道电路码信息
(7)        TrackSignal= ReadTrackCircuit();
(8)        //读取应答器信息,获得轨道区段长度信息
(9)        ReadBalise(&Blocks, &LineAllowSpeed);
(10)       //生成行车许可,并判断是否需要实施制动或缓解制动
(11)       ATPprotection();
(12)}
```

以上代码为仿真环境完成,灰色部分为不可见。但是 ATPprotection ()函数需要由实验完成人填写。

根据车载超速防护功能原理可知,若想要实现超速防护功能,需要有闭塞分区长度、线路限速、轨道电路码、当前速度和当前位置的信息输入,在实验仿真环境中,这些信息分别由不同的函数模块向实验待填充部分程序,即超速防护程序部分 ATPprotection()提供。

(1)列车测速测距信息

后台程序模拟列车驾驶,将列车当前的速度和走行距离用全局变量 CurrentSpeed 和 CurrentPos保存,提供给实验完成者直接使用。其中,列车当前速度 CurrentSpeed 以 km/h 为单位,而定义列车当前运行距离 CurrentPos 时,认为应答器组 BG1 为距离坐标原点,则该运行距离表示列车距离应答器组 BG1 的距离增量,以 m 为单位,如图 1-17 所示。

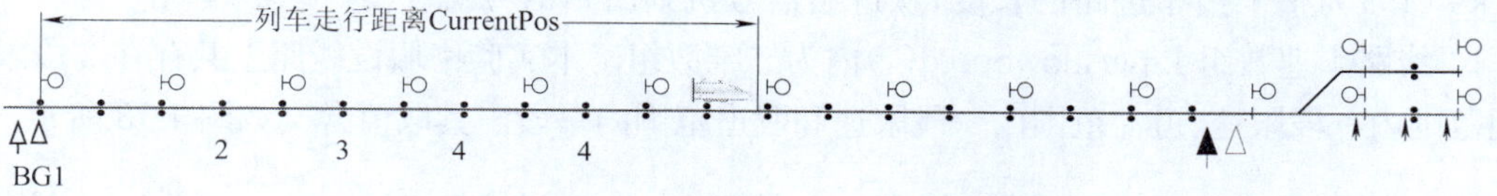

图 1-17 列车走行距离 CurrentPos 定义

(2)应答器及轨道电路信息

根据列控系统的行车许可的原理可知轨道电路码告知前方空闲的闭塞分区个数,应答器数据告知前方线路数据,包括轨道区段长度等信息。

后台程序会完成应答器数据和轨道电路码实时读取的功能,并把当前的轨道电路码和应答器数据用变量保存,实验人员在编写 ATPprotection()程序时,可直接使用该变量,不用考虑对应答器和轨道电路数据的读取。这些变量包括:

①轨道电路码(TrackSignal):表示当前收到的轨道电路低频码。轨道电路低频码含义如表 1-1 所示。

表 1-1 轨道电路低频码含义

低频码	含 义
L5 码	表示运行前方 7 个及以上闭塞分区空闲
L4 码	表示运行前方 6 个及以上闭塞分区空闲
L3 码	表示运行前方 5 个及以上闭塞分区空闲
L2 码	表示运行前方 4 个及以上闭塞分区空闲
L 码	表示运行前方 3 个及以上闭塞分区空闲
LU 码	表示运行前方 2 个闭塞分区空闲
U 码	表示列车运行前方 1 个闭塞分区空闲
U2 码	要求列车限速运行,预告列车运行前方闭塞分区为 UU 码
UUS 码	要求列车限速运行(默认限速值:80 km/h),表示列车接近的地面信号机开放经 18 号及以上道岔侧向位置进路
UU 码	要求列车限速运行(限速值:45 km/h),表示列车接近的地面信号机开放经道岔侧向位置的进路
HB 码	表示列车接近的进站或接车进路信号机开放引导信号或通过信号机显示容许信号
HU 码	要求及时采取停车措施,在本闭塞分区内停车
B 码	轨道电路检测码

②应答器信息:包括闭塞分区长度和线路限速,由 Blocks()和 LineAllowSpeed(,)两个数组分别存储从两个应答器组 BG1 和 BG2 接收的闭塞分区长度和线路限速,仿真平台已综合

两个应答器组的信息，当列车经过 BG2 后，限速信息会进行自动更新。实验完成人员可直接使用这两个变量，而不用关心其数据更新问题。

a. 闭塞分区长度数组 Blocks()：大小为 11，分别表示 11 个闭塞分区的长度，排列顺序按距离 BG1 由近及远的顺序排列。即 Blocks (0)表示距离应答器组 BG1 最近的轨道区段的长度(从信号机到信号机)；Blocks (1)表示距离应答器第 2 近的轨道区段的长度，以此类推，Blocks (10)为整个接车进路的长度，从进站信号机到出站信号机。

b. 线路限速数组 LineAllowSpeed(,)内为二维数组。本实验中假设线路上共存在 3 段限速，区间范围内一段限速、道岔范围内一段限速和股道范围内一段。其取值含义如图 1-18 所示。

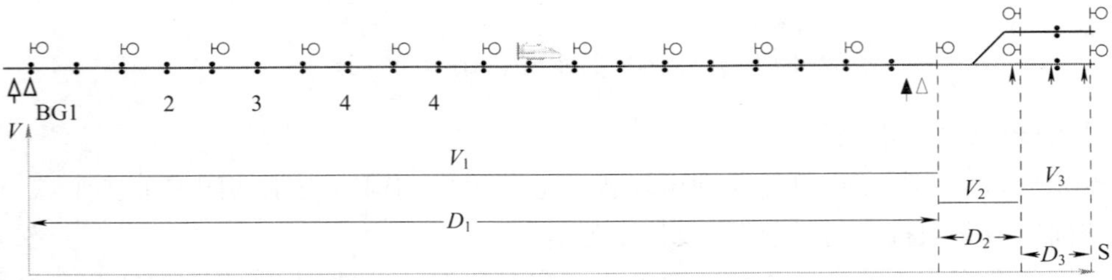

图 1-18　线路限速定义

对应二维数组的存储结构和取值如表 1-2 所示，第一维保存的为限速的起点距离，第二维保存的为该段限速的限速值。

表 1-2　线路限速数组定义

限速内容	限速起点 m		限速值 km/h	
	取值	数组中位置	取值	数组中位置
区间限速	D_1	LineAllowSpeed(0,0)	V_1	LineAllowSpeed(0,1)
道岔限速	D_2	LineAllowSpeed(1,0)	V_2	LineAllowSpeed(1,1)
股道限速	D_3	LineAllowSpeed(2,0)	V_3	LineAllowSpeed(2,1)

2. 实验部分程序说明

本实验的目的是让实验人员自行完成超速防护程序 ATPprotection，该部分是一个有形参的函数，根据列车超速防护工作流程，其大致结构为：

```
ATPprotection (闭塞分区长度,线路限速,轨道电路码,当前速度,当前位置)
{
//首先根据轨道电路码和闭塞分区长度,确定 EoA 或 LoA
//也就是说,要根据列车的当前走行距离计算到目标点的距离以及目标点限速
//请填写程序完成这项功能,自行定义目标距离和目标速度的变量
//实验人员自行填写程序

//根据目标距离及目标速度,计算列车的距离- 速度防护曲线在当前位置的曲线限速
//这里,计算曲线限速值可用公式不用编写程序,仿真环境提供了计算函数
//直接调用 CalcLimit(targetDist, targetSpeed)函数即可,例如:
//Speed_limit_Curve= ff.CalcLimit(targetDist, targetSpeed);
```

```
//实验人员自行填写程序

//根据列车当前所在位置,计算所对应的线路限速 Speed_limit_Static
//实验人员自行填写程序

//综合考虑当前点的限速值 TrainAllowSpeed
//这一变量是全局的,仿真环境已定义好,直接使用即可
//实验人员自行填写程序

//根据当前速度,及最终限速情况判断是否需要实施制动
//仿真环境定义好全局变量 BrakeFlag,直接更改其值表示是/否输出制动
//实验人员自行填写程序

//根据需要记录关键信息
//实验人员自行填写程序

}
```

对于 ATPprotection ()函数,其输入变量和输出变量定义如表 1-3 所示。

表 1-3　ATPprotection ()函数输入变量和输出变量

	内　容	数据类型	变　量	含　义
输入	列车当前运行速度	浮点型	CurrentSpeed	单位:km/h
	列车走行距离	浮点型	CurrentPos	列车距离应答器已走行的距离,单位:m
	轨道电路码	字符串型	TrackSignal	L5; L4; L3; L2; L; LU; U; HU; U2; UU; LU2; UUS; U2S; HB; H; B
	闭塞分区长度信息	浮点型一维数组	Blocks(0 to 10)	Blocks (0)表示距离应答器组 BG1 最近的轨道区段的长度(从信号机到信号机),单位:m; Blocks (1)表示距离应答器第 2 近的轨道区段的长度; ⋮ Blocks (10)为整个接车进路的长度,从进站信号机到出站信号机
	线路限速	浮点型二维数组	LineAllowSpeed (0 to 2,0 to 1)	具体含义和取值见表 1-6
输出	列车当前限制速度	浮点型	TrainAllowSpeed	单位:km/h
	制动	布尔型	BrakeFlag	true—实施制动;false—缓解制动

其中,仿真环境提供了计算模式曲线限速值的函数,可由实验人员直接调用,该函数定义如表 1-4 所示。

表 1-4 float CalcLimit()函数定义

函数名	float CalcLimit(targetDist, targetSpeed)		
函数功能	根据到目标点的距离以及目标点限速,计算列车当前位置限速		
参数	targetDist	整型	到目标点的距离,单位:m
	targetSpeed	浮点型	目标点限速,单位:km/h
输出	自行定义	浮点型	当前位置限速,单位:km/h

3. VBA 编程语法指南

本实验所需要的编程环境为 VBA,是微软公司开发出来在其桌面应用程序中执行通用的自动化任务的编程语言——Visual Basic For Application(VBA),可以认为 VBA 是非常流行的应用程序开发语言 VASUAL BASIC 的子集,实际上 VBA 是"寄生于"VB 应用程序的版本。

由于我们的实验目的是让实验人员更好的理解列控原理,而并非学习计算机编程语言,因此,本实验选取了 VBA 这种简单的编程语言,并且所需要的语法也比较简单,只需要一些基本的操作就能够完成本实验。

(1)变量定义

本实验中可能用到的变量定义语句及变量作用域如下:

【Dim 变量 as 类型】:定义为局部变量,如:

Dim xyz as integer;

【Private 变量 as 类型】:定义为私有变量,如:

Private xyz as byte;

【Public 变量 as 类型】:定义为公有变量,如:

Public xyz as single;

【Global 变量 as 类型】:定义为全局变量,如:

Global xyz as date;

【Static 变量 as 类型】:定义为静态变量,如:

Static xyz as double;

本实验可能使用到的变量类型包括:整型 Integer(16 位);long(32 位);浮点型 Single;布尔型 Boolean。

在本实验中用法示例:'Dim BlockPos As Integer,即定义一个整型变量 BlockPos。

(2)循环语句

【For Next 语句】:以指定次数来重复执行一组语句 For 循环。其语法如下:

```
For counter = start To end [Step step] 'step 缺省值为 1('表示注释语句)
  [statements]
  [Exit For]
  [statements]
Next [counter]
```

在本实验中可能的用法示例:

```
Dim i As Integer   '定义整型变量 i
For i = 2 To 12    '当 i 在 2～12 之间,执行具体操作
```

```
   (具体语句)
Next
```

当 For 循环需要退出时,用法示例:

```
For i = 2 To 12
    If block > 5 Then
        Exit For      '使用Exit For 退出该循环
    End If
Next
```

(3)IF 判断语句

【If…Then…Else】语句,其基本语法如下:

```
If condition Then
  [statements]
ElseIf condition-n Then
  [elseifstatements] ...
Else
  [elsestatements]
End If
```

在本实验中可能用到的用法示例:

```
'If TrackSignal = "L5" Then
'End If
```

(4)数据记录

本实验中,仿真环境专门提供一个 DataRecord 的表格供实验人员对关键信息进行记录,当需要记录数据时可使用数据记录语句,将关键信息保存到 Excel 表中,方便调试和最后的结果记录。

示例用法:

```
    Sheets ["DataRecord"].Cells(1, 1) = CurrentPos
```

其中 Sheets ["DataRecord"]为打开的 student. dat 中的表格名称,而 Cells(1, 1)表示将 CurrentPos 的值记录到第一行和第一列;行和列都是从 1 开始。

(5)函数调用

在本实验中,需要调用一个仿真环境提供的函数 CalcLimit,该函数的定义语句为:Public Function CalcLimit(Distance_LoA As Single, Speed_LoA As Single) As Single,当需要在代码中使用该函数时,必须加入前缀 ff,即:

```
ff.CalcLimit(TargetDistance, TargetSpeed)
```

示例代码如下:

```
Dim TrainAllowSpeed as Single '定义返回值变量
TrainAllowSpeed = ff.CalcLimit(TargetDistance, TargetSpeed)
```

(6)书写规范

VBA 不区分标识符的字母大小写,一律认为是小写字母;一行可以书写多条语句,各语句之间以冒号分开;一条语句可以多行书写,以空格加下划线"_"来标识下行为续行;标识符最好能简洁明了,不造成歧义。

VBA 基本的赋值语句和运算符号与标准 C 语言类似，在此不做描述。

4. 实验环境操作说明

(1)打开文件夹中 C2Simu. xls 文件，如图 1-19 所示。

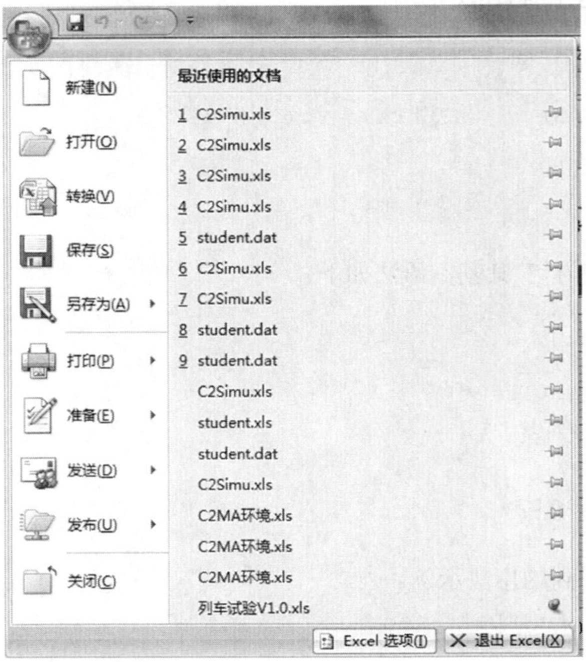

图 1-19　选择 C2Simu. xls 文件

(2)依次选择 Office 按钮、“Excel 选项”。

(3)选择“常用”，勾选“在功能区显示开发工具选项卡”，如图 1-20 所示。

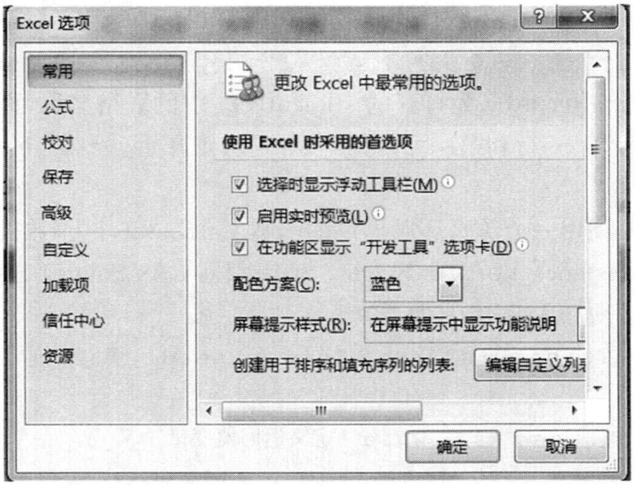

图 1-20　选择“常用”选项

(4)设置宏安全性：依次选择“开发工具”、“宏安全性”，在“宏设置”中选择启用所有宏以及“信任对 VBA 工程对象模型的访问”，如图 1-21 所示。

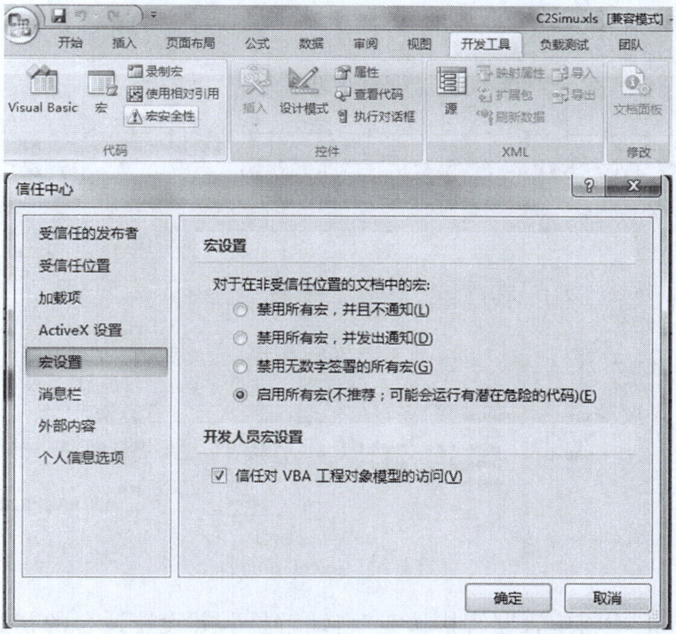

图 1-21　在“宏设置”中选择

(5)单击菜单“开发工具”，选择左边“Visual Basic”按钮，进入软件编辑界面，如图 1-22 所示。

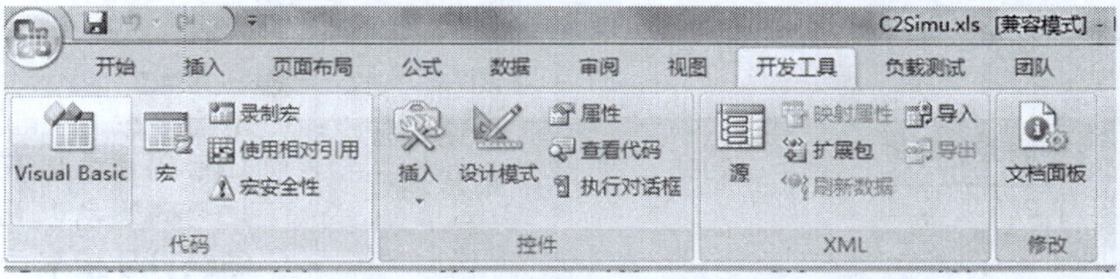

图 1-22　选择“Visual Basic”按钮

(6)在“student(DataRecord)”中按要求编写代码，如图 1-23 所示。

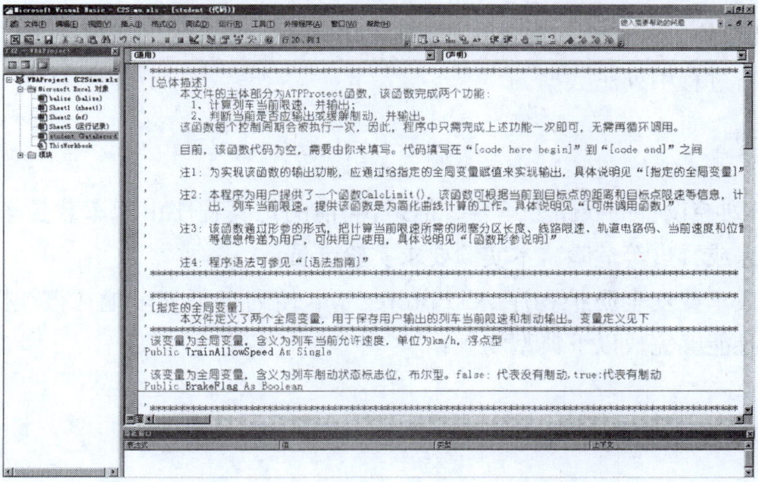

图 1-23　在“student(DataRecord)”中编写代码

(7)代码编写完毕后回到 excel 界面,如图 1-24 所示。

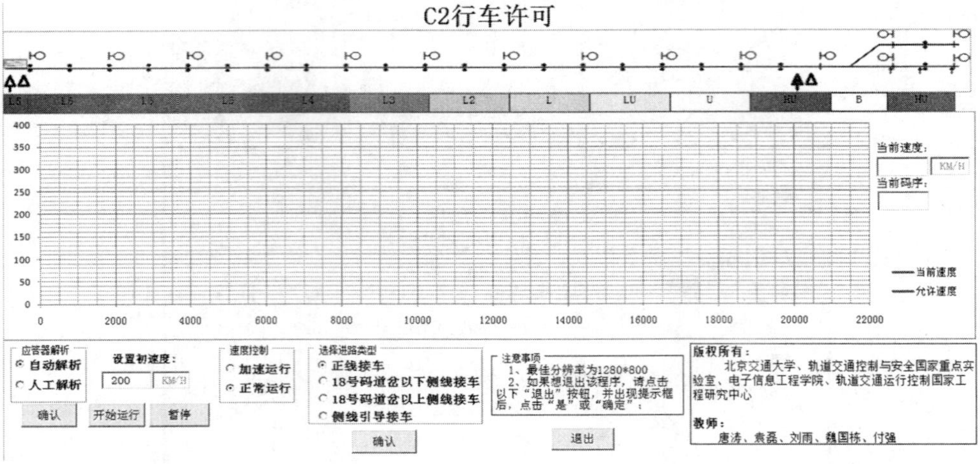

图 1-24　excel 界面

(8)在工作簿"mf"中将应答器解析选为"自动解析",并设置适合的初速度,点击"开始运行"按钮,列车开始运行,如图 1-25 所示。

(9)在列车开始运行后,点选排列相应的进路选项,观察程序运行结果,如需要加速运行,可点击"加速运行"选项,如图 1-26 所示。

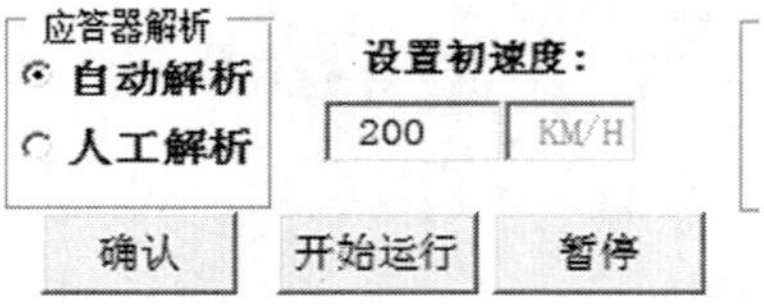

图 1-25　在工作簿"mf"中进行设置

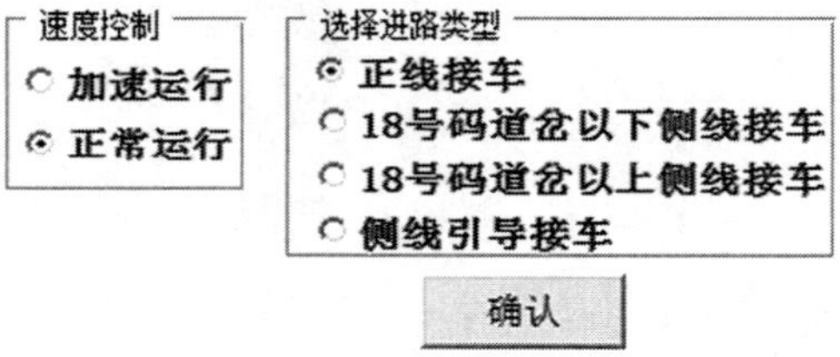

图 1-26　"速度控制"与"选择进路类型"选项

(10)如需要暂停,单击"暂停"按钮;如需要退出程序,单击"退出"按钮;在工作簿"运行记录"页中查看运行过程中列车数据。

四、实验内容

列车在装备列控设备的线路上运行。但是,当前的仿真程序由于车载控车部分的程序不完善,会出现超速或冒进等危险。本实验要求实验人员:

(1)补充完成车载安全防护程序 ATPprotection,使列车可安全地在该线路上运行(不超速、不冒进),并且能够完成以下典型场景:

①区间运行;

②正线接车;

③侧线接车;

④侧线大号码道岔接车;

⑤侧线引导接车(选做)。

(2)编写完成后,请利用仿真程序测试你的程序功能。

五、实验报告要求

实验应完成如下内容:

(1)在仿真环境的基础上,加上编写的代码,实现列控系统超速防护功能。

(2)实验报告说明开发过程以及设计了怎样的测试场景来证明所完成程序是正确的。

第四节 列车模拟驾驶实验平台概述

列车模拟驾驶实验平台作为列车运行控制虚拟仿真实验的支撑平台,是基于城市铁路CBTC系统开发而成,将列车三维视景、列车驾驶台、故障注入等内容以半实物虚拟仿真的方式展现出,为实验者提供接近真实的驾驶体验。利用该实验平台,能够提供CBTC系统关键设备仿真、系统实际操作和系统故障模拟等功能,依托本平台设计的实验能够使学生在城市轨道交通列控系统的学习过程中,进一步将理论知识与实际操作结合起来,并能够在实际的CBTC列控系统运行环境中通过仿真实验、操作实习和故障排查等实验项目深刻理解城市轨道交通CBTC系统的工作原理,并具备一定的操作经验,提升学生发现问题、解决问题的实践能力。

列车模拟驾驶实验平台主要包括仿真教员控制系统及列车模拟器系统,其中仿真教员控制系统主要包括:信息管理软件、参数显示软件、人机接口(MMI)复示软件等;列车模拟器系统主要包括:司机操作台、视景系统、列车管理系统(TMS)软件、人机接口(MMI)软件、虚拟后舱电气柜系统、仿真列调子系统等。系统硬件连接示意如图1-27所示,实物如图1-28所示。

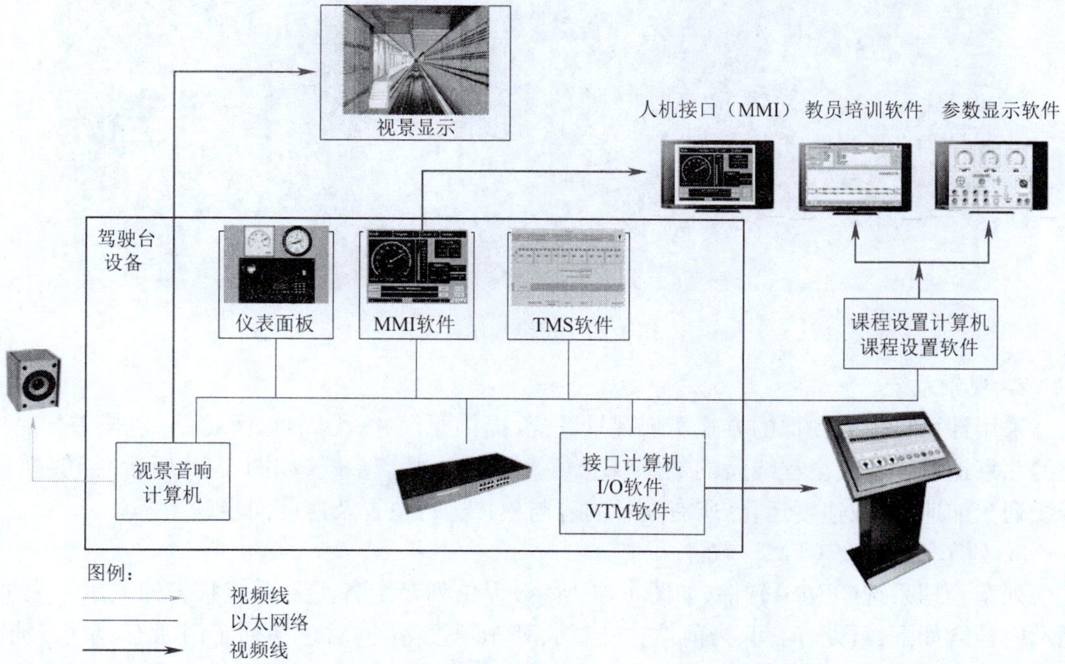

图1-27 列车模拟驾驶实验平台硬件连接

图 1-28　列车模拟驾驶实验平台实物

一、列车模拟器系统功能

列车模拟器系统主要进行三维视景的展示、模拟驾驶操作、故障查找排除、模式曲线验证等内容的操作实验，主要包括司机操作台、视景系统、TMS 软件、MMI 软件、虚拟后舱电气柜系统、仿真列调子系统等。

1. 司机操作台

根据不同应用场景、作业条件及要求，通过操作不同的驾驶台操纵面板组合来完成一系列的虚拟仿真模拟驾驶任务。司机操作台面板如图 1-29 所示。

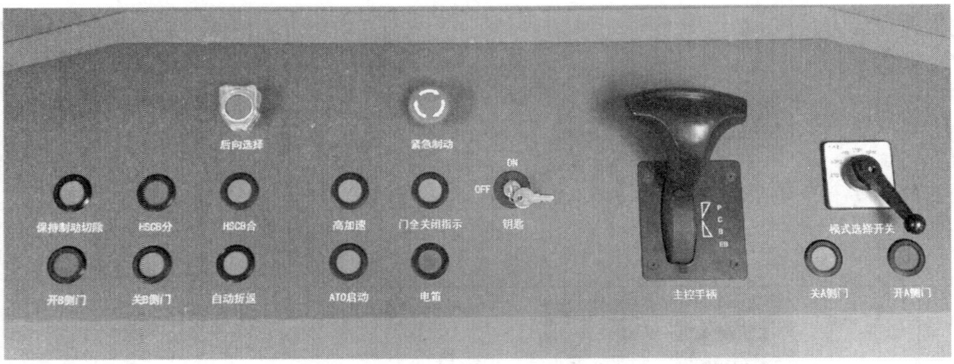

图 1-29　司机操作台面板

2. 视景系统

采用计算机生成图像的方式实现视景系统，提供原尺寸、无闪烁、无缝、无色彩差异、一体化的北京地铁 4 号线全程线路的数字视景仿真显示。视景系统（如图 1-30 所示）能够模拟 4 号线列车加速度、减速度运行，所有显示内容与模拟运行位置及速度同步。

3. 列车管理系统（TMS）软件

列车管理系统（TMS）软件（如图 1-31 所示）提供列车上各重要系统状态的显示。主页面显示内容含如下：日期、时间、当前站、终点站、列车速度等，同时包括列车门状态、牵引/辅助/蓄电池、空调控制单元、乘客信息显示系统等状态系统子窗口，为列车运行故障的查找排除提供参考。

图 1-30　视景系统

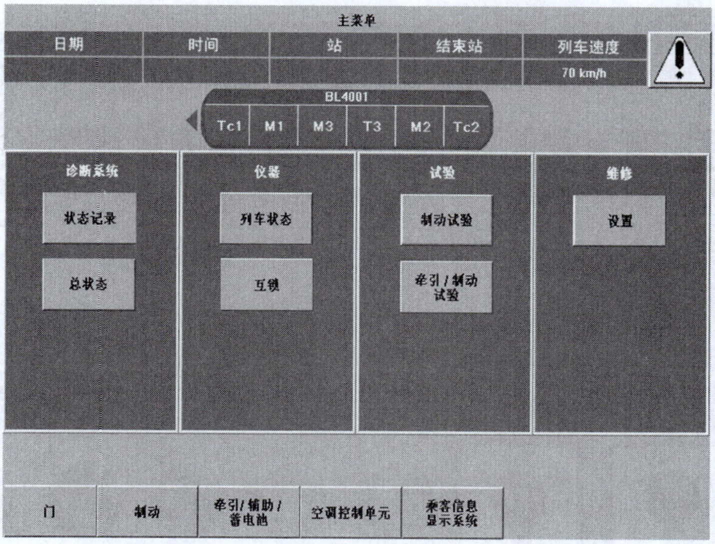

图 1-31　TMS 软件

4. 人机接口(MMI)软件

人机接口(MMI)提供给列车司机带有指示和告警的画面来帮助司机有效驾驶列车。主要包括当前列车运行模式指示、停站指示、停站时间、发车指示、车门和屏蔽门指示、下一站距离指示等信息。MMI 软件界面如图 1-32 所示。

5. 虚拟后舱电气柜系统

本软件模拟列车驾驶室后方电气柜内部的断路器及开关按钮。使用触摸屏进行模拟，断路器点击后切换“闭合”/“断开”状态，旋转开关点击后切换指向的挡位，按钮点击后为一次按下、抬起动作。虚拟后舱电气柜系统如图 1-33 所示。

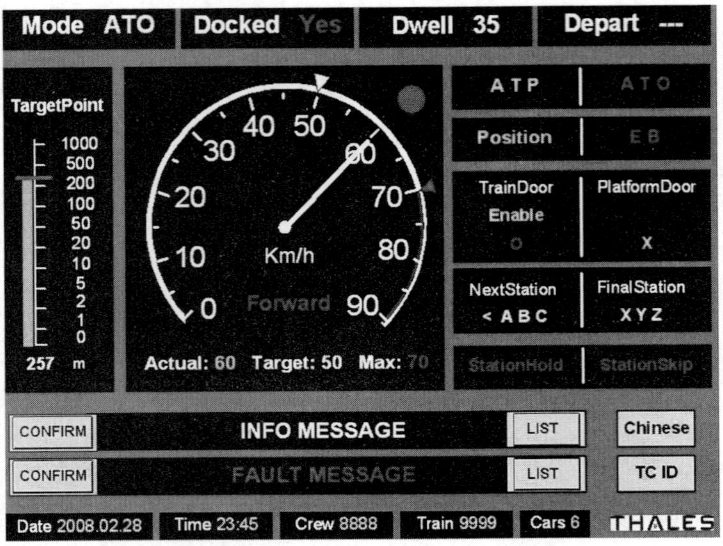

图 1-32 MMI 软件界面

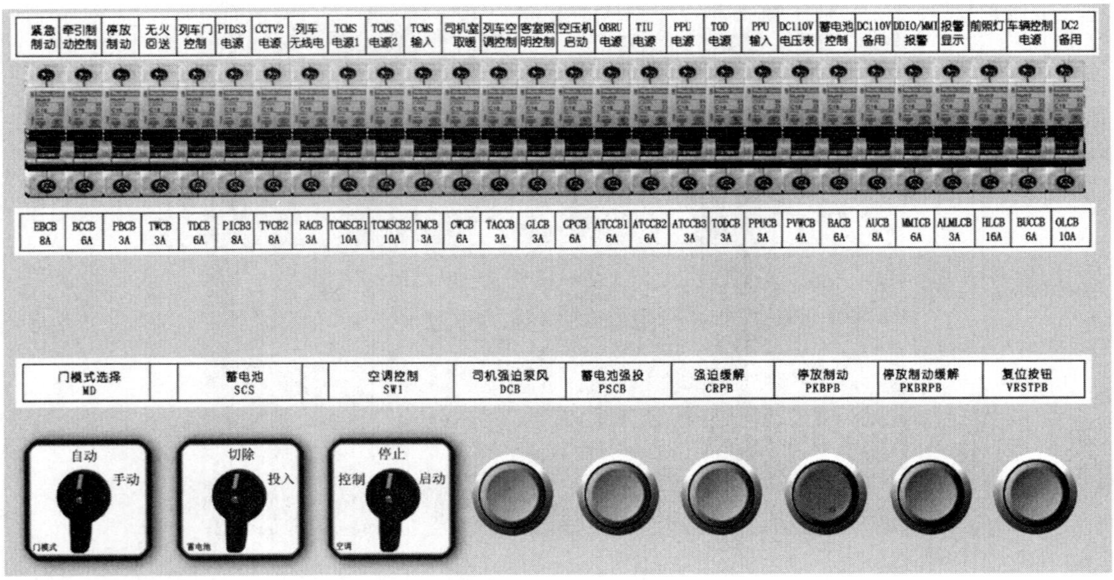

图 1-33 虚拟后舱电气柜系统

6. 仿真列调子系统

本软件模拟列车最左侧仪表及通信面板，包括本软件界面上方的两块仪表，以及下方的通信设备（可使用对讲机实物代替模拟）。

两块仪表分别为网压表及双针压力表，如图 1-34 所示。

二、仿真教员控制系统功能

仿真教员控制系统主要进行运营任务、运营场景、故障注入等内容的设置，主要包括：信息管理软件、参数显示软件、MMI 复示软件等。

1. 信息管理软件

根据实验内容及任务要求，对列车运营任务、运营场景、环境及故障信息进行设置。信息管理课程开始界面如图 1-35 所示。

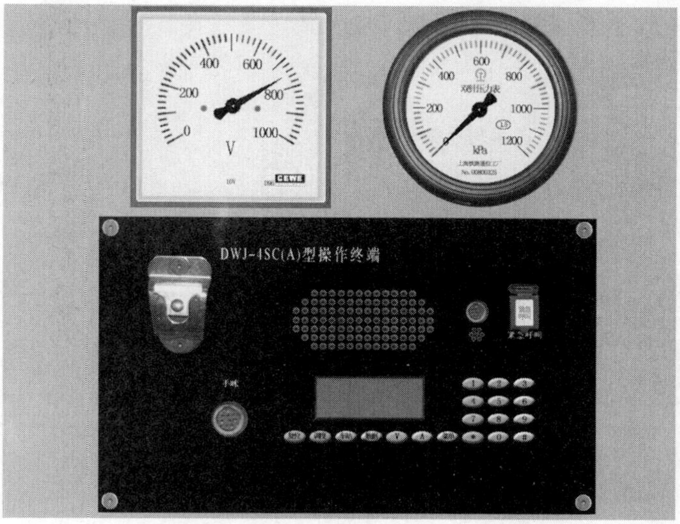

图 1-34　仿真列调子系统

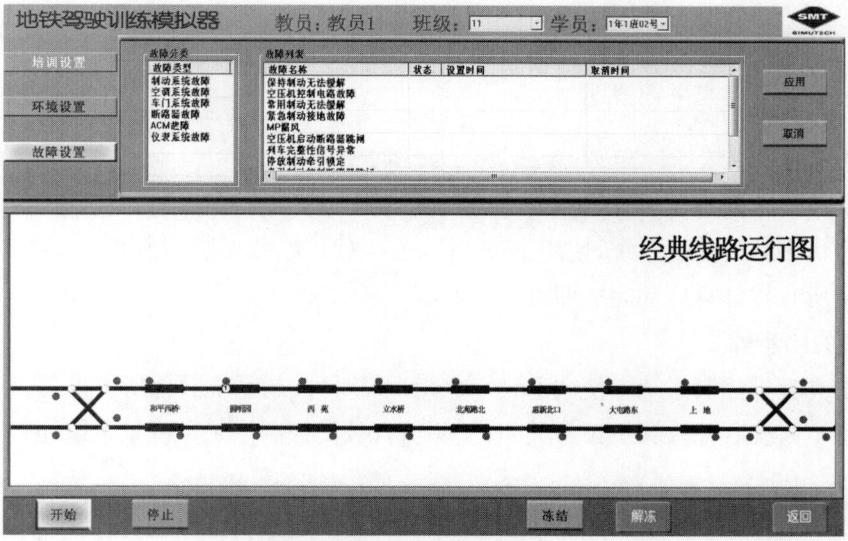

图 1-35　信息管理课程开始界面

2. 参数显示软件

用于显示列车驾驶台上可操作硬件设备的状态，界面最上方有 3 块仪表，分别是 DC 110 V 电压表、双针压力表、网压表；界面中下方显示列车驾驶台上的硬件设备的状态，如当按下驾驶台上的按钮时，本软件上的按钮显示“按下”状态；界面最右下角的“返回”按钮，为本软件的退出按钮，点击后本软件关闭。参数显示软件界面如图 1-36 所示。

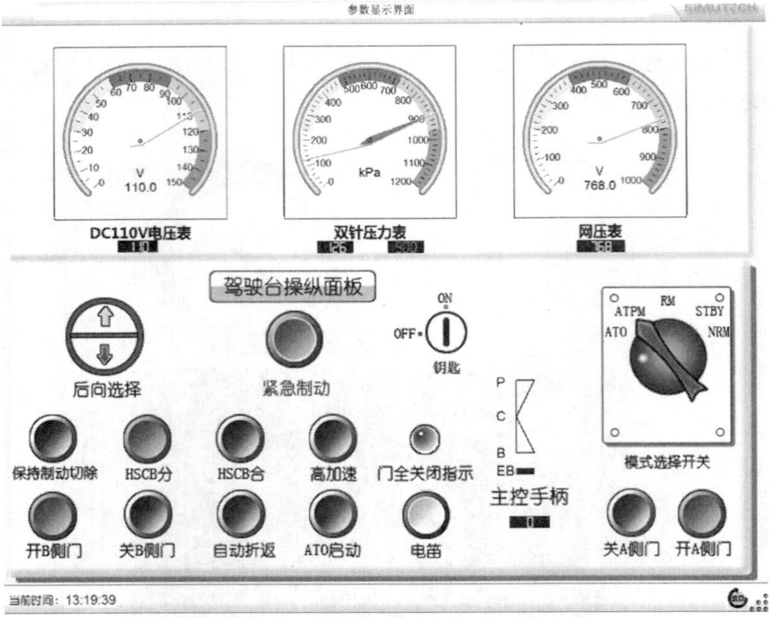

图 1-36 参数显示软件界面

3. 人机接口(MMI)复示软件

用于复示列车驾驶台上 MMI 软件界面，方便实验内容及任务发布者对实验过程、实验结果的观察与考核。

三、实验系统开启与关闭说明

1. 系统开启步骤

(1)分别给列车模拟器系统、仿真教员控制系统上电；开启视景系统电脑电源。

(2)开启仿真教员控制系统，使用 PowerControl 软件唤醒系统其他所有设备。

(3)等待所有软件自启动完成即可。

2. 系统关闭步骤

(1)在仿真教员控制系统中使用 PowerControl 软件关闭系统其他所有设备。

(2)等待本系统其他计算机正常关闭；关闭仿真教员控制系统及视景系统；断开电源。

第五节 列车正线驾驶及站台作业实验

一、实验目的

掌握列车正线驾驶及站台作业操作流程及方法，熟悉在无电状态下对列车驾驶台进行静态检查内容，了解列车模拟驾驶虚拟仿真实验平台的构成。

二、实验任务

1. 在无电状态下对列车驾驶台进行静态检查。

2. 列车正线驾驶及站台作业操作。

三、实验步骤

(一)实验任务一:在无电状态下对列车驾驶台进行静态检查

列车检查是指在无电状态下对列车车体外观、车下设备和驾驶室设备等进行的检查,是保证列车安全无故障进入正线运营的重要程序之一。乘务员在备班室完成出勤作业后,就要到车库中对他当天轮值表上要驾驶的第一班列车进行检查,按照“突出重点、照顾一般”的原则,对列车关键部位重点检查、其他部位适当注意。主要项目有列车可服务状态的确认,无电下驾驶室设备的检查,转向架机械走行部位、高压母线、受流器状态、电器箱等车下设备的检查。其中驾驶室设备检查的具体流程如下:

(1)驾驶台无破损、刮伤,表面无异物;

(2)司机钥匙取下;

(3)司控器在“EB”位;

(4)模式选择器在“STBY”位;

(5)指示灯、风压表外观良好;

(6)驾驶台下侧开关全部在“断位”;

(7)网压表显示正常数值 750～820 V;

(8)110 V 蓄电池电压表显示“0”。

(二)实验任务二:列车正线驾驶及站台作业操作

步骤一:实验任务、场景的设置

(1)打开仿真教员控制系统信息管理软件,点击登录页面左侧的“信息管理页面”后,在右侧输入管理员密码,并点击下方的“进入系统”按钮,进入信息管理页面,如图 1-37 所示。

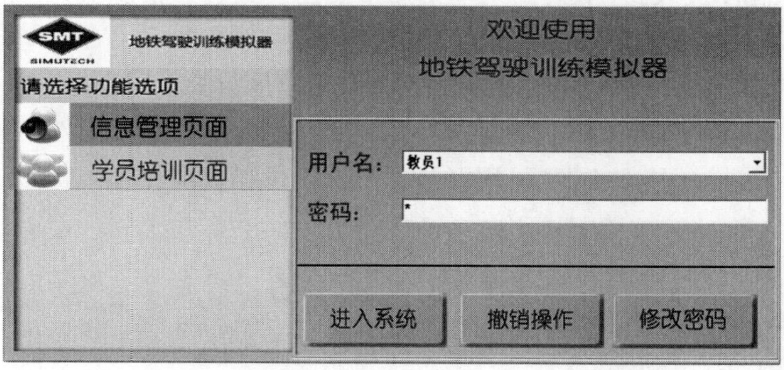

图 1-37　信息管理模块登录页面

默认用户名:教员 1;默认密码:1。

(2)实验任务及内容设置

信息管理页面如图 1-38 所示。

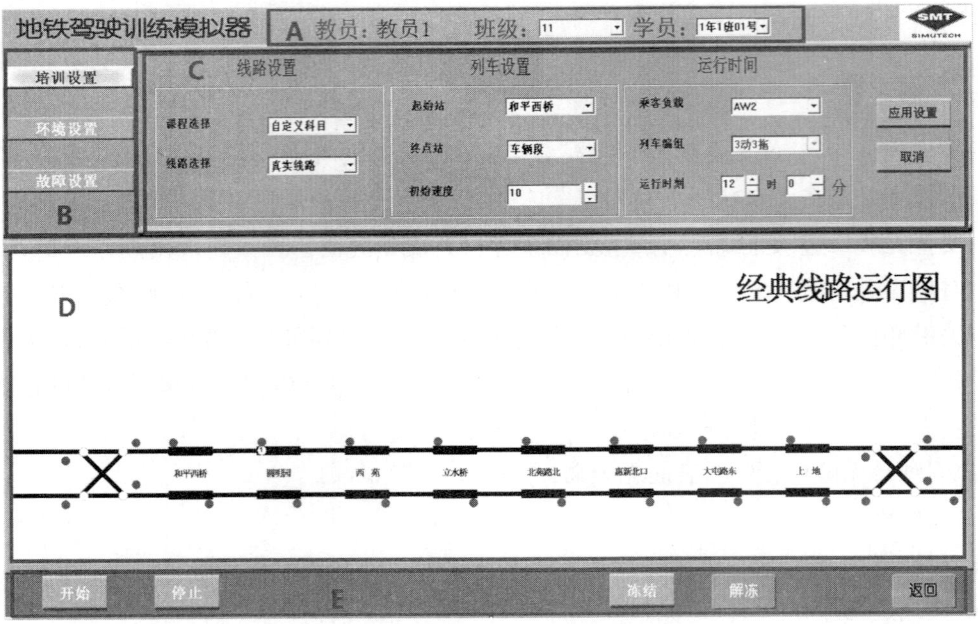

图 1-38　信息管理页面

①在区域 A 选择班级，选择受训学员。

②课程选择：本系统自带若干固定科目，如“正线上行”、“经典线路上行”等，选择固定科目后，其余设置项均有不同的初始状态，并不可修改。若选择“自定义科目”，则教员可选择所有的设置项。

③线路选择：本套系统含两套线路模型，一套为经典线路，含隧道、高架桥、急弯、陡坡、正线、车辆段、停车库等不同地形情况；另一套为真实线路，为北京地铁 4 号线真实线路模型。

④起始站：根据不同线路，本下拉菜单中显示不同线路的站信息，选择后，列车将从此站出站。

⑤终点站：选择终点站后，列车结合起始站判断列车运行的上下行方向。

⑥初始速度：给定列车初始的速度。

⑦乘客负载：可选 AW0（空载）、AW2（满载）、AW3（超载），并可直接影响到列车的力学解算。

⑧运行时刻：可选择不同时间。

⑨点击右侧的“应用设置”按钮。

⑩点击下方的“开始”按钮。

步骤二：限制（RM）模式下列车正线驾驶

列车首次启动时处于紧急制动状态，人机接口（MMI）显示屏幕：EB（紧急制动）显示红色，需进行以下操作解除紧急制动。

（1）钥匙开关转换至“ON”位，如图 1-39 所示。

（2）闭合“HSCB 合”开关，如图 1-40 所示。

（3）模式选择器停留在 RM 位，如图 1-41 所示。

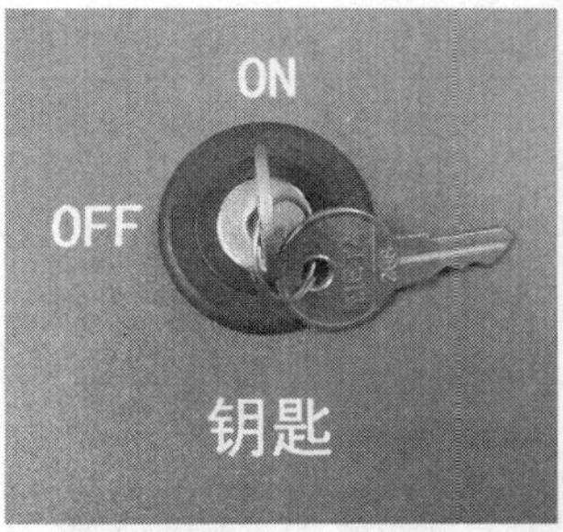

图 1-39　钥匙开关

图 1-40　高速断路器闭合按键

图 1-41　模式选择器

(4)司控器拉至“EB”位方向后，再拉回至“C(惰行)”位，如图 1-42 所示。

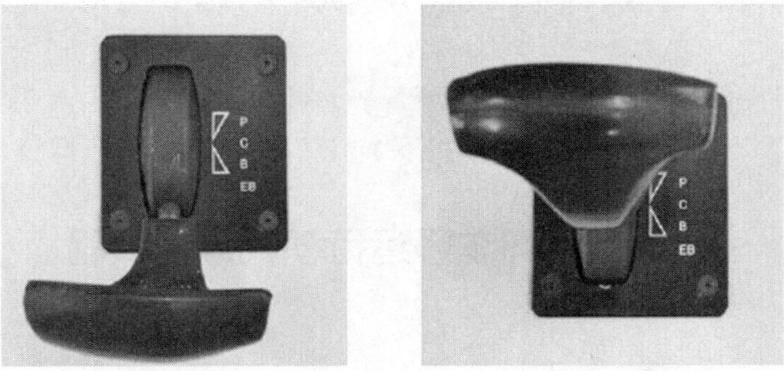

图 1-42　司控器紧急制动解除过程

人机接口(MMI)显示屏幕：EB(紧急制动)显示绿色；紧急制动已经解除，可以开始 RM 模式下驾驶。(注：RM 模式下，限速 25 km/h。)

(5)按下“电笛”按钮，指示列车即将发车，如图 1-43 所示。

(6)司控器拉直“P(牵引)”位，开始加速行驶，如图 1-44 所示。

图 1-43　电笛按钮

图 1-44　司控器手动加速过程

此时注意观察人机接口(MMI)显示屏幕：仪表上 Target(目标速度，黄色箭头)显示 25 km/h，行驶过程中，加速行驶的速度不能超过 25 km/h，否则会触发紧急制动。

步骤三：站台进站操作

列车进站要领：列车临近站台进站时，需注意人机接口(MMI)显示屏幕中的 TargetPoint(目标点距离)，根据前期反复测试，若想准确在目标点处停车，当处于以下不同目标点距离处的防护速度见表 1-5。

表 1-5 列车进站建议速度

目标点距离	200 m	100 m	50 m	10 m
列车速度	≤45 km/h	≤25 km/h	≤15 km/h	≤10 km/h

人机接口(MMI)显示屏幕中的 Docked(是否正确停靠站)显示“YES”,表示已正确停靠站,否则显示“NO”,如图 1-45 所示。

图 1-45 列车正确停靠站指示

正确停靠站后,按下“开 B/A 侧门”按钮,观察列车管理系统(TMS)显示屏:车门处显示绿色,车门状态开启。

Dwell(发车倒计时)显示:20 s,其间按下驾驶台操纵面板“关 B/A 侧门”按钮,待 Depart(是否可发车)显示“YES”后,才可以发车,按下“电笛”按钮,指示列车即将发车,开往下一站。

第六节 列车多运行模式驾驶实验

一、实验目的

掌握列车 ATO(Automatic Train Operation,自动列车操作)、ATPM(Automatic Train Protected Manual,自动列车防护人工)、RM(Restrict Mode,限制模式)、NRM(Non-Restrict Mode,无限制模式)四种模式的区别;熟悉三种运行模式下列车正线驾驶与站台作业流程。

二、实验任务

1. ATO 模式完成列车正线驾驶与站台作业。
2. ATPM 模式完成列车正线驾驶与站台作业。
3. RM 模式完成列车正线驾驶与站台作业。
4. NRM 模式完成列车正线驾驶与站台作业。

三、实验步骤

1. 实验任务一:ATO 模式完成列车正线驾驶与站台作业

ATO 模式:列车停车,缓解 EB 后,将手柄置中位,模式开关置“ATO”位,按下驾驶台上“ATO 启动”按钮并保持 2 s 以上,列车将进入自动运行模式,将自动加速、减速、对标停车。过程中动手柄会导致 EB。

2. 实验任务二:ATPM 模式完成列车正线驾驶与站台作业

ATPM 模式:手动驾驶模式,本模式下,司机需要注意限速,不能超速,否则会引发 EB。对标停车后,才能打开车门,否则车门无法打开。

3. 实验任务三:RM 模式完成列车正线驾驶与站台作业

RM 模式:当列车要进入车辆段运行或当前在车辆段中,必须将模式置“RM”位才能运行,否则 EB。当列车 EB 时,须停车后切换到本模式,将司机控制器(手柄)回拉到 EB 位,并离开

EB 位，EB 缓解。

4．实验任务四：NRM 模式完成列车正线驾驶与站台作业

NRM 模式：本模式下，列车无限制，超速不会 EB。

注：具体实验任务及内容设置及站台作业流程由实验人员自行完成。

四、其他按钮及操作

1．紧急制动按钮

(1)按下紧制动按钮，如图 1-46 所示，观察仪表面板的双针压力表白针所指数值（制动缸压力）骤升至紧急制动压力值；

(2)顺时针方向转动紧急制动按钮，紧急制动缓解，双针压力表白针所指数值（制动缸压力）由紧急制动压力值直接降到 0。

2．后向选择按钮

按住后向选择按钮，如图 1-47 所示，司控器拉至"P(牵引)"位，操控列车向后运动。

3．高加速按钮

按下高加速按钮，如图 1-48 所示，列车以最大加速度加速行驶。

图 1-46　紧急制动按钮

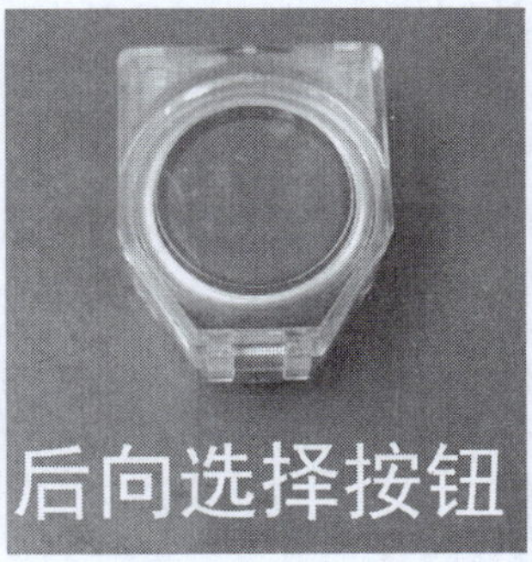

图 1-47　后向选择按钮

图 1-48　高加速按钮

4．门全关闭指示

仅当按下"开 B/A 侧门"按钮，如图 1-49 所示，门全关闭指示灯才熄灭，其他状态下都显示绿灯。

5．保持制动切除按钮

当发生像制动无法缓解等故障时，为了继续驾驶列车行驶到下一站停车，司机需按住保持制动切除按钮（如图 1-50 所示）并将司控器拉至"P"位，驾驶列车继续前进。

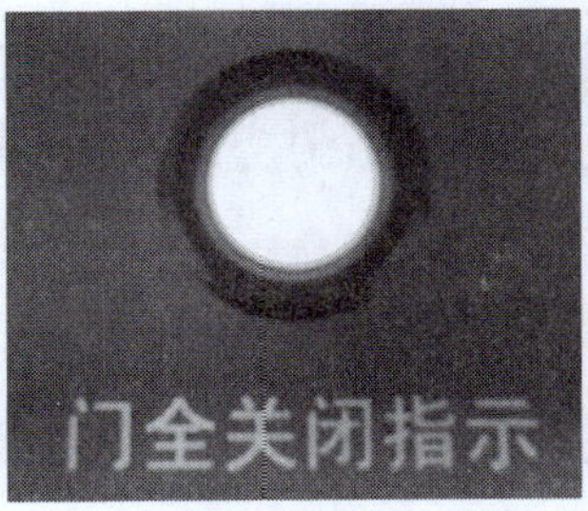

图 1-49　门全关闭指示按钮

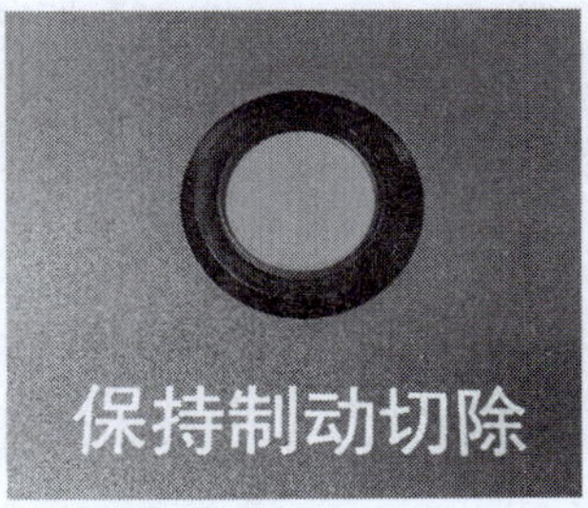

图 1-50　保持制动切除按钮

第七节　列车运行故障排除实验

一、实验目的

熟悉列车运行过程中的常见故障、故障现象及故障解除方式，总结列车运行过程中故障应急处理流程。

二、实验任务

1. 熟悉列车运行过程中的常见故障、故障现象及故障解除方式。
2. 总结列车运行过程中故障应急处理流程。

三、实验步骤

实验任务一：熟悉列车运行过程中的常见故障、故障现象及故障解除方式。

步骤一：实验任务的设置

通过仿真教员控制系统进行多车站列车运行实验任务的设置。

步骤二：正常列车驾驶及站台作业操作

根据实验任务，通过列车模拟器系统进行列车正常驾驶及站台作业操作。

步骤三：故障设置

针对列车运行过程中常见故障信息列表进行学习，随机选择故障类型、故障名称，点击应用设置，为实验人员设置故障，如图 1-51 所示。

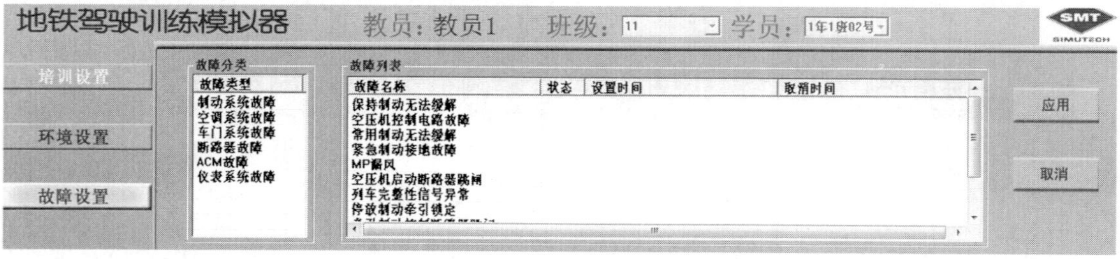

图 1-51　故障设置

步骤四：故障处理

故障发生后，列车管理系统（TMS）操作界面：显示故障，需学员点击回执，如图 1-52 所示；在虚拟后仓电气柜操作界面，可以对一些故障进行解除。

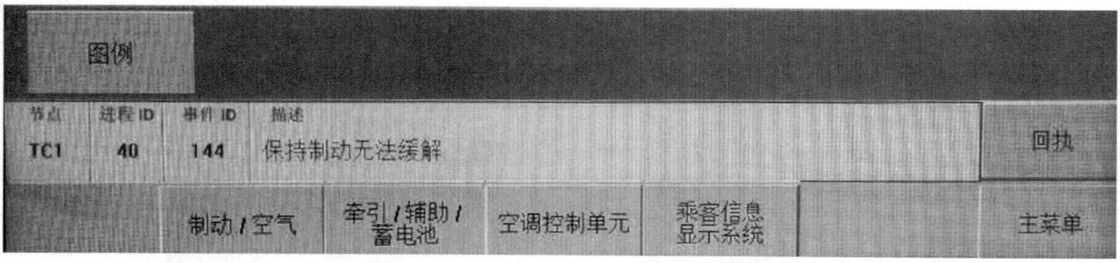

图 1-52　故障回执

实验任务二：总结列车运行过程中故障应急处理流程。

由实验人员根据实验任务一的学习处理过程结合现场实际故障查找排除规范，总结出一套适用于列车运行过程中的故障应急处理流程。

四、列车运行过程中常见故障信息（见表 1-6）

表 1-6　列车运行过程中常见故障信息

故障类别	序号	故障名称	故障表现	学员解除	解除方式
制动系统故障	1	保持制动无法缓解	列车运行则 EB 自动施加，停车，缓解 EB 后，有速度还会 EB	否	1. 若 EB，缓解 EB； 2. 按下驾驶台上“保持制动缓解”按钮，运行列车到下一站清客； 3. 报告教员，教员解除故障
	2	空压机控制电路故障	设置后总风缸压力降到610 kPa，且当总风压力低于 750 kPa 时一台空压机无法启动并给总风缸充风，总风压力低于 700 kPa 时两台空压机均无法启动并给总风缸充风，当列车总风缸压力低于 600 kPa 时，列车因为低压回路断开导致紧急制动且无法缓解	否	停车，报告教员，教员解除故障
	3	常用制动无法缓解	列车运行则 EB 自动施加，停车，缓解 EB 后，有速度还会 EB	否	停车，报告教员，教员解除故障
	4	紧急制动接地故障	列车 EB 且无法缓解	否	停车，报告教员，教员解除故障
	5	MP 漏风	总风缸压力逐渐降低，总风压力低于 600 kPa 时列车因为总风低压回路断开导致 EB 且无法缓解	否	停车，报告教员，教员解除故障
	6	空压机启动断路器跳闸	后舱电气柜中“空压机启动”断路器跳闸，总风压力变为 610 kPa，且两台空压机均无法启动并给总风缸充风，当列车总风缸压力低于 600 kPa 时，列车因为低压回路断开导致 EB 且无法缓解	是	1. EB 后停车； 2. 查看后舱电气柜中“空压机启动”断路器是否正常，若已跳闸，则闭合该断路器
	7	列车完整性信号异常	列车 EB 且无法缓解	否	停车，报告教员，教员解除故障
	8	停放制动牵引锁定	列车运行则 EB 自动施加，停车，缓解 EB 后，有速度还会 EB	否	停车，报告教员，教员解除故障
	9	牵引制动控制断路器跳闸	后舱电气柜中“牵引制动控制”断路器跳闸，列车 EB 且无法缓解	是	1. EB 后停车； 2. 查看后舱电气柜中“牵引制动控制”断路器是否正常，若已跳闸，则闭合该断路器

续上表

故障类别	序号	故障名称	故障表现	学员解除	解除方式
制动系统故障	10	紧急制动断路器跳闸	后舱电气柜中“紧急制动”断路器跳闸，列车 EB 且无法缓解	是	1. EB 后停车； 2. 查看后舱电气柜中“紧急制动”断路器是否正常，若已跳闸，则闭合该断路器
	11	停放制动断路器跳闸	1. 后舱电气柜中“停放制动”断路器跳闸，列车运行中则 EB 自动施加，停车后 EB 可缓解； 2. 列车无牵引力	是	1. 停车； 2. 查看后舱电气柜中“停放制动”断路器是否正常，若已跳闸，则闭合该断路器
空调系统故障	1	单辆车空调机组故障	后舱电气柜中“空调控制”开关置于“控制”位时，TMS 的“空调控制单元”上方显示“M2 车空调机组不工作”	否	报告教员，教员解除
	2	3 个以下空调机组故障	后舱电气柜中“空调控制”开关置于“控制”位时，TMS 的“空调控制单元”上方显示“两个空调机组不工作”	否	报告教员，教员解除
	3	3 个空调机组故障	后舱电气柜中“空调控制”开关置于“控制”位时，TMS 的“空调控制单元”上方显示“三个空调机组不工作”	否	报告教员，教员解除
	4	所有空调机组不工作	后舱电气柜中“空调控制”开关置于“控制”位时，TMS 的“空调控制单元”上方显示“三个空调机组不工作”	否	报告教员，教员解除
车门系统故障	1	左门使能信号异常	无	否	报告教员，教员解除
	2	零速信号异常	MMI 界面上屏蔽门和列车门状态显示为红色“Disable”(正常情况下停车对标准确则显示为绿色 Enable)，无论门是开着还是关着	否	报告教员，教员解除
	3	单辆车门控电源故障	1. 列车无牵引力； 2. TMS 软件“门”页面 M3 车中显示制动施加状态	否	报告教员，教员解除
	4	右门使能信号异常	无	否	教员解除
	5	列车门控电源断路器跳闸	1. 后舱电气柜中“列车门控电源”断路器跳闸； 2. 列车无牵引力	是	1. 停车； 2. 查看后舱电气柜中“列车门控电源”断路器是否正常，若已跳闸，则闭合该断路器

续上表

故障类别	序号	故障名称	故障表现	学员解除	解除方式
车门系统故障	6	门全关信号异常	车门安全防护回路故障导致列车EB且无法缓解	否	停车，报告教员，教员解除故障
	7	司机室侧门安全连锁环路故障	1. 列车运行就EB； 2. TMS界面“门”页面中司机室侧门显示绿色方框	否	停车，报告教员，教员解除故障
	8	单辆车侧车门故障	1. 列车无牵引力； 2. TMS软件“门”页面M1车右2门显示红色	否	停车，报告教员，教员解除故障
	9	报警显示断路器跳闸	1. 后舱电气柜中“报警显示”断路器跳闸； 2. 列车无牵引力	是	1. 停车； 2. 查看后舱电气柜中“报警显示”断路器是否正常，若已跳闸，则闭合该断路器
断路器故障	1	蓄电池控制断路器跳闸	无	否	教员解除
	2	司控器电路故障	1. 列车运行中设置本故障则EB； 2. 列车无牵引力	否	停车，报告教员，教员解除故障
	3	DC 110 V电压表断路器跳闸	后舱电气柜中“DC 110 V电压表”断路器跳闸	是	1. 继续开车到下一站，停车； 2. 查看后舱电气柜中“DC 110 V电压表”断路器是否正常，若已跳闸，则闭合该断路器
	4	前照灯断路器跳闸	后舱电气柜中“前照灯”断路器跳闸	是	1. 继续开车到下一站，停车； 2. 查看后舱电气柜中“前照灯”断路器是否正常，若已跳闸，则闭合该断路器
ACM故障	1	1个ACM轻微故障	TMS软件的“牵引/辅助/蓄电池”页面中1个ACM（Auxiliary Converter Module辅助逆变器）变为红色状态	否	报告教员，教员解除
	2	1个ACM严重故障	TMS软件的“牵引/辅助/蓄电池”页面中1个ACM（Auxiliary Converter Module辅助逆变器）变为红色状态	否	报告教员，教员解除
	3	2个ACM轻微故障	TMS软件的“牵引/辅助/蓄电池”页面中2个ACM（Auxiliary Converter Module辅助逆变器）变为红色状态	否	停车，报告教员，教员解除故障

续上表

故障类别	序号	故障名称	故障表现	学员解除	解除方式
ACM故障	4	2个ACM严重故障	TMS软件的“牵引/辅助/蓄电池”页面中2个ACM(Auxiliary Converter Module 辅助逆变器)变为红色状态	否	停车,报告教员,教员解除故障
	5	1个电池充电机严重故障	TMS软件的“牵引/辅助/蓄电池”页面中1个电池变为红色状态	否	报告教员,教员解除
	6	2个电池充电机严重故障	TMS软件的“牵引/辅助/蓄电池”页面中2个电池变为红色状态	否	停车,报告教员,教员解除故障
	7	ACM无AC 380 V及DC 110 V输出	1. 列车总风缸压力变为610 kPa,且不再自动打风; 2. 列车失去牵引力; 3. TMS软件的“牵引/辅助/蓄电池”页面中2个ACM变为红色状态	否	停车,报告教员,教员解除故障
	8	ACM严重故障后无扩展供电	1. 列车总风缸压力变为610 kPa,且不再自动打风; 2. 列车失去牵引力; 3. TMS软件的“牵引/辅助/蓄电池”页面中2个ACM变为红色状态	否	停车,报告教员,教员解除故障
仪表系统故障	1	TCMS电源断路器跳闸	1. TMS软件黑屏; 2. 后舱电气柜中“TCMS电源1”断路器跳闸	是	1. 停车; 2. 查看后舱电气柜中“TCMS电源1”断路器是否正常,若已跳闸,则闭合该断路器
	2	HMI配置失败	1. 列车运行中设置本故障则EB; 2. 列车无牵引力; 3. 列车TMS软件显示“Configuration Failed”警告界面	否	停车,报告教员,教员解除故障
	3	HMI通信故障	1. 后舱电气柜中“TCMS输入”断路器跳闸; 2. 列车无牵引力; 3. 列车TMS软件显示“Communication Lost”警告界面	是	1. 停车; 2. 查看后舱电气柜中“TCMS输入”断路器是否正常,若已跳闸,则闭合该断路器
	4	TOD软件故障	1. 列车运行中设置本故障则EB; 2. 列车无牵引力; 3. 列车MMI软件显示“TOD FAILURE”警告界面	否	停车,报告教员,教员解除故障

续上表

故障类别	序号	故障名称	故障表现	学员解除	解除方式
仪表系统故障	5	TOD通信故障	1. 列车运行中设置本故障则EB； 2. 列车无牵引力； 3. 列车MMI软件显示“NO COMMUNICATION”警告界面	否	停车，报告教员，教员解除故障
	6	TOD电源故障	1. MMI软件黑屏； 2. 后舱电气柜中“TOD电源”断路器跳闸	是	1. 停车； 2. 查看后舱电气柜中“TOD电源”断路器是否正常，若已跳闸，则闭合该断路器
	7	另一司机室被占用	1. 列车EB且无法缓解； 2. TMS页面显示“Another cab already active!”警告界面	否	停车，报告教员，教员解除故障
	8	HMI列车没有配置	1. 列车运行中设置本故障则EB； 2. 列车无牵引力； 3. 列车MMI软件显示“Train not configured”警告界面	否	停车，报告教员，教员解除故障
	9	车辆信息错误	无	否	教员解除

第二章　运营系统虚拟仿真综合实验

第一节　运营系统虚拟仿真平台概述

运营系统虚拟仿真平台作为轨道交通运营系统虚拟仿真综合实验的支撑平台，本平台基于高速铁路车务、机务、工务、电务、车辆五大系统，将铁路各工种现场实际上岗考核、作业、设备故障排除、事故救援等流程以三维可视化仿真的方式展现出来，学生结合各工种现场劳动安全规范进行设备与流程的操作与观看，再现现场难以复现或开展、危及行车安全、综合集成难度大的应用情景，便于学生全面掌握轨道交通运营系统各工种的专业基础知识，为学生最终从事轨道交通领域提供全方位的知识背景及视野。本平台主要包含漫游游戏、基本课件、共享课件、经典课件和成品课件五类学习课件。

1. 漫游游戏：采用三维游戏框架搭建的漫游游戏教学课件，按照现场实际上岗考核、作业等流程设计的游戏化教学课件。

2. 基本课件：根据现场多年教学实践，按不同的课题要求，依照优秀教案设计出基本课件教学模板。

3. 共享课件：以教师用户登录后，由教师创建提供学生学习，并可以评论的课件。

4. 经典课件：学生学习共享课件后好评达到一定标准，由管理员升级为经典课件。

5. 成品课件：成品课件中的组织结构是固定不变的，不能任意组合和移动。

本平台共计约百余项轨道交通运营系统虚拟仿真实验课件，统一使用“轨道交通运营系统虚拟仿真平台”，本平台暂时仅供局域网访问。

一、平台使用方法

1. 平台登录，局域网地址：http://192.168.1.200:8081，登录界面如图 2-1 所示。

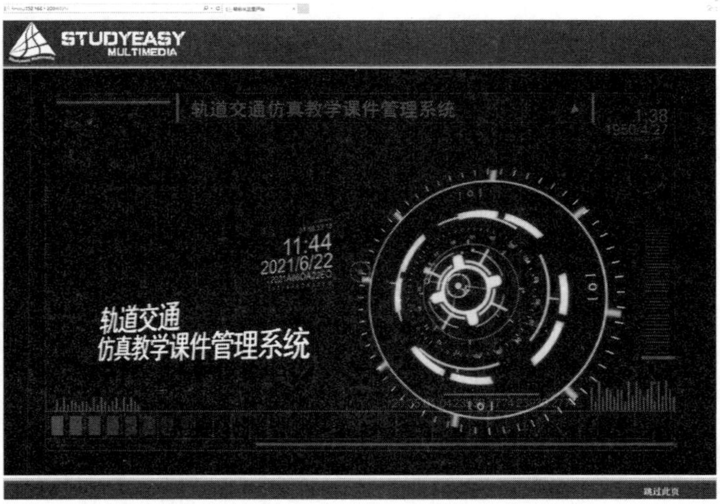

图 2-1　登录界面

2. 如想跳转此页，直接学习课件，点击之后，进入课件主页面，如图 2-2 所示。

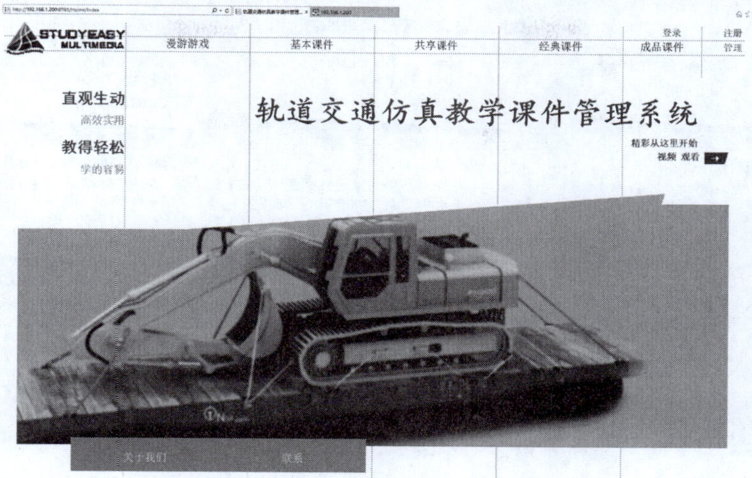

图 2-2　课件主页面

3. 根据实验需要分别点击“漫游游戏”、“基本课件”、“成品课件”等课件进行学习，图 2-3 为漫游游戏页面、图 2-4 为基本课件页面、图 2-5 为成品课件页面。

图 2-3　漫游游戏页面

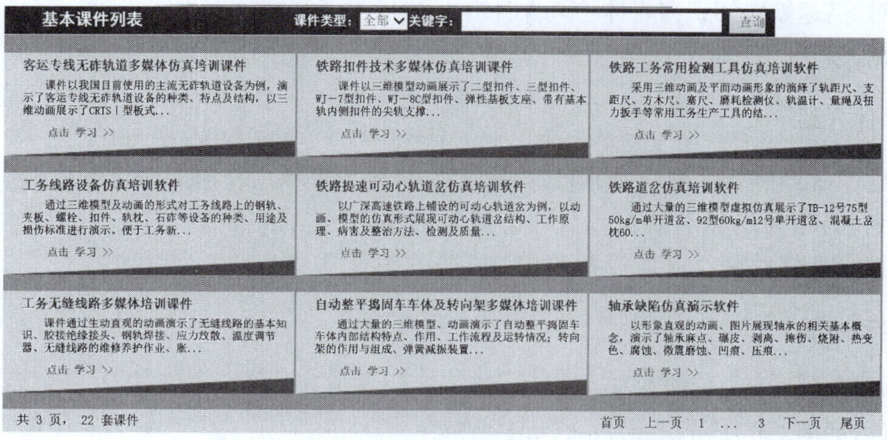

图 2-4　基本课件页面

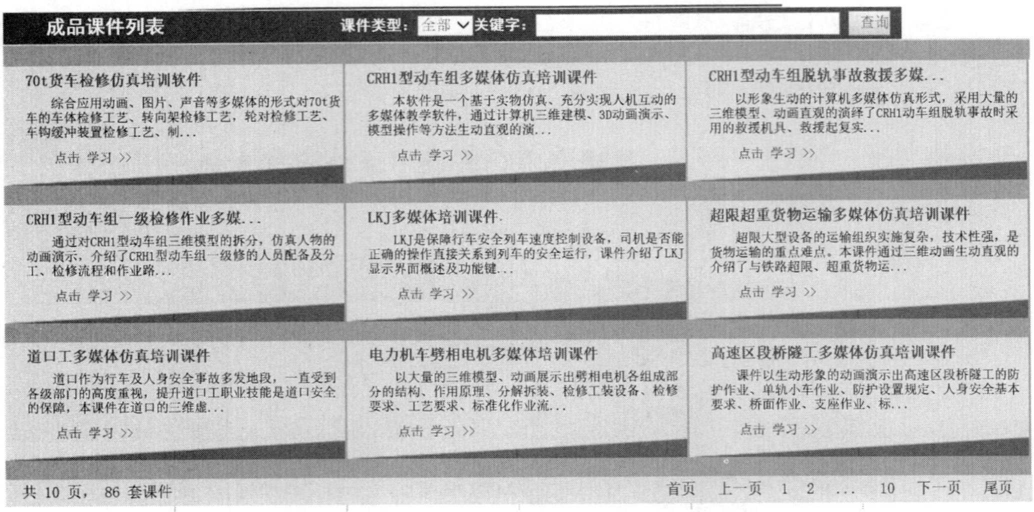

图 2-5　成品课件页面

二、实验设备

1. 运营系统虚拟仿真资源服务器。
2. 局域网个人计算机(PC)。

三、实验报告要求

1. 根据各节实验要求截图记录每一个关键的实验步骤。
2. 针对每项实验步骤进行文字说明。
3. 总结各节实验的主要内容，以及所掌握的内容。

第二节　高速铁路知识仿真实验

一、实验目的

通过对“高速铁路知识多媒体仿真课件”的学习，了解高速铁路机务、工务、车务、电务、供电部门的相关新技术知识。

二、课件介绍

课件以三维动画为主要表现形式，介绍了高速铁路机务、工务、车务、电务、供电部门的相关新技术知识，并增加了动车篇与综合篇来对高速铁路最新技术进行补充讲解，帮助学生学习掌握高速铁路新技术新设备的相关基础知识。

三、实验步骤

1. 根据运营系统虚拟仿真平台使用方法，进入“成品课件”列表，查找高速铁路知识多媒体仿真课件，如图 2-6 所示，点击进入学习。

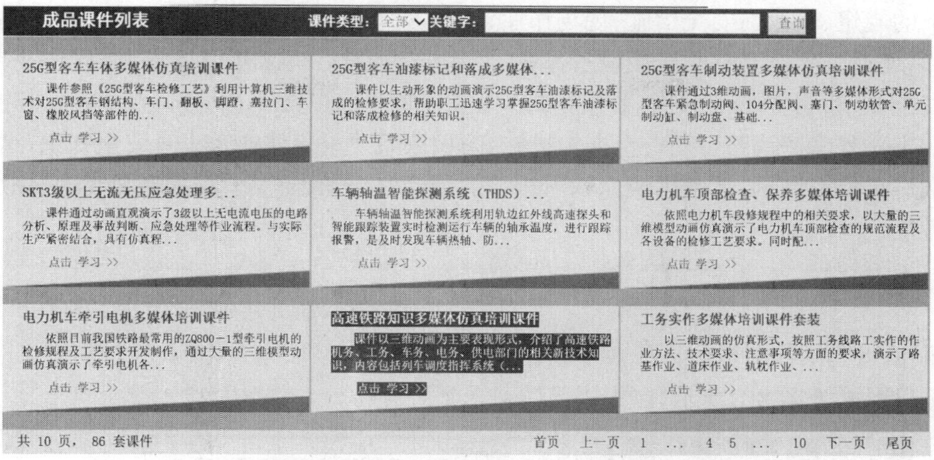

图 2-6　成品课件列表

2. 进入课件后，如图 2-7 所示，分别针对"动车篇"、"工务篇"、"供电篇"、"机务篇"、"车务篇"、"电务篇"、"综合篇"进行学习。

图 2-7　高速铁路知识多媒体仿真课件

第三节　铁路信号工劳动安全仿真实验

一、实验目的

通过对"铁路信号工(现场)劳动安全"课件的学习，掌握铁路信号工(现场)劳动安全方法的相关知识。

二、课件介绍

课件参照相关安全规则，以三维可视化方式展示了信号工的着装要求、安全防护员要求、作业人员的规定、作业前安全措施、现场作业、驼峰场作业、道岔转辙设备作业、轨道电路设备作业、登高作业、光电缆作业、车载设备作业、使用电动工具、机床作业要求,焊接作业要求、特种设备安全要求、暑季作业安全卡控措施,以及 160～250 km/h 线路劳动安全卡控措施,200～250 km/h 高速铁路劳动安全卡控措施,防护联系要求等作业及人身安全知识,结合典型真实案例进行模拟展示,让学生快速学习相关的劳动安全知识技能,掌握避免类似事故的重复发生的方法。

三、实验步骤

1. 根据运营系统虚拟仿真平台使用方法,进入"成品课件"列表,查找"铁路信号工(现场)劳动安全"课件,如图 2-8 所示,点击进入学习。

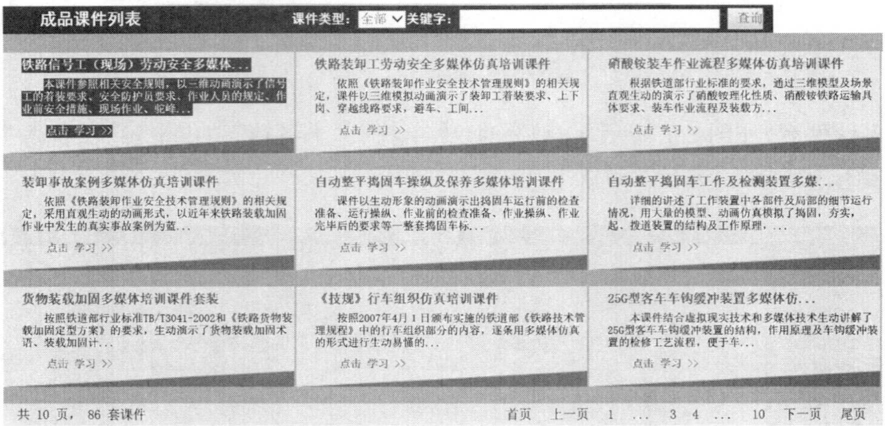

图 2-8 成品课件列表

2. 进入"铁路信号工(现场)劳动安全"课件后,如图 2-9 所示,分别针对铁路行车各种信号及线路标志进行学习。

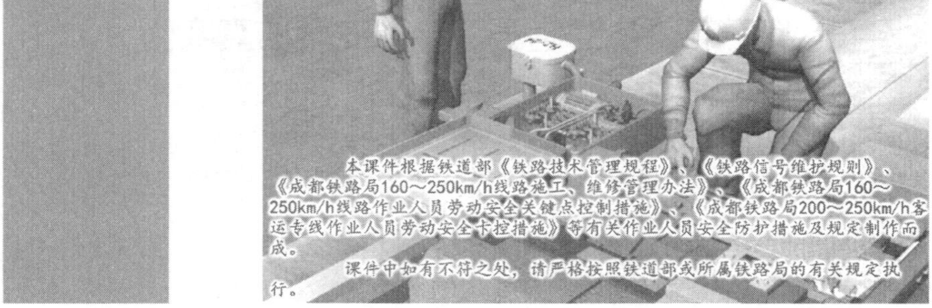

图 2-9 铁路信号工(现场)劳动安全课件

第四节　铁路行车信号仿真实验

一、实验目的

通过对课件的学习，掌握铁路行车各种信号应用区别及线路标志相关知识。

二、课件介绍

课件采用动画、图片、声音、文字等多媒体形式直观生动地展示了固定信号、移动信号、手信号、信号表示器、信号标志、听觉信号的内涵。方便了学生对信号基础知识的学习及查询。

三、实验步骤

1. 根据运营系统虚拟仿真平台使用方法，进入“基本课件”列表，查找铁路行车信号多媒体课件，如图 2-10 所示，点击进入学习。

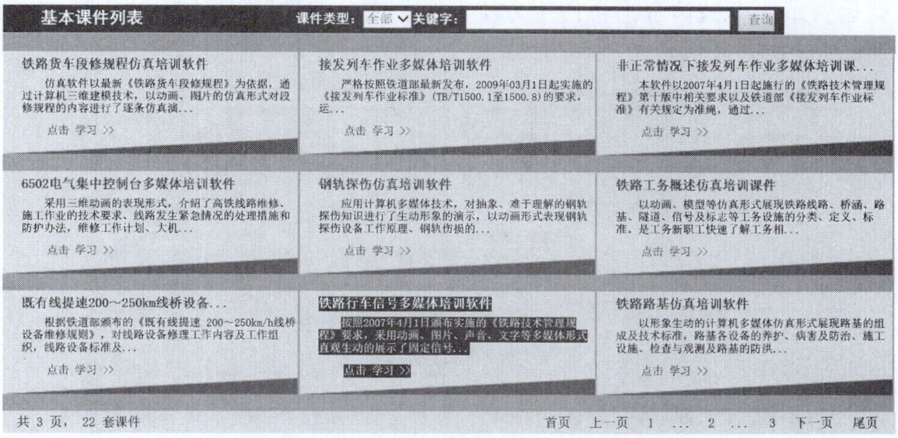

图 2-10　基本课件列表

2. 进入课件后，如图 2-11 所示，分别针对铁路行车各种信号及线路标志进行学习。

图 2-11　铁路行车信号多媒体课件

第五节　LKJ 多媒体仿真实验

一、实验目的

通过对“LKJ 多媒体”课件的学习，掌握 LKJ 的基本功能及操作方法。

二、课件介绍

LKJ 是保障行车安全列车速度控制设备，司机是否能正确的操作直接关系到列车的安全运行，课件介绍了 LKJ 显示界面概述及功能键功能的展示，开机后的操作、换室、参数设定、制动试验等基本操作，以及开车、调车、巡检及支、侧线操作流程，在机车运行中的查询、定标、解锁、系统故障处理的规范操作等内容，便于快速提高学生对 LKJ 操作的熟练程度。

三、实验步骤

1. 根据运营系统虚拟仿真平台使用方法，进入“成品课件”列表，查找“LKJ 多媒体课件”，如图 2-12 所示，点击进入学习。

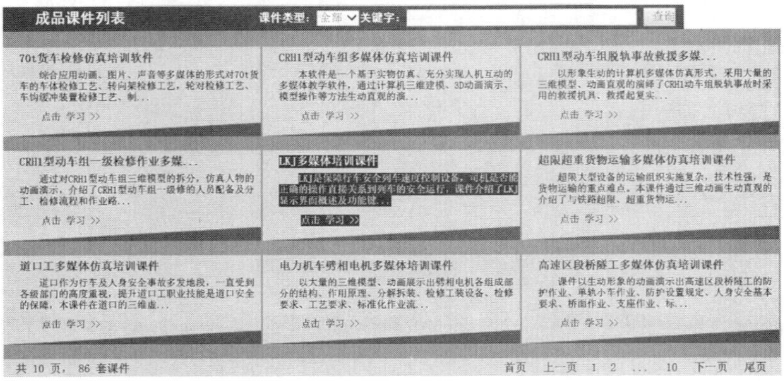

图 2-12　成品课件列表

2. 进入“LKJ 多媒体课件”后，如图 2-13 所示，分别针对铁路行车各种信号及线路标志进行学习。

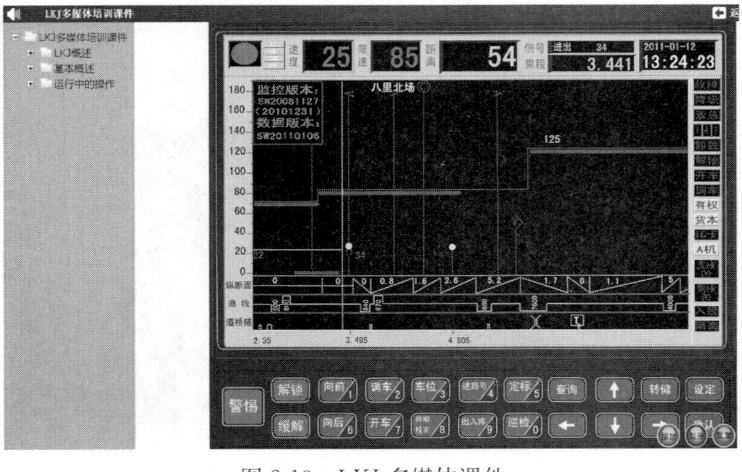

图 2-13　LKJ 多媒体课件

第六节　车站值班员多媒体仿真实验

一、实验目的

通过对“车站值班员多媒体”课件的学习，掌握车站值班员相关的知识技能及标准化作业流程。

二、课件介绍

车站值班员是铁路运输组织中的重要工作岗位，是行车组织的直接实施者，车站值班员需要熟悉各种行车设备的相关知识，掌握接发列车及非正常情况处理的应急技能，本课件以三维虚拟场景及人物角色动画展示了车站值班员在铁路线路设备、车站及其运输设备、其他行车设备、列车运行图、编组计划及车站通过能力、行车闭塞法、接发列车、调车作业、车站作业计划及指标、行车事故处理及人身安全要求等作业的基本知识，以及在作业过程中需要掌握的职业技能要求。便于学习车站值班员相关的知识技能及标准化作业流程。

三、实验步骤

1. 根据运营系统虚拟仿真平台使用方法，进入“成品课件”列表，查找“车站值班员多媒体”课件，如图 2-14 所示，点击进入学习。

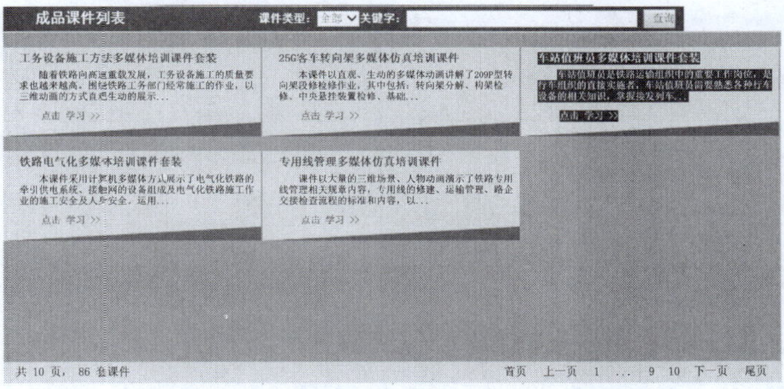

图 2-14　成品课件列表

2. 进入“车站值班员多媒体”课件后，如图 2-15 所示，并针对铁路车站值班员相关知识技能及标准化作业流程进行学习。

图 2-15　车站值班员多媒体课件

第七节 行车组织仿真实验

一、实验目的

通过对“《技规》行车组织仿真”课件的学习，掌握行车组织相关知识的重点和难点。

二、课件介绍

课件按照《铁路技术管理规程》中的行车组织部分的内容，逐条用多媒体仿真的形式进行生动易懂的展示。让学生快速理解掌握行车组织的基本要求、编组列车、调车工作、行车闭塞法、列车运行等相关知识的重点难点。

三、实验步骤

1. 根据运营系统虚拟仿真平台使用方法，进入“成品课件”列表，查找“《技规》行车组织仿真”课件，如图 2-16 所示，点击进入学习。

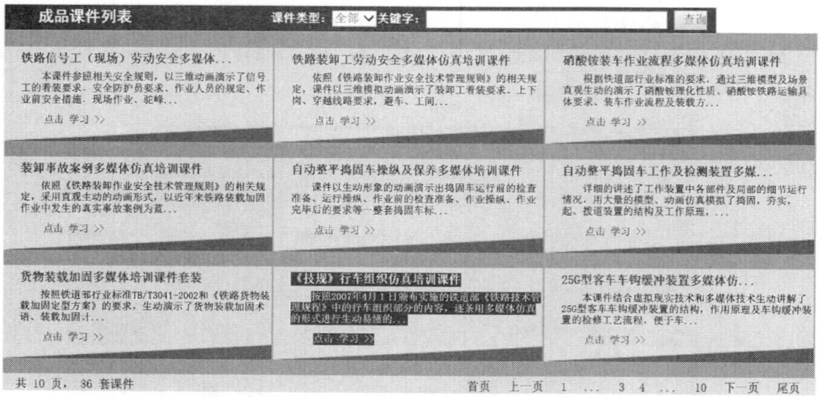

图 2-16 成品课件列表

2. 进入“《技规》行车组织仿真”课件后，如图 2-17 所示，并学习行车组织的基本要求、编组列车、调车工作、行车闭塞法、列车运行等相关知识。

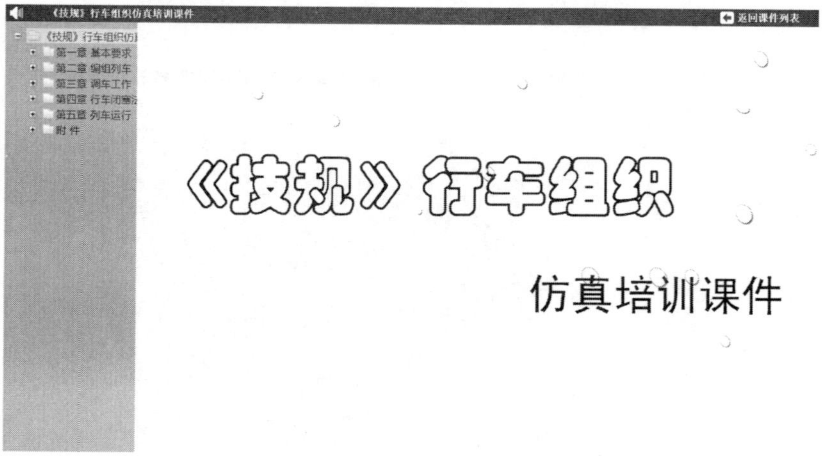

图 2-17 行车组织仿真课件

第八节　铁路行车事故救援多媒体仿真实验

一、实验目的

通过对“铁路行车事故救援多媒体”课件的学习，了解行车事故救援的相关规章制度、常用救援工具以及救援预案。

二、课件介绍

课件仿真展示了行车事故救援的相关规章制度内容，行车事故救援 30 min 出动的作业流程，救援列车的接发车作业标准，救援的安全注意事项，常用救援工具如：可调式机车轮对捆绑器、复轨器、简易台车、CY-A 液压设备、NS1602 轨道起重机的组成结构，及其作业使用方法、注意事项等。多种常见机车车辆的捆绑起复方法及技术要求，起重作业的技术要求及各种作业指挥信号，展示了多种情况下的救援预案等。

三、实验步骤

1. 根据运营系统虚拟仿真平台使用方法，进入“成品课件”列表，查找“铁路行车事故救援多媒体”课件，如图 2-18 所示，点击进入学习。

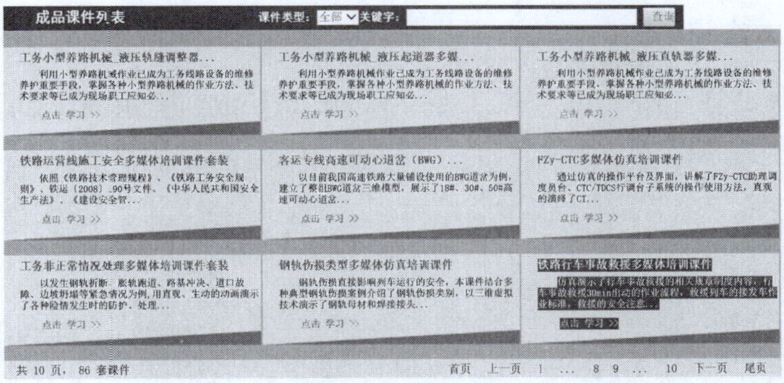

图 2-18　成品课件列表

2. 进入“铁路行车事故救援多媒体”课件后，如图 2-19 所示，并针对行车事故救援的相关规章制度、常用救援工具以及救援预案进行学习。

图 2-19　铁路行车事故救援多媒体课件

第三章　信号系统虚拟仿真综合实验

第一节　信号系统虚拟仿真平台概述

信号系统虚拟仿真平台作为信号系统虚拟仿真实验的支撑平台，本平台基于高速铁路电务系统开发而成，将电务系统中关键信号设备及仪器仪表的结构组成、工作原理、设备操作、常见故障处理等内容以三维可视化仿真的方式展现出来，学生可操作观看现场或实验室无法完整再现的现场应用情景，便于学生全面掌握信号系统开发、运营与维护全过程，为学生最终从事铁路信号相关工作积累现场经验。信号系统虚拟仿真平台下设无线闭塞中心（RBC）、列控中心（TCC）、临时限速服务器（TSRS）、EI32-JD 型计算机联锁、ZPW-2000A 轨道电路、S700K 型道岔 6 类信号设备及 9 个铁路专用仪器仪表原理及操作仿真实验。

其中 6 类信号设备及 9 个铁路专用仪器仪表原理及操作仿真实验统一使用“轨道交通信号系统虚拟仿真实验平台”，本平台暂时仅供局域网访问。

一、平台使用方法

1. 平台登录地址：http://192.168.1.200:8090/Training，登录界面如图 3-1 所示。

图 3-1　前端登录界面

测试账号：admin，密码为 123。

学生账号：邮箱或手机号，初始密码为 000000。

2. 我要学习

登录后，如图 3-2 所示，选择“我想学习”，进入课堂。

图 3-2　选择“我想学习”

(1)进入课堂,下方“展开圈子”显示当前账号所属的所有圈子,当前的圈子被高亮选中。投影屏上显示的当前圈子能学习的所有课件,如图 3-3 所示,点击图标回到图 3-2 界面。鼠标点击课件名进入学习界面,如图 3-4 所示。

图 3-3　课件学习

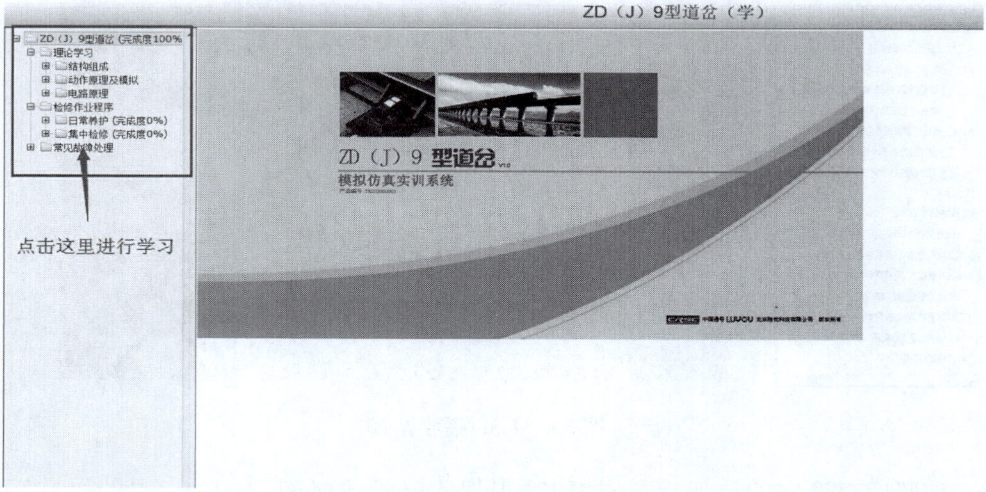

图 3-4　课程学习

(2)左边树形结构显示该课件的学习目录，每个节点代表一个课程内容。鼠标点击节点，如果该节点没有课程内容，右边显示“该节点没有课程内容，请选择其他节点继续学习”，如图 3-5所示。

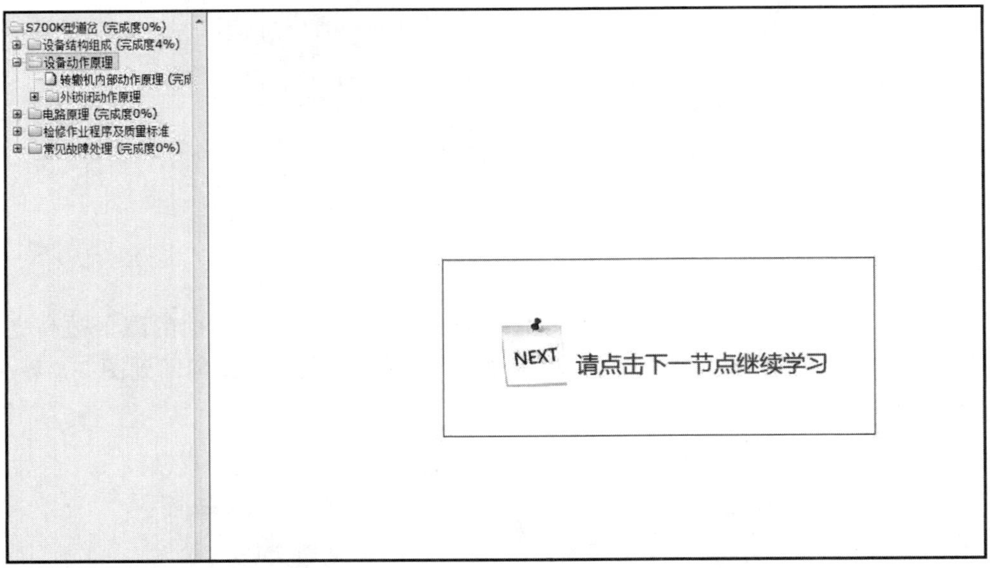

图 3-5 空节点

(3)如果选择的节点播放 U3D 文件，需要按照页面提示下载播放器。安装好播放器后，再次点击该节点，右边会自动显示加载进度，并显示 U3D 文件，如图 3-6 所示。

图 3-6 U3D 播放界面

(4)按照后台设定的该课程节点时长，根据实际学习时间，节点上会标示出学习进度 (完成度100%) 。点击右上角图标  ，退出课件界面。

二、实验设备

1. 信号系统虚拟仿真资源服务器。
2. 局域网个人计算机(PC)。

三、实验报告要求

1. 根据各节实验要求截图记录每一个关键的实验步骤。
2. 针对每项实验步骤进行文字说明。
3. 总结各节实验的主要内容,以及所掌握的内容。

第二节　无线闭塞中心仿真实验

一、实验目的

通过对"LKR-T 型无线闭塞中心 RBC"课件的学习,熟悉无线闭塞中心(RBC)系统结构组成,掌握系统工作原理,了解系统常用命令及相关设备操作说明,了解系统检修与常见故障处理方法。

二、实验原理

RBC-TH(LKR-T)型无线闭塞中心设备,是北京全路通信信号研究设计院研发,北京铁路信号有限公司生产的无线闭塞中心设备,它是 CTCS-3 级列控系统核心,是基于信号故障安全计算机的控制系统。RBC 根据所控制列车的状态,其控制范围内的轨道占用、列车进路状态、临时限速命令、灾害防护和线路参数等信息,产生针对所控列车的行车许可(MA)信息,并通过 GSM-R 无线通信系统传输给车载子系统,保证其管辖范围内列车的运行安全。

三、实验步骤

1. 点击课件名"LKR-T 型无线闭塞中心 RBC"进入学习界面,如图 3-7 所示。

图 3-7　"LKR-T 型无线闭塞中心RBC"选择界面

2. 进入学习界面，如图 3-8 所示，界面左边是本课件的学习节点列表，鼠标点击对应的节点进行该节点的学习。中间部分为课件学习内容。界面右边提供笔记的展示以及新增笔记的功能。

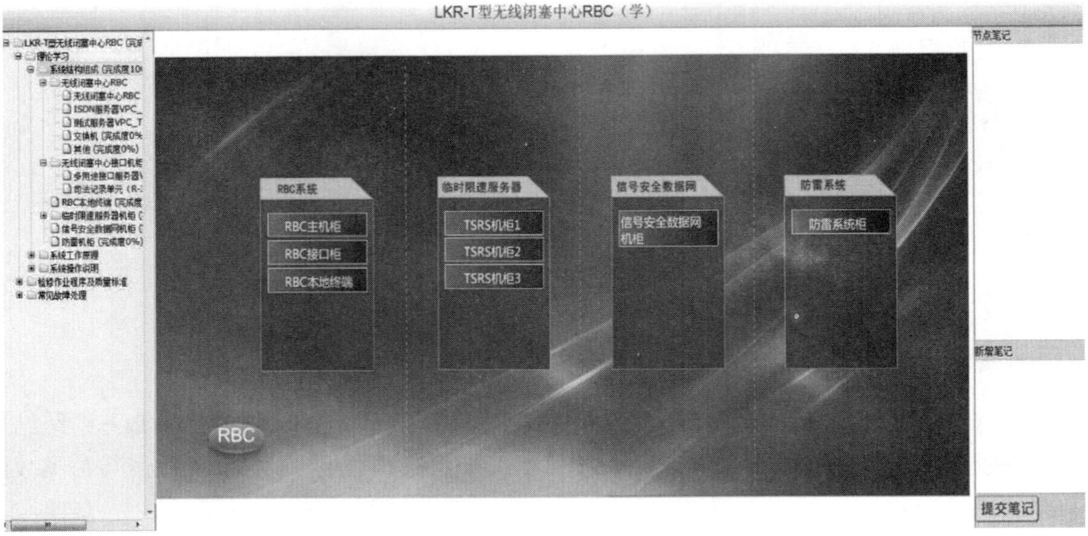

图 3-8　“LKR-T 型无线闭塞中心RBC”学习界面

3. 依次点击左侧学习节点列表，进行 RBC 学习。

4. 进行 RBC 系统结构学习，界面如图 3-9 所示。

图 3-9　RBC 系统结构

5. 进行 RBC 工作原理学习，界面如图 3-10 所示。

6. 学习 RBC 常用命令及相关设备操作，界面如图 3-11 所示。

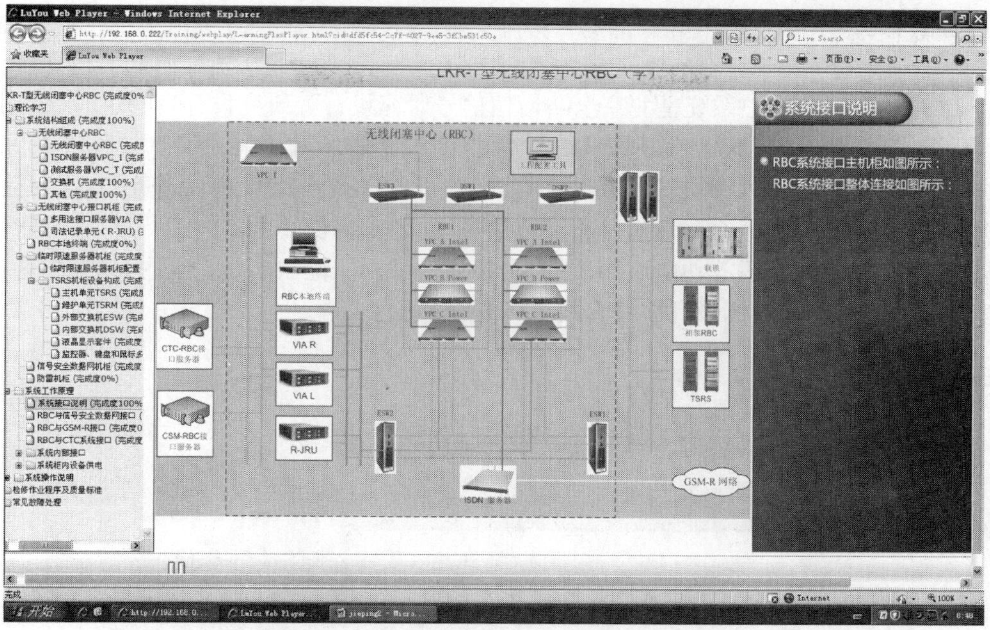

图 3-10　RBC系统原理

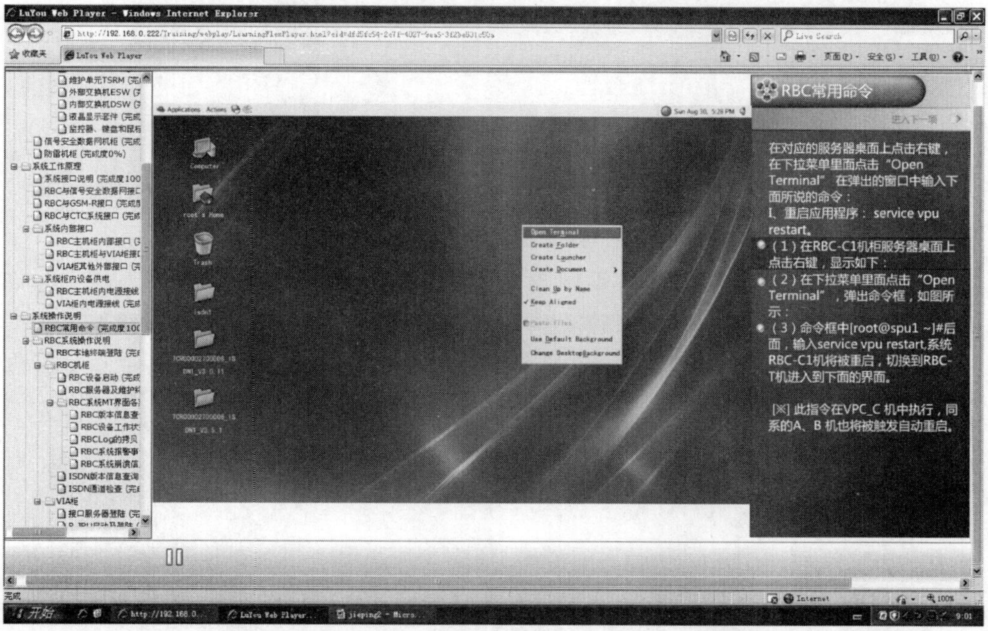

图 3-11　RBC 常用命令及相关设备操作

第三节　列控中心仿真实验

一、实验目的

通过对“LKD2-T2 列控中心系统”课件的学习，熟悉列控中心系统结构组成，掌握系统工作过程，特别是驱动及采集电路原理。

二、实验原理

LKD2-T2 型列控中心系统是北京全路通信信号研究设计院研究设计，在武广线使用的安全、可靠的计算机系统。LKD2-T2 型车站列控中心系统是采用二乘二取二硬件安全冗余结构，根据其管辖范围内各列车位置(轨道占用)、联锁进路以及线路限速状态等信息，对轨道电路发送信息，对车站有源应答器发送进路参数信息，向列车提供其所需的运行许可。通过轨道电路编码、应答器报文编码等功能应用软件，实现列控中心的控制功能。其中，列控中心设备、与安全有关的接口和通道的设计应符合故障—安全原则。

三、实验步骤

1. 进入“LKD2 -T2 列控中心系统”学习界面，如图 3-12 所示。

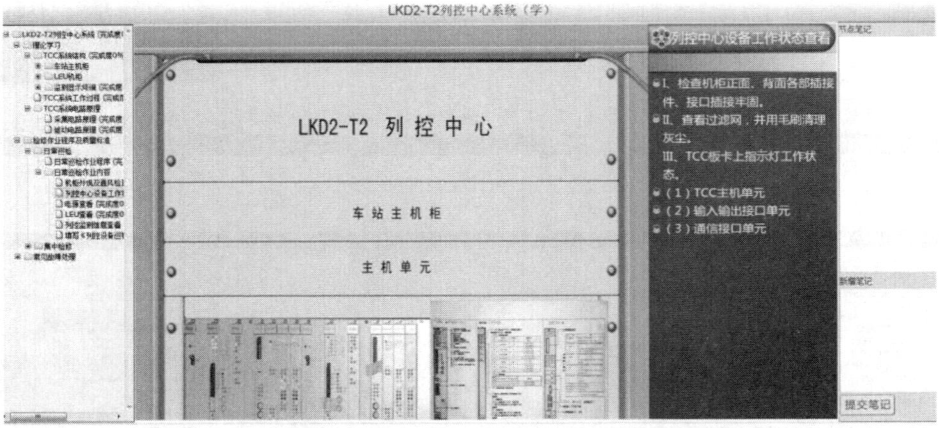

图 3-12 “LKD2-T2 列控中心系统”学习界面

2. 学习系统结构组成，界面如图 3-13 所示。

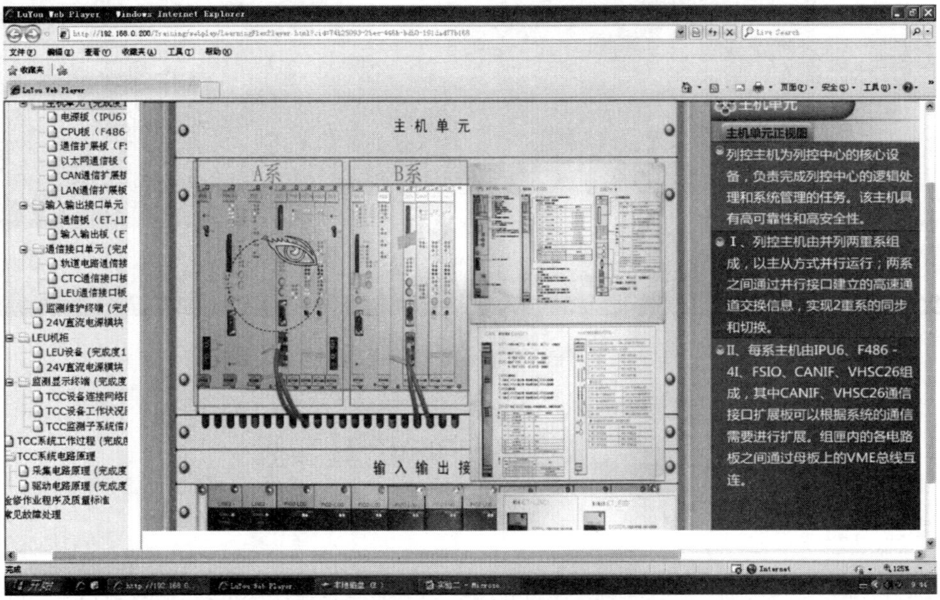

图 3-13 “LKD2-T2 列控中心系统”结构组成

3. 学习系统工作原理,界面如图 3-14 所示。

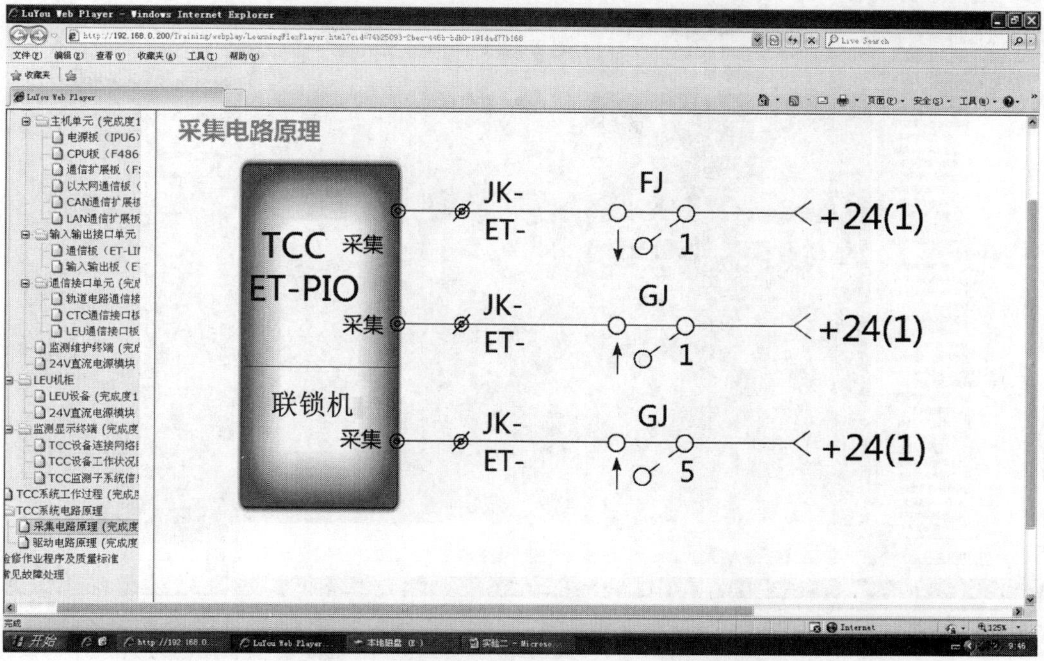

图 3-14 “LKD2-T2 列控中心系统”工作原理

第四节 临时限速服务器仿真实验

一、实验目的

通过对“TSRS”课件的学习,了解临时限速系统结构组成,熟悉系统工作原理,掌握临时限速设置流程及操作方法。

二、实验原理

临时限速服务器(TSRS)既适用于 CTCS-2 级列控系统,又适用于 CTCS-3 级列控系统,用于实现临时限速功能的安全管理。高速铁路 CTCS-2 级列控系统限速命令从调度集中(CTC)中心临时限速服务器下传到列控中心(TCC),TCC 通过实时组帧形式产生限速报文,经 LEU 传输到有源应答器,向列车发送。高速铁路 CTCS-3 级列控系统限速命令从 CTC 中心临时限速服务器下传到无线闭塞中心(RBC),RBC 通过实时组帧形式产生限速报文,经 GSM-R 传输到车载设备。

三、实验步骤

1. 进入“临时限速服务器(TSRS)”学习界面,如图 3-15 所示。
2. 进行临时限速系统结构组成学习,界面如图 3-16 所示。

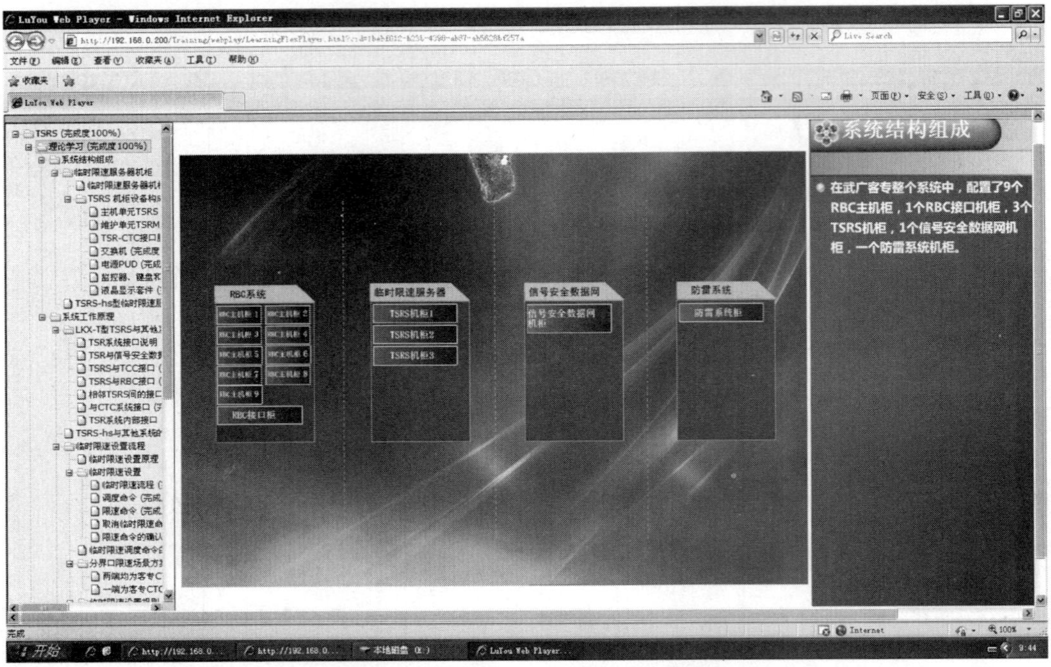

图 3-15 “临时限速服务器(TSRS)”学习界面

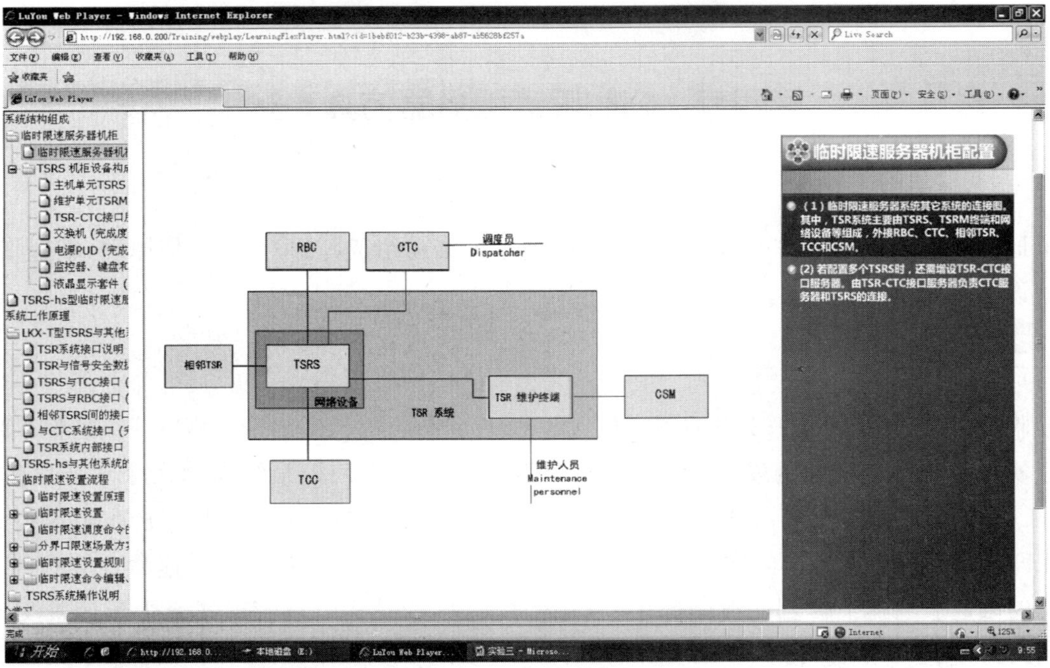

图 3-16 “临时限速服务器(TSRS)”结构组成

3. 学习系统工作原理，界面如图 3-17 所示。

4. 进行临时限速设置流程及操作方法学习，界面如图 3-18 所示。

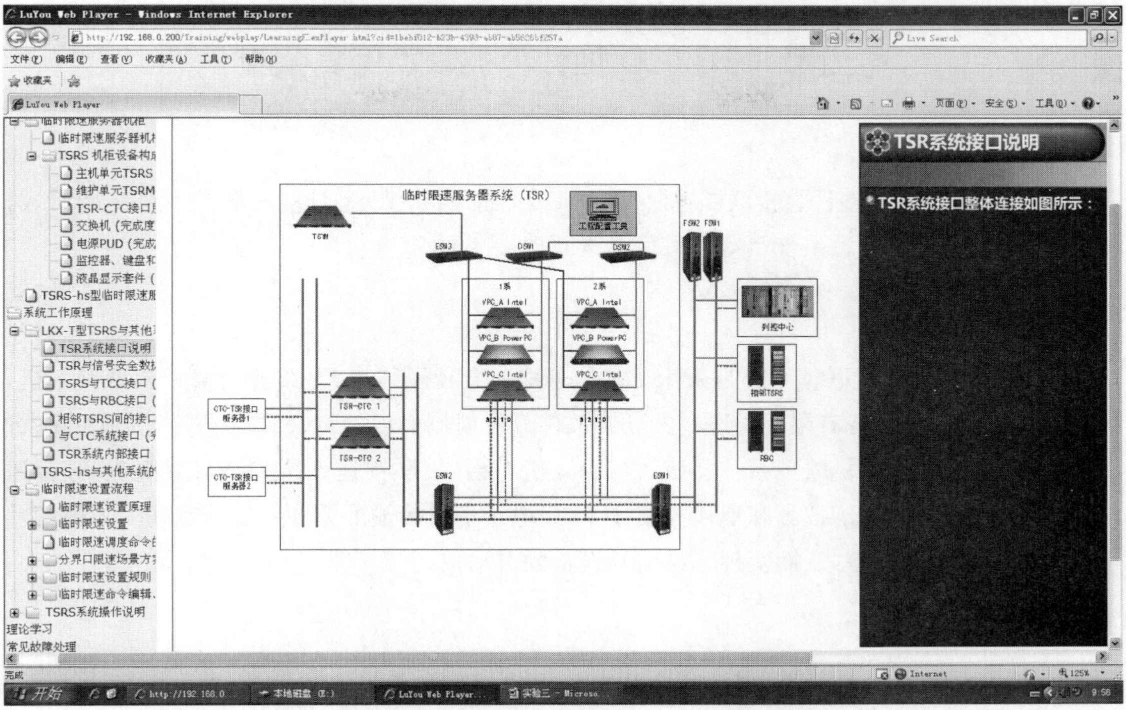

图 3-17　“临时限速服务器(TSRS)”工作原理

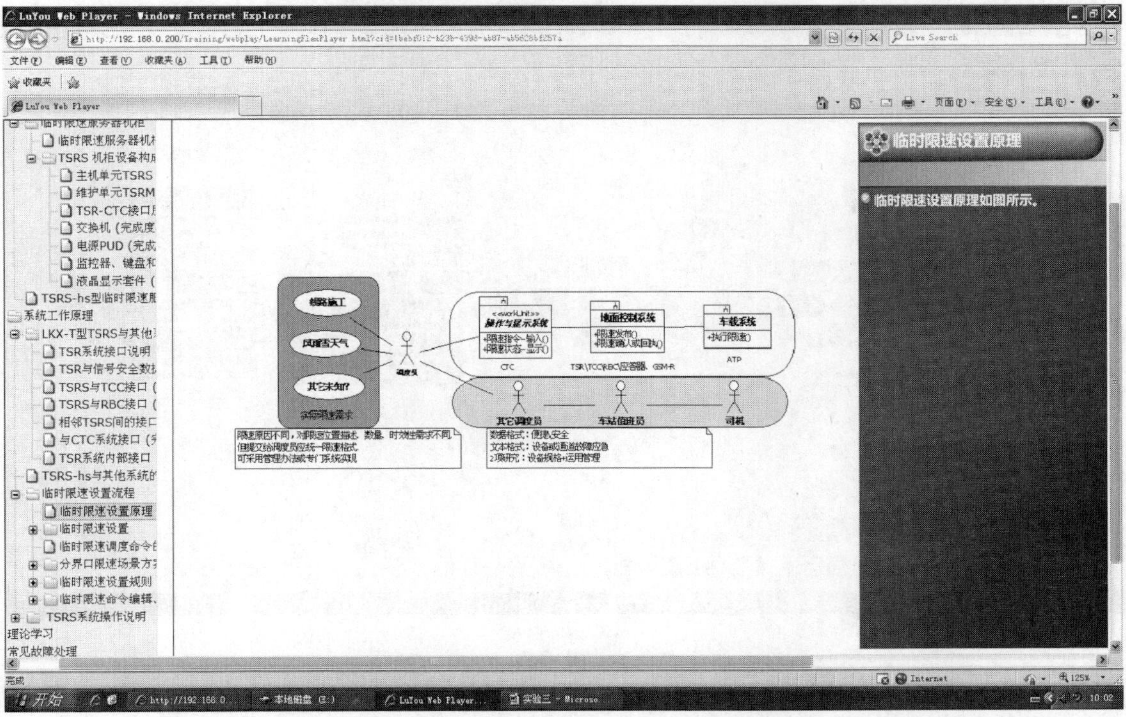

图 3-18　临时限速设置流程

第五节 EI32-JD 型计算机联锁仿真实验

一、实验目的

通过对"EI32-JD 型计算机联锁"课件的学习，了解 EI32-JD 型计算机联锁系统结构组成，掌握系统动作过程，熟悉系统驱动及采集电路原理。

二、实验原理

EI32-JD 型计算机联锁系统是采用日本信号株式会社研制的 EI-32 型计算机机联锁主机，搭载北京交大微联科技有限公司研制的联锁软件开发研制而成的符合故障—安全原则的高可靠性、高安全性的计算机联锁系统。该系统由人机对话层、联锁运算层和执行层组成，综合运用计算机技术、网络通信技术和现代控制技术，以电子信息传输的方式集中控制动力式道岔及色灯信号机等信号设备，从而实现车站信号设备的自动控制。

三、实验步骤

1. 进入"EI32-JD 型计算机联锁"学习界面，进行系统结构组成学习，如图 3-19 所示。

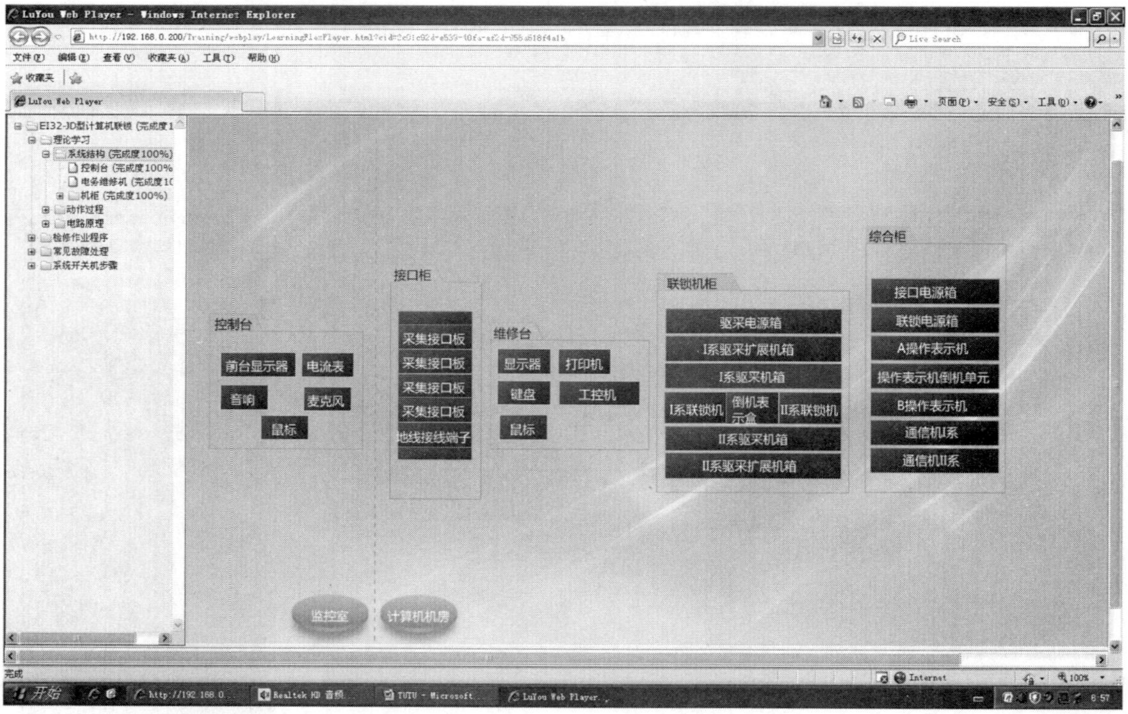

图 3-19 "EI32-JD 型计算机联锁" 系统结构

2. 学习系统动作过程，界面如图 3-20 所示。

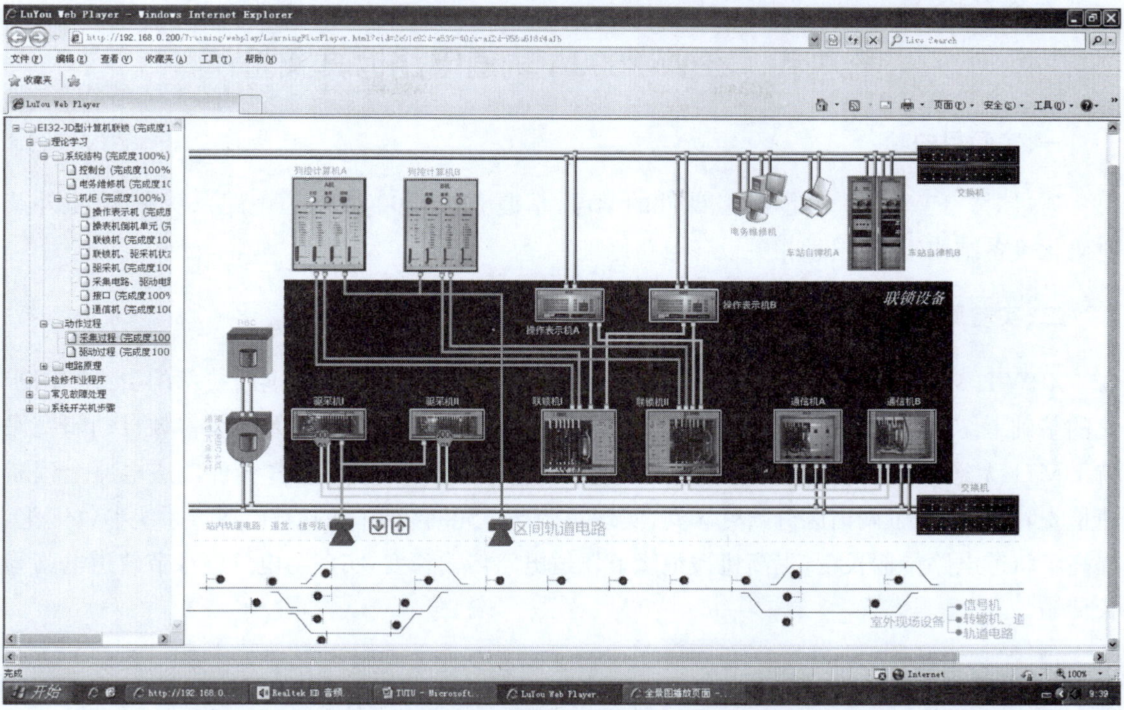

图 3-20　“EI32-JD 型计算机联锁”系统动作过程

3. 进行系统驱动及采集电路原理的学习，界面如图 3-21 所示。

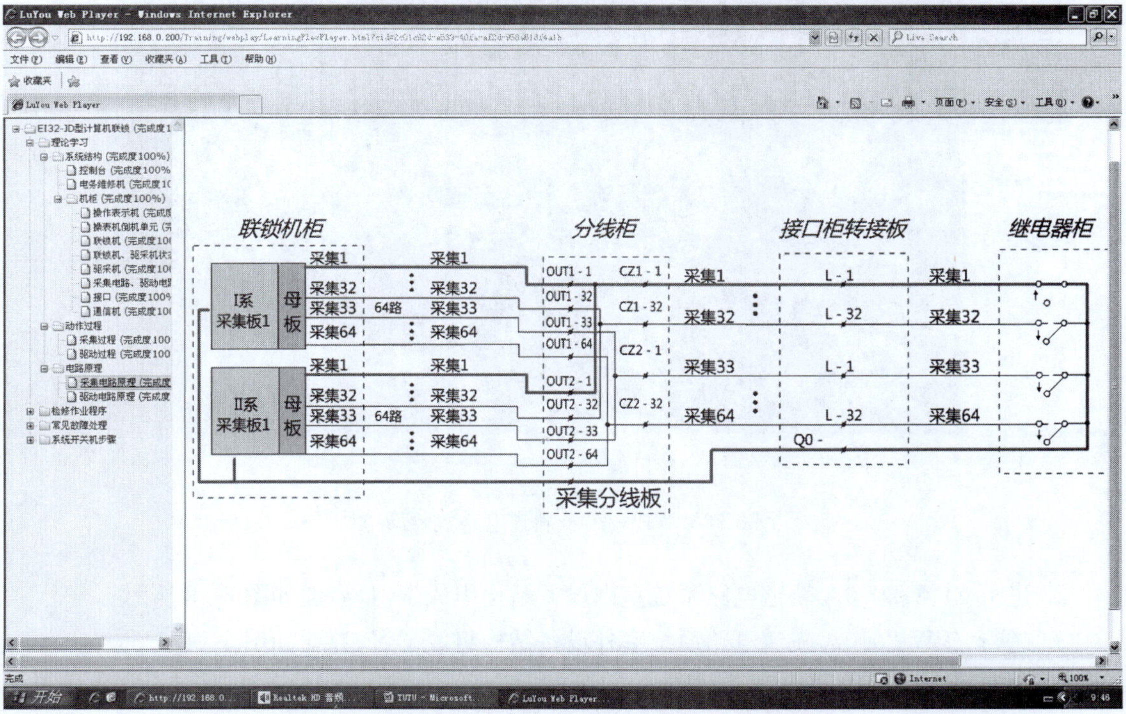

图 3-21　系统驱动及采集电路原理

第六节　ZPW-2000A 轨道电路仿真实验

一、实验目的

通过对“ZPW-2000 轨道电路”课件的学习，掌握 ZPW-2000A 轨道电路系统室内、室外及电码化设备结构组成，熟悉相关设备电路原理。

二、实验原理

ZPW-2000A 型无绝缘移频自动闭塞是在法国 UM71 无绝缘轨道电路技术的引进和国产化的基础上结合国情进行开发的一种自动闭塞制式。ZPW-2000A 型无绝缘移频自动闭塞保持 UM71 无绝缘轨道电路整体结构上的优势，解决了调谐区断轨检查，实现轨道电路全程断轨检查，同时减少了调谐区分路死区间，实现对调谐单元断线故障的检查，通过系统参数优化，提高了轨道电路传输长度，提高机械绝缘节轨道电路传输长度，实现与电气绝缘节轨道电路等长传输。

三、实验步骤

1. 进入“ZPW-2000 轨道电路”学习界面，如图 3-22 所示。

图 3-22　“ZPW-2000 轨道电路”学习界面

2. 进行 ZPW-2000A 轨道电路系统室内设备结构组成学习，界面如图 3-23 所示。
3. 进行 ZPW-2000A 轨道电路系统室外设备结构组成学习，界面如图 3-24 所示。
4. 进行设备电路原理的学习，界面如图 3-25 所示。

图 3-23　ZPW-2000A 轨道电路系统室内设备结构组成

图 3-24　ZPW-2000A 轨道电路系统室外设备结构组成

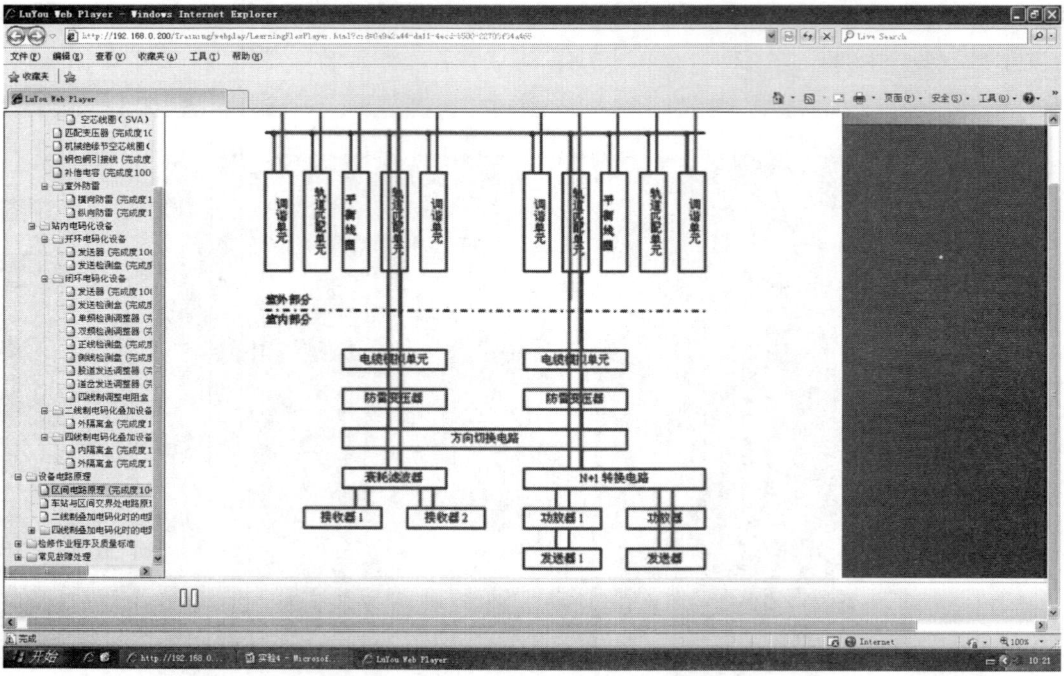

图 3-25　ZPW-2000A 轨道电路系统电路原理

第七节　S700K 型电动转辙机仿真实验

一、实验目的

通过对“S700K 型电动转辙机”课件的学习，了解 S700K 型电动转辙机结构组成，熟悉设备动作原理，掌握启动电路及表示电路原理。

二、实验原理

S700K 型电动转辙机采用的是德国西门子技术，属于滚珠丝杠传递的三相交流电动转辙机，它的控制电路的动作电源采用了 380 V 三相交流独立电源，由三相交流电源屏供电，它的道岔表示电源及 24 V 控制电源都由原电气集中电源屏供电。相对于直流电动转辙机控制电路仅在电路上做了部分适应性的变动。如：为了完成对电动转辙机的转换，采用了五线制动作电路；为了完成对电动机正常转换的监督，设置了断相保护器和断相保护继电器。表示电路则采用了同一性能的更安全可靠的半波整流三值极性电路。这一半波整流三值极性电路不再依靠另外设置的 4 μF/500 V 电容器来渡过无电的负半周而可靠吸起，减小了由于电容器产生的倍压对二极管的冲击，提高了系统的可靠性。

S700K 型电动转辙机不仅从根本上解决了原直流电动转辙机必须设置整流子而引起的故障率高、使用寿命短、维修工作量大的不足，而且减小了控制导线截面，延长了控制距离。由于采用了直径 32 mm 的滚珠丝杠作为驱动装置，延长了转辙机的使用寿命。并且它内部采用了具有弹簧式挤脱装置的保持连接器，并选用了不可挤型零件，从根本上解决了由于挤切销劳损造成的惯性故障。它还采用了多片干式可调摩擦联结器。经工厂调整加封，使用中无需再调整，再加上其保养维修工作量很少，大多数保养工作在短时间内即可完成，而且具有工作可靠的特点。

三、实验步骤

1. 进入“S700K 型电动转辙机”学习界面，进行 S700K 型电动转辙机结构组成学习，如图 3-26所示。

图 3-26　S700K 型电动转辙机结构组成

2. 学习设备动作原理，界面如图 3-27 所示。

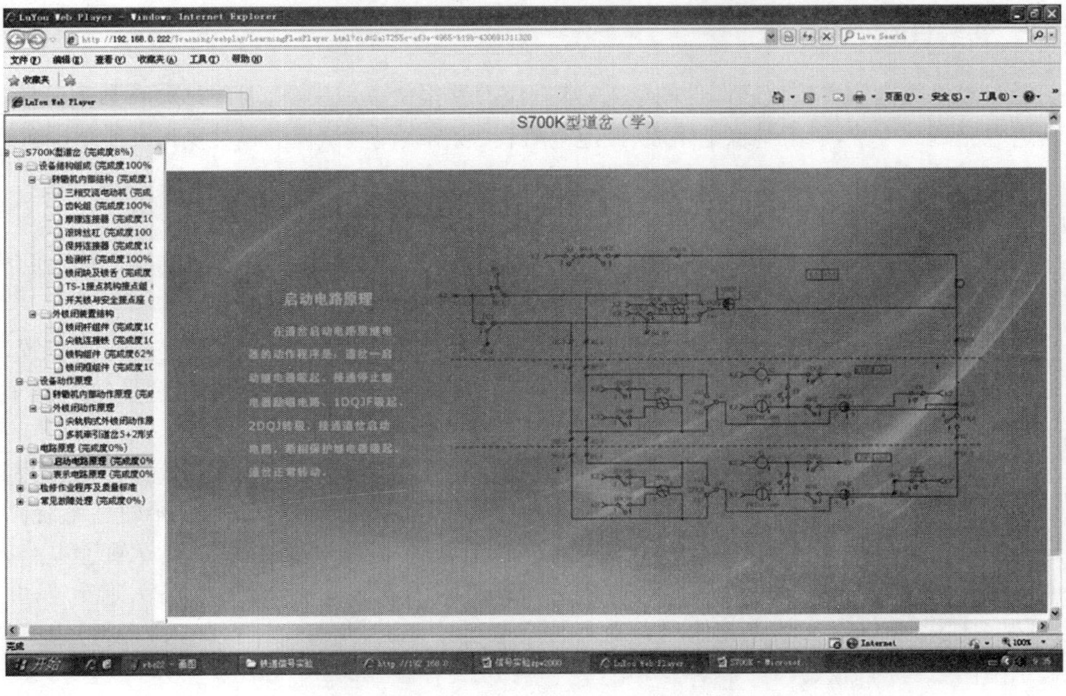

图 3-27　S700K 型电动转辙机动作原理

3. 进行启动电路及表示电路原理的学习，界面如图 3-28 所示。

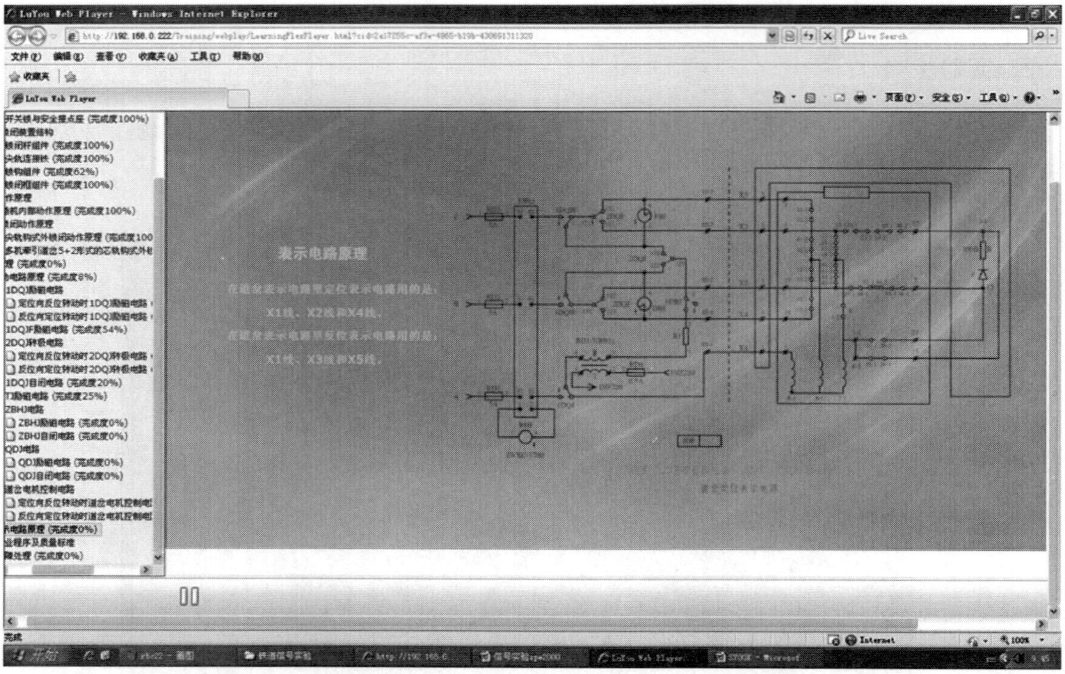

图 3-28　S700K 型道岔启动电路

第八节　铁路专用仪器仪表实验

一、实验目的

通过对铁路专用仪器仪表课件的学习，掌握应答器报文读取工具、通用移频参数测试仪，熟悉轨道电路测试方法，了解绝缘电阻表、接地电阻表、数据误码测试仪的相关操作及使用说明。

二、实验原理

本实验涉及的铁路专用仪器仪表主要用于应答器及轨道电路系统，两系统简要原理介绍如下。

应答器是利用电磁感应理论在特定地点实现机车与地面间相互通信的数据传输装置，用于地面向列车传输信息。应答器分为固定应答器和可变应答器两类，主要用途是向列控车载设备提供可靠的地面固定信息和可变信息。

轨道电路以一段铁路线路的钢轨为导体构成的电路，用于自动、连续检测这段线路是否被机车车辆占用，也用于控制信号装置或转辙装置，以保证行车安全的设备。整个轨道系统路网依适当距离区分成许多闭塞区间，各闭塞区间以轨道绝缘接头区隔，形成一独立轨道电路，各区间的起始点皆设有号志机(色灯式号志)，当列车进入闭塞区间后，轨道电路立即反应，并传达本区间已有列车通行，禁止其他列车进入的信息至号志机，此时位于区间入口的号志机，立即显示险阻禁行的信息。

各仪器仪表的具体使用原理及方法见各仪器仪表的三维动画。

三、实验步骤

1. 进入“铁路专用仪器仪表”学习界面。
2. 学习 CBRT 型便携式应答器报文读取工具，界面如图 3-29 所示。

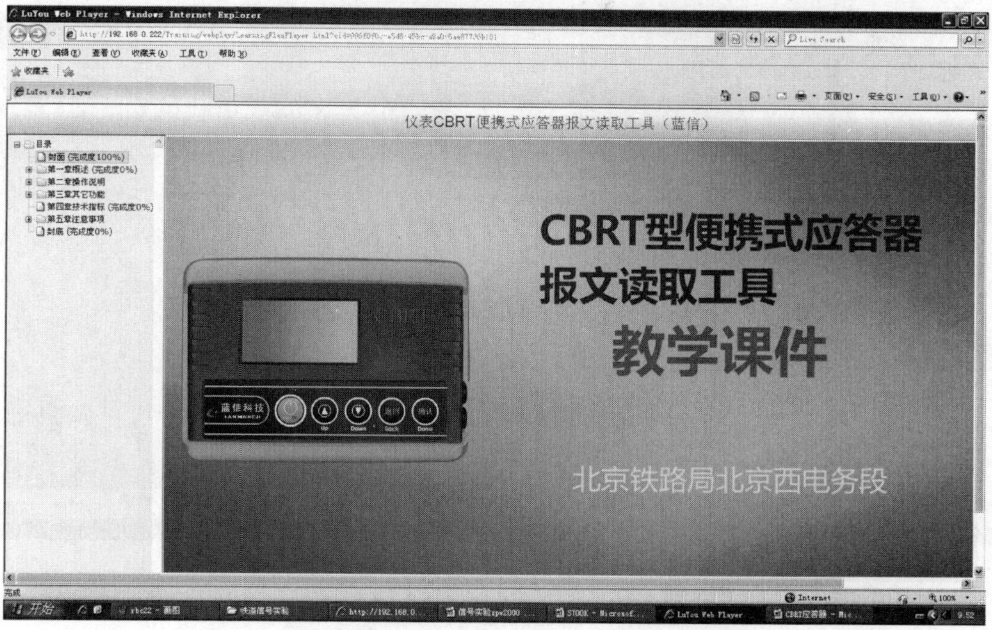

图 3-29　CBRT 型便携式应答器报文读取工具

3. 学习通号公司应答器报文读写工具，界面如图 3-30 所示。

图 3-30　通号公司应答器报文读写工具

4. 学习西门子应答器报文读写工具，界面如图 3-31 所示。

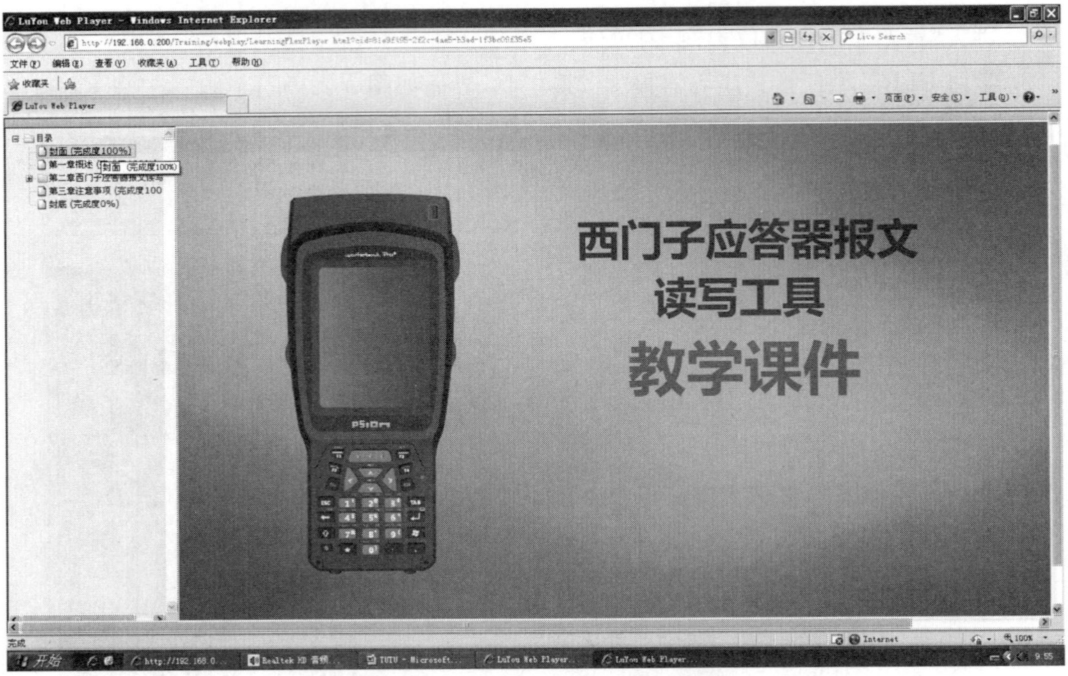

图 3-31　西门子应答器报文读写工具

5. 学习通用移频参数测试仪，界面如图 3-32 所示。

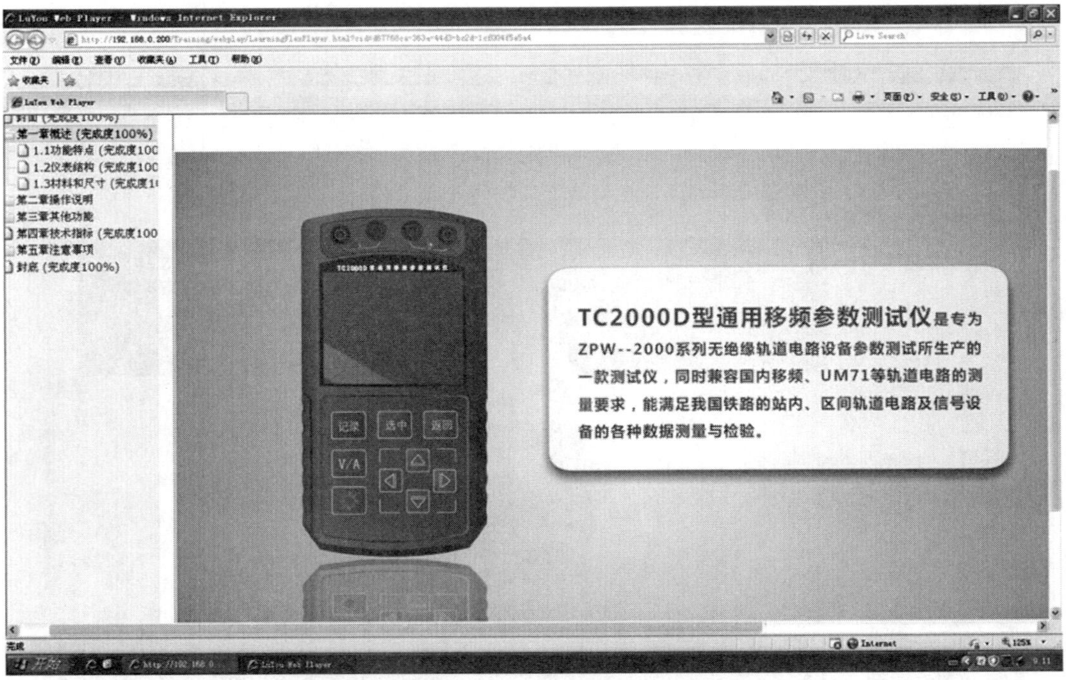

图 3-32　通用移频参数测试仪

6. 学习轨道电路测试方法，界面如图 3-33 所示。

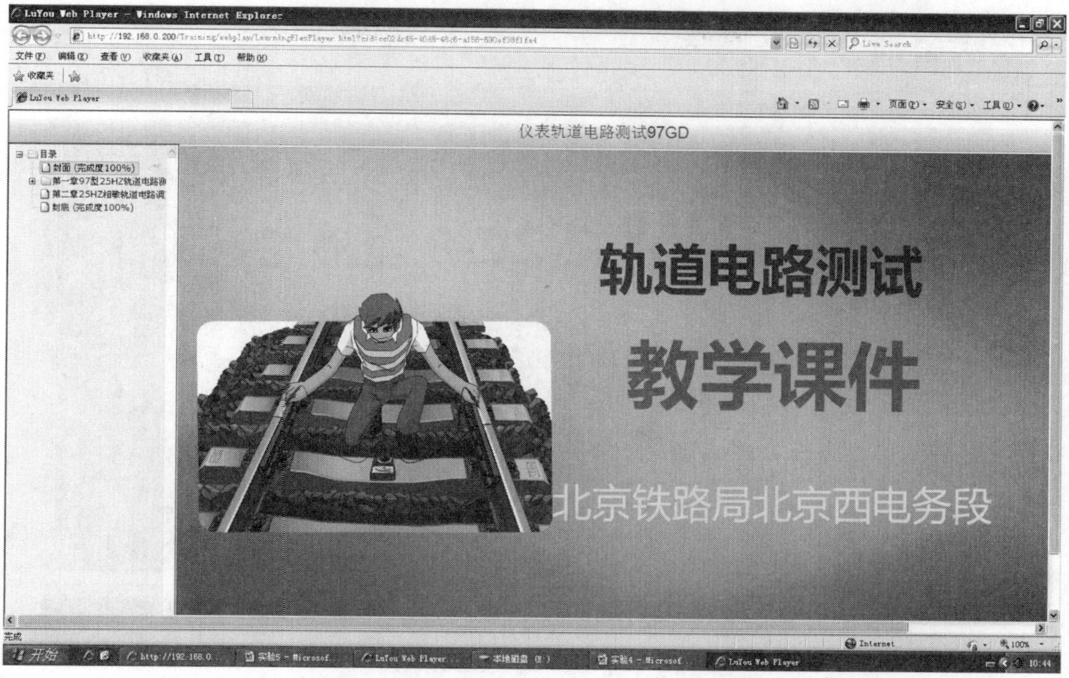

图 3-33　轨道电路测试

7. 学习 ZC-7 型绝缘电阻表，界面如图 3-34 所示。

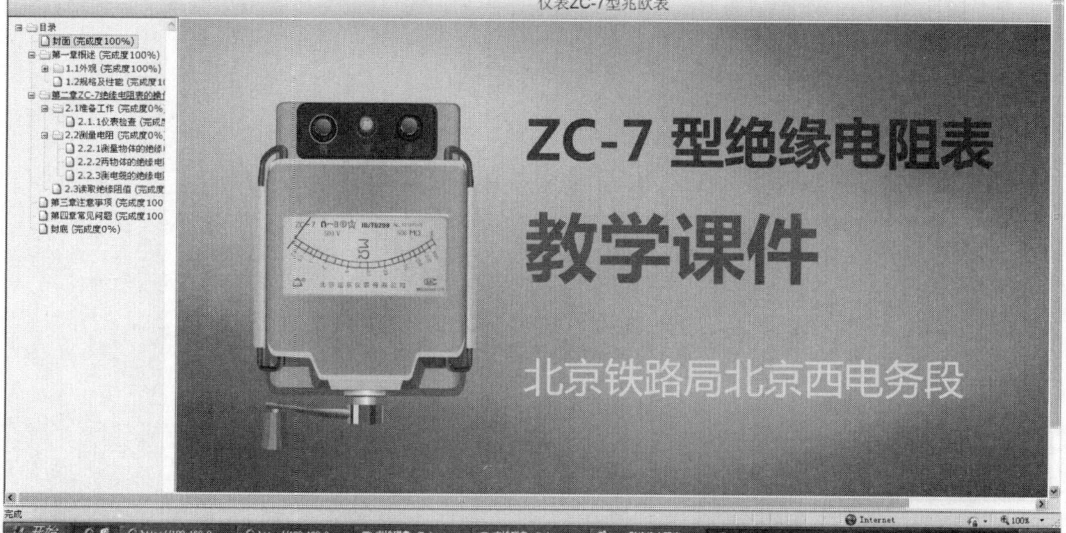

图 3-34　ZC-7 型绝缘电阻表

8. 学习 ZC-8 型接地电阻表，界面如图 3-35 所示。

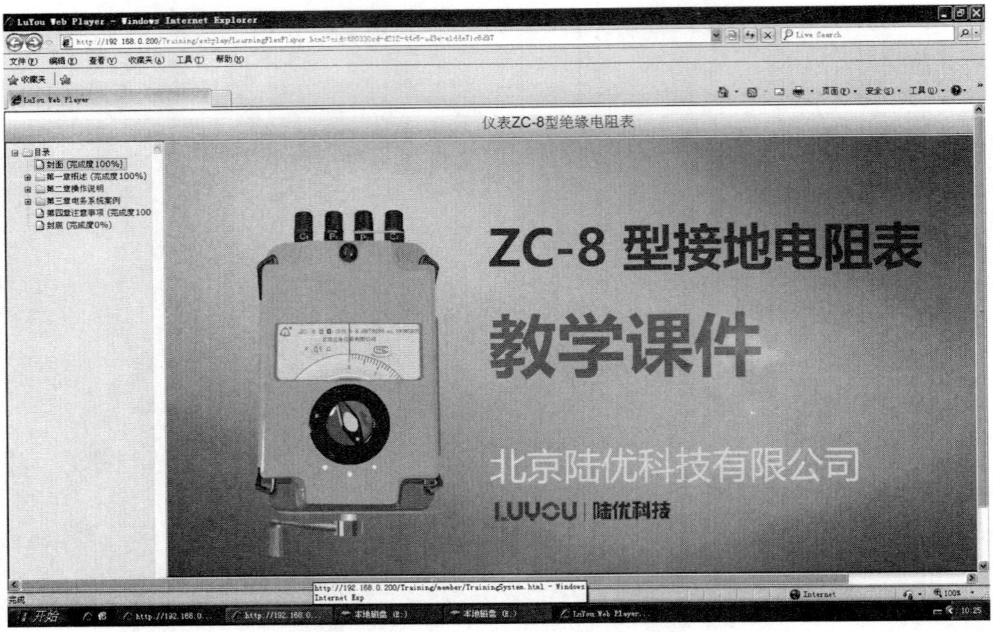

图 3-35 ZC-8 型接地电阻表

第四章　应答器点式地—车通信实验

第一节　应答器传输系统概述

应答器传输系统适用于 250 km/h 高速铁路 CTCS-2 级、350 km/h 高速铁路 CTCS-3 级列控系统中，系统主要由车载设备和地面设备两部分组成。车载设备包括应答器传输模块(BTM)、车载天线等；地面设备包括固定应答器（又称无源应答器，FB)、可变应答器（又称有源应答器，TB)、地面电子单元(LEU)等。应答器传输系统中地—车信息的通信方式为点对点，因此应答器系统也常称为点式应答器传输系统。

应答器传输系统基于电磁感应原理实现地—车通信的点式数据高速传输，BTM 通过下行激励电路产生的下行激励信号激活地面休眠的应答器进入工作状态，应答器将自身存储的报文数据调制成上行链路信号再发送给 BTM 接收天线。

BTM 工作流程可分为报文层、解调层和辐射模式层（接收层）3 个层次。报文层实现 BTM 对应答器报文的解码、提取出用户报文并对外输出。解调层实现 BTM 对上行链路信号的 FSK 信号解调、提取同步时钟。辐射模式层是在 BTM 以固有辐射模式产生射频能量后，实现从地面应答器接收到足够强度的上行链路信号。

地面应答器用于向列车控制系统传送线路基本参数、线路速度信息、临时限速信息、车站进路信息、道岔信息、特殊定位信息、其他信息等，用在特定地点实现地面与列车间的相互通信。

一、应答器实验系统构成

应答器实验系统在北京交大思诺科技有限公司提供的地面应答器、应答器传输模块(BTM)、车载天线等硬件设备的基础上，辅以虚拟仪器技术，使应答器系统的工作条件在实验室中得以实现，通过模拟应答器实验系统的真实应用环境，以诠释点式应答器系统的工作原理及其在列车控制领域的应用。实验系统主要构成如图 4-1 所示。

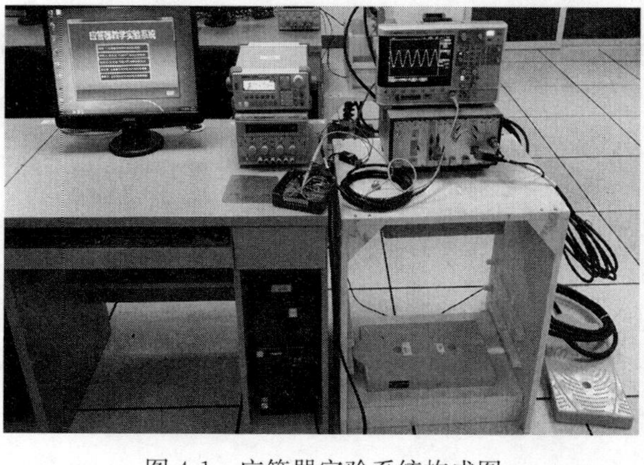

图 4-1　应答器实验系统构成图

1. 应答器仿真平台：作为人机交互的操作窗口，实现对整个实验设备的控制与操作，主要用于系统设备的部分信号的模拟，实现单个实验设备部分功能的替代与模拟。

2. 应答器传输模块、车载天线：应答器传输系统车载设备。

3. 有源应答器、无源应答器：应答器传输系统地面设备。

4. 应答器车载天线支架：应答器传输系统支架。

5. 示波器：用于应答器传输系统信号采集与分析。

二、应答器实验系统开启与关闭说明

（一）系统开启步骤

1. 打开应答器仿真平台主机。在 NI MAX 软件中对输出通道“Dev1”进行确认。方法如下：打开桌面“NI MAX”软件，点击软件左侧“我的系统”、“设备和接口”、“NI PCIe-6351”，将右侧“名称”修改为“Dev1”，点击保存即可。

2. 检查 BTM 与车载天线、仿真平台之间的通信线缆连接是否完好，确认连接正常情况下给 BTM 上电待其自检结束后，将地面应答器置于应答器车载天线下，准备实验。

3. 打开 Balise 软件，根据实验指导书各实验要求进行相关实验。

（二）系统关闭步骤

1. 断开答器信息传输模块（BTM）电源，此时应答器处于休眠状态。

2. 关闭应答器仿真平台相关软件并进行关机操作即可。

（三）注意事项

不论有源还是无源应答器处于被激活的状态下，都会产生一定的辐射，对周围环境有一定的影响，操作人员需注意防护，尽量与应答器保持一定间距。

第二节　应答器设备应用及原理认知实验

一、实验目的

了解并认知应答器系统的基本组成、接口、通信数据等。理解应答器系统中地—车之间信息传输的基本原理，对车载部分（BTM 及车载天线）工作原理有一定的理解。

二、实验原理

应答器系统主要分为车载部分和地面部分，地面设备有无源应答器、有源应答器（图 4-2）及地面电子单元（LEU）（图 4-3）组成；车载部分主要由应答器传输模块（BTM）（图 4-4）以及车载天线（图 4-5）组成。

应答器（Balise）是一种用于地面向列车信息传输的点式设备，分为固定（无源）应答器和可变（有源）应答器。主要用途是向列控车载设备提供可靠的地面固定信息和可变信息。

无源应答器存储固定信息，当列车经过无源应答器上方时，无源应答器接收到车载天线发射的电磁能量后，将其转换成电能，使地面应答器中的电子电路工作，把存储在地面应答器中的数据循环发送出去，直至电能消失（即车载天线已经离去）。无源应答器平常处于休眠状态。

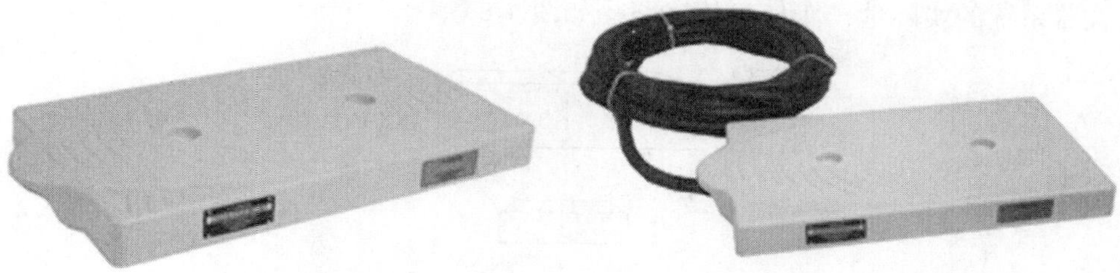

（a）无源应答器　　　　（b）有源应答器

图 4-2　地面应答器

图 4-3　地面电子单元

图 4-4　应答器传输模块

图 4-5　应答器系统车载天线

有源应答器通过电缆与地面电子单元(LEU)连接,可实时发送 LEU 传送的数据报文。当列车经过有源应答器上方时,有源应答器接收到车载天线发射的电磁能量后,将其转换成电能,使地面应答器中发射电路工作,将 LEU 传输给有源应答器的数据循环实时发送出去。直至电能消失(即车载天线已经离去)。平常处于休眠状态。

应答器传输模块(BTM)通过车载天线接收来自地面应答器发送的经调制过的报文信息(即 FSK 信号)。经过功放电路将 FSK 信号进行滤波分离处理,功放板通过机箱外部的两根同轴电缆与接收板相连,并由接收板完成 FSK 信号的进一步放大。经过放大的 FSK 信号,由解码板完成解析。解析出的报文最终由通信板发出,供列车超速防护(ATP)或列车运行监控装置(LKJ)使用。

应答器系统的实际地—车信息传输路径如图 4-6 所示。

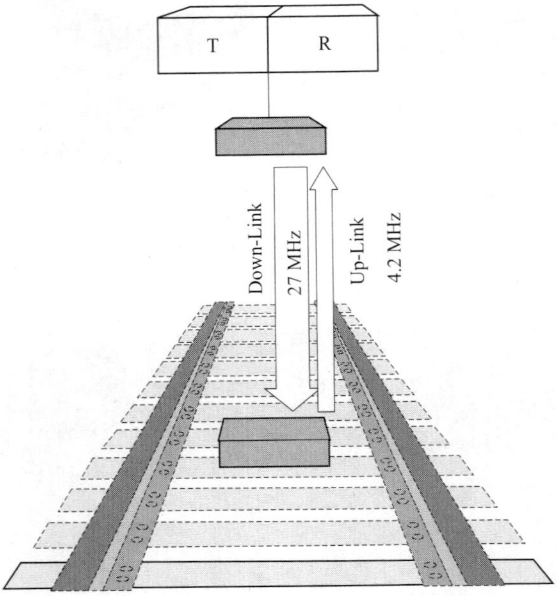

图 4-6　应答器系统车—地信息传输路径

三、实验任务

1. 观察并认知应答器系统中各关键设备的外形，记录并分析各实验设备间有线通信接口方式及数据通信流向，绘制实验系统结构连接图。

2. 观察应答器传输模块（BTM）机箱的组成并思考各板卡功能，观察并记录各板卡指示灯在上电后的变化情况，思考系统各组成部分执行的先后顺序。

3. 运行应答器仿真平台软件系统，观察列车运行的动画展示，记录实验数据，理解应答器系统的工作原理。

四、实验步骤

1. 实验任务一

（1）观察并认知应答器系统中各关键设备；

（2）列表并记录各实验设备间有线通信接口方式及数据通信流向；

（3）绘制实验系统结构连接图，便于后面实验学习。

2. 实验任务二

（1）观察并列表记录应答器传输模块（BTM）机箱板卡组成及功能；

（2）观察并记录各板卡指示灯在上电后的变化情况；

（3）思考系统各组成部分执行的先后顺序。

3. 实验任务三

（1）运行应答器教学实验系统，如图 4-7 所示，点击“实验一 应答器原理及设备认知实验”，如图 4-8 所示，在“设备认知”、“原理展示”、“报文学习”三个子界面下观察图片，总结有源应答器及无源应答器的外形区别，并记录观察结果。

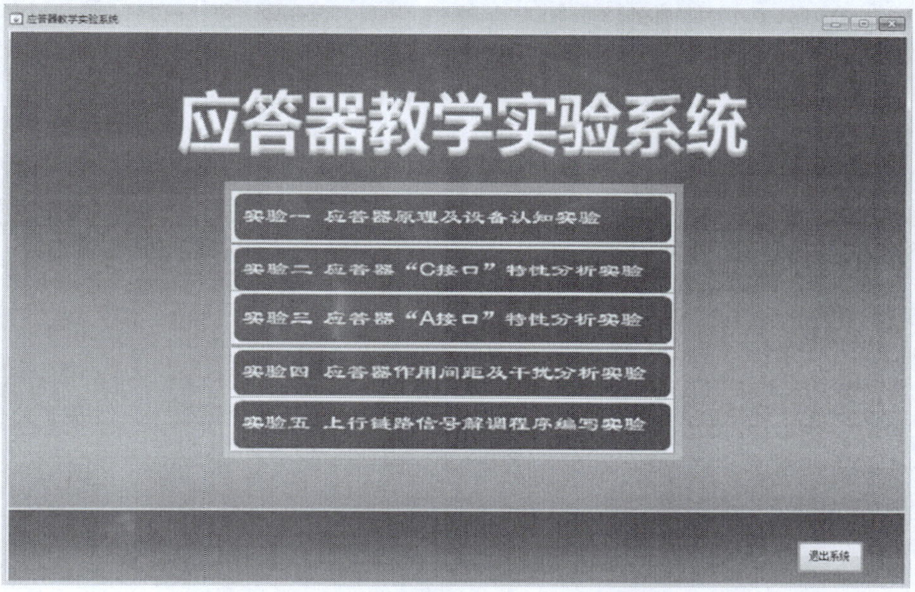

图 4-7　应答器教学实验系统登录界面

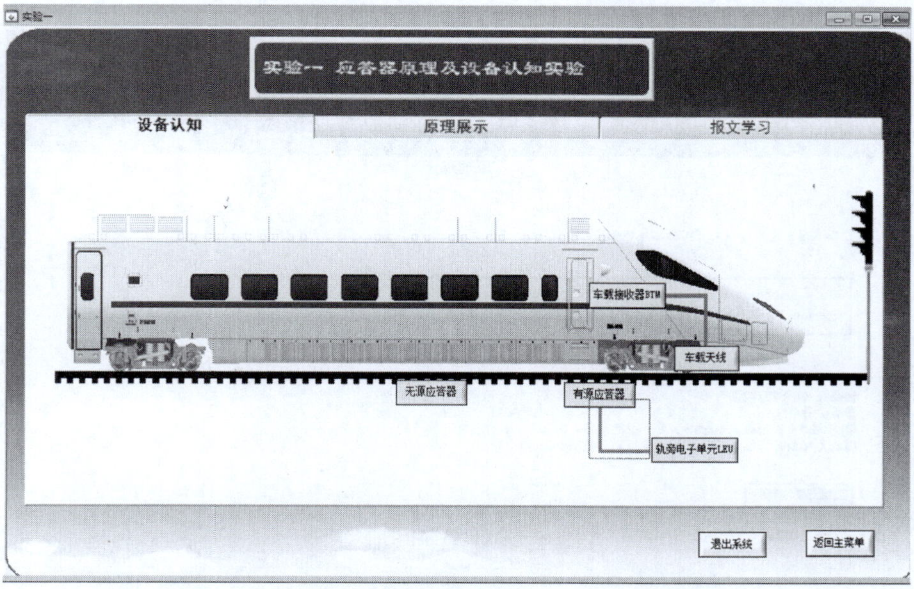

图 4-8　应答器教学实验系统实验一设备认知界面

(2)进入“原理展示”子界面单击“开始”，如图 4-9 所示，列车运行，观察信号接收的动画展示。

(3)在“原理展示”子界面转动车速指针改变车速，重新单击“开始”，列车运行，观察信号不在同车速下接收应答器信息的动画展示效果。

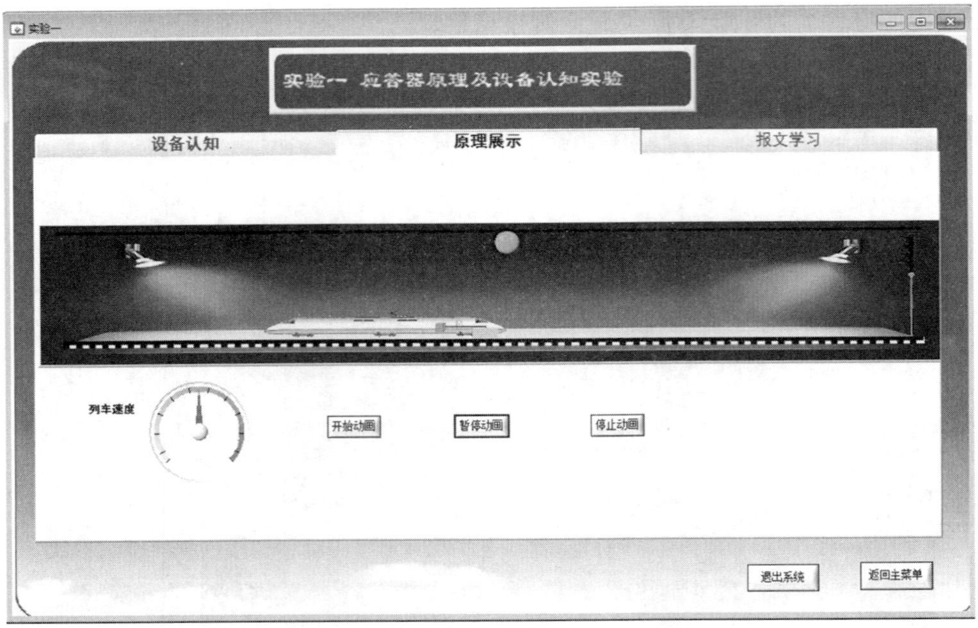

图 4-9 原理展示

(4)进入“报文学习”子界面打开“应答器报文应用原则”进行扩展学习,如图 4-10 所示。

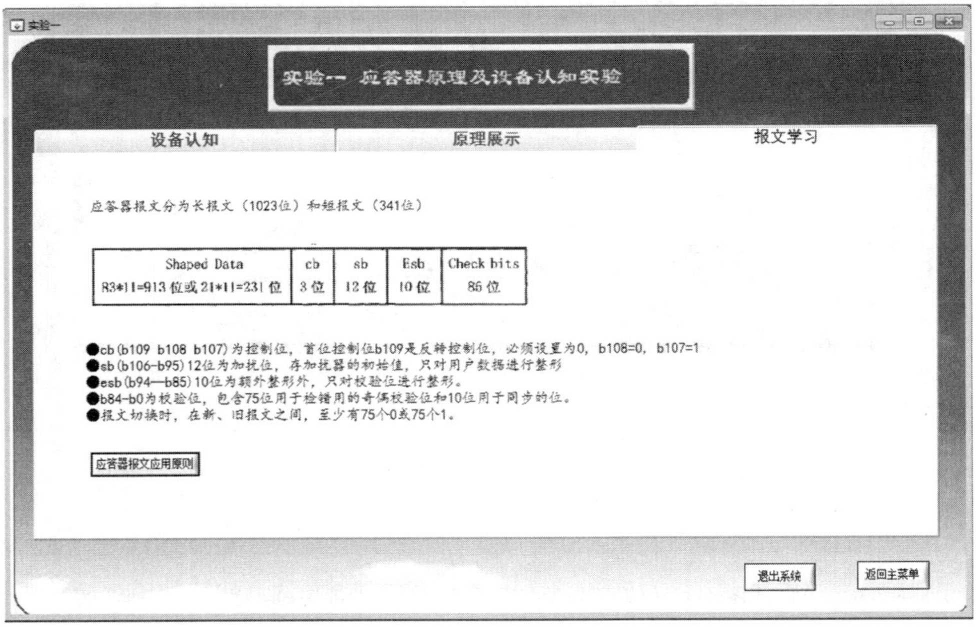

图 4-10 报文学习

五、实验报告要求

1. 按照实验指导书的格式简述实验目的、实验原理、实验任务。
2. 详细列表、图示记录并分析每一项实验任务的具体实验结果。

第三节 应答器"A"接口特性分析实验

一、实验目的

了解有源应答器系统各接口关系以及应答器"A"接口工作原理；熟悉"A"接口数据通信流向、数据类型及通信流程；掌握"A"接口的波形特性。

二、实验原理

应答器系统当列车上的BTM通过地面应答器时，应答器被BTM瞬态功率激活进入工作状态，并向BTM连续发送存储于应答器中的行车数据。这些功能的实现对应着应答器系统中各个接口，以有源应答器为例，其主要接口如图4-11所示。

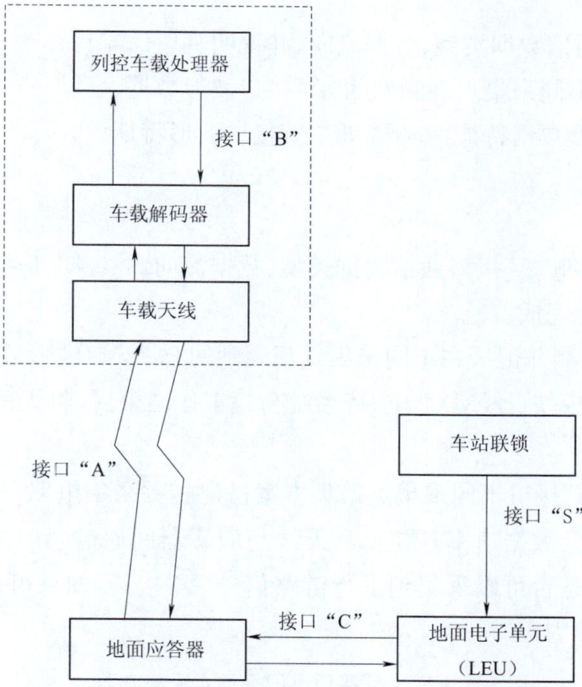

图4-11 有源应答器系统接口关系

图4-11所示的有源应答器系统，列控车载处理器及车载解码器由应答器信息模块(BTM)实现，因此接口"B"已经集成在了BTM内部板卡之间。有源应答器与地面电子单元(LEU)之间的接口为接口"C"，主要功能实现可变报文信息的传递，具体可参考欧洲应答器标准Subset-036、应答器设备技术规范中对相关接口的介绍。

"A"接口即为地面应答器与车载天线之间的接口，主要包括A1接口和A4接口。A1接口传输从地面应答器到车载天线的上行数据报文；A4接口由车载天线发送功率信号为地面应答器提供辅助电源。应答器车载天线通过"A4"接口向地面应答器传输的下行能量信号，地面应答器在接收到该下行能量信号后，处于被激活的状态，经过内部电路的处理，将自身存储的报文信息调制成为FSK上行链路信号，通过“A1”接口将FSK信号发送给应答器车载天线，最终由应答器传输模块完成后续的处理工作。

地面应答器详细工作流程：应答器在接收到下行链路能量信号（功率载频27.095 MHz±5 kHz），首先对其进行滤波、限幅，使其满足应答器应用，通过AC-DC转换，将其转换为自身电源；通过分频、再倍频将其转换为约9 MHz的时钟信号，作为自身时钟。一旦电源达到电路启动的额定值，地面应答器的主要控制模块开始工作，读取存储在EEPROM已编码好的报文数据，或者接收来自可变应答器从LEU传送过来的实时数据。将获得的数据进行FSK的调制方式（中心频率为4.234 MHz±200 kHz，调制频偏为282.24 kHz（1±5%），调制速率：564.48（1±2.5%）kbit/s，逻辑0为3.951 MHz，逻辑1为4.516 MHZ），调制的高频信号滤波、功率放大后通过应答器天线发送出去。

三、实验任务

1. 绘制“A”接口通信数据类型、数据流向，并说明其通信流程。
2. 观测并记录在不同采集点观测到的“A”接口波形数据。
3. 对比分析各波形数据特征，分析标准“A”接口波形特征。

四、实验步骤

1. 实验任务一：绘制“A”接口通信数据类型、数据流向，并说明其通信流程

本部分由学生自行完成。

2. 实验任务二：观测并记录在不同采集点观测到的“A”接口波形数据

（1）给应答器传输模块（BTM）上电，待系统自检工作结束后，将无源应答器置于车载天线下方，进行后续操作。

（2）根据表4-1，“A”接口不同采集点采集方案搭建相关采集电路，记录并观察A1接口上行链路信号载频、偏频及数据速率。在车载天线与应答器间通过感应线圈采集“A”接口信号时，通过观测工具观察是否可以采集到下行链路信号A4接口，如果可以请记录其能量频率，如果观测不到请思考原因。

表4-1　“A”接口不同采集点采集方案

序号	“A”接口波形采集点	连接工具	类型	观测工具
1	BTM接收板测试端子	连接线缆	真实波形	示波器或仿真软件
2	车载天线与应答器间	感应线圈		
3	接线盒	连接线缆	仿真波形	

注1：采用示波器进行信号采集时请注意相关信号幅值，合理调节衰减系数；

2：在分析相关接口信号波形特性时，可通过滤波或频谱变化进行观测；

3：若为有源应答器，可将其与地面电子单元（LEU）或其他LEU模拟模块相连接，适当调整LEU输入的联锁信息，观测“A”接口A1接口FSK信号是否受到影响。

（3）针对表4-1采集方案1与2的采集电路请自行搭建测试并记录相关数据。

(4)针对表 4-1 采集方案 3 的采集电路及实验步骤请参考下面相关内容：

①掌握接线盒各端口功能，根据表4-2正确连接数据采集卡、接线盒和电缆如图4-12，选择通道，运行应答器教学系统。

表 4-2　接线盒配线表

序号	SCB-68SA-OUT	SCB-68SA-IN	序号	SCB-68SA-OUT	SCB-68SA-IN
1	AO 0	AI 0(AI 0+)	3	AO GND	AI GND
2	AO 1	AI 1(AI 1+)	4	P0.0	P0.1

②进入“A”接口实验，点击“加载报文”，载入已有的报文文件 a1 如图 4-13 所示。

图 4-12　接线盒配线图

图 4-13　选择载入的报文文件

③点击“参数设置”，在弹出界面中设置接口参数，点击“输出设置”，在弹出界面中设置输出参数，在 NI MAX 软件中对输出通道“Dev1”进行确认。方法如下：打开桌面“NI MAX”软件，点击软件左侧“我的系统”、“设备和接口”、“NI PCIe-6351”，将右侧“名称”修改为“Dev1”，点击保存即可，如图 4-14 所示。

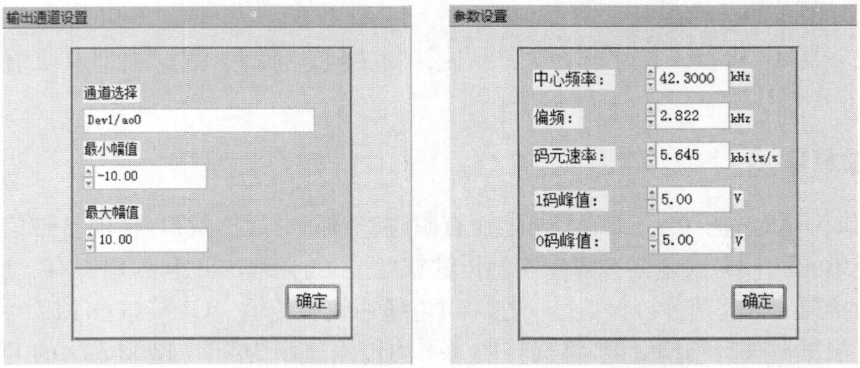

图 4-14　参数设置

④单击“开始发送”按钮，通过示波器观察记录波形数据；当需要停止时，点击“停止发送”按钮，如图 4-15 所示。

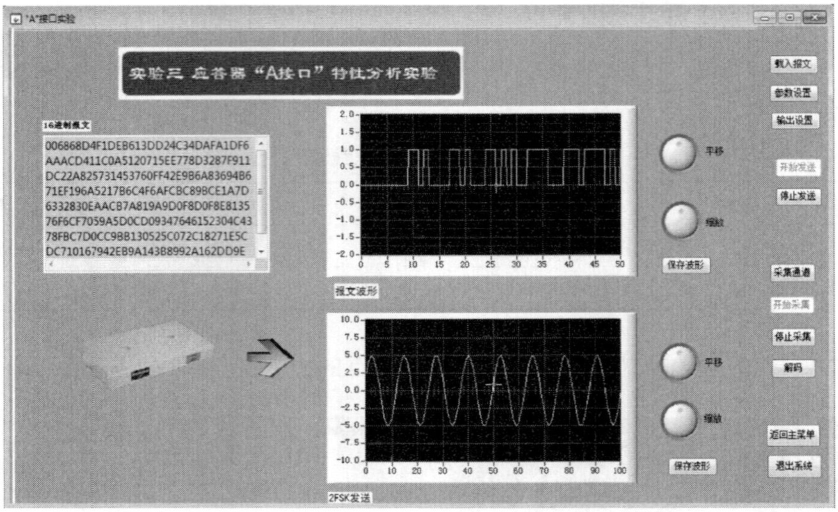

图 4-15　波形对比

3. 实验任务三：对比分析各波形数据特征，分析标准“A”接口波形特征

(1)根据上述实验过程，将三类波形数据用示波器进行保存，导入 Matlab 软件中，绘图显示并进行简单频谱分析。

(2)对比分析各波形数据特征(上下边频、载频)，分析标准“A”接口波形特征，说明三者之间的区别及原因。

五、实验报告要求

1. 按照实验指导书的格式简述实验目的、实验原理、实验任务。
2. 详细列表、图示记录并分析每一项实验任务的具体实验结果。

第四节　应答器“C”接口特性分析实验

一、实验目的

了解应答器“C”接口工作原理；熟悉“C”接口数据通信流向、数据类型及通信流程；掌握“C”接口的波形特性。

二、实验原理

“C”接口为地面电子单元(LEU)与地面有源应答器间的通信接口，传输基带信号，它包含由地面电子单元(LEU)向地面有源应答器传输数据报文的接口 C1 和为地面有源应答器提供偏置电压的接口 C6，这两种接口信号同在一对电缆芯线中传输。C1 接口由 LEU 将 1 023 bit 的应答器传输报文进行码型变换，将其转换为平均传输速率为 564. 48 kbit/s 的 DBPL 码，通过电缆不间断地向有源应答器发送，其 LEU 输出端信号电平(120 Ω 阻性负载)最小值大于 14 Vpp，最大值小于 16 Vpp；C6 接口由 LEU 将 8. 820 kHz±0. 1 kHz 的正弦波直接通过电缆不间断地向有源应答器发送，其 LEU 输出端信号电平(170 Ω 阻性负载)$22.0^{+1.0}_{-2.0}$ Vpp。由于接口 C1 作为传输从 LEU 至应答器的上行数据报文的接口，所以涉及传输接口中基带码型的选择问题。应答器技术规范中将 DBPL(Differential Bi-Phase Level)码选用为应答器 C 接口基带传输的基本码型。

DBPL 码是由绝对双相码经差分变换得到的相对于输入的 NRZ 波形的差分码。其编码原理如图 4-16 所示：每一个比特用两个状态表示，第一种状态表示的是码元内的相位变化，从 +1 到 -1，用'A'表示，从 -1 到 +1，用'B'表示；第二种状态用以比较当前码元与之前码元，相等表示为 1，不等表示为 0。

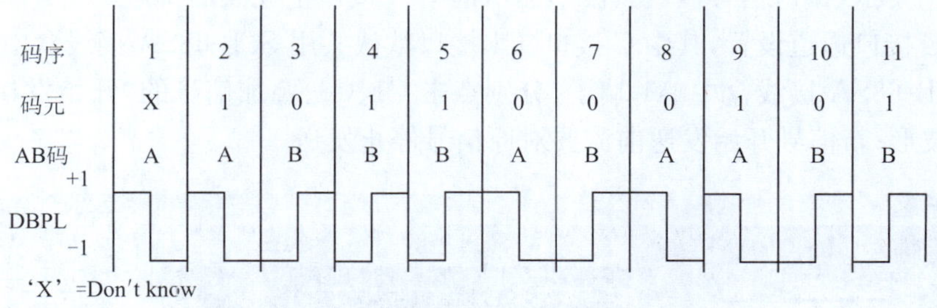

图 4-16　DBPL 码编码原理

三、实验任务

1. 绘制"C"接口通信数据类型、数据流向，并说明 C1 接口和 C6 接口信号功能；
2. 观测并记录在不同采集点观测到的"C"接口波形数据；
3. 对比分析各波形数据特征，分析标准"C"接口波形特征及 DBPL 码编码规则。

四、实验步骤

1. 实验任务一：绘制"C"接口通信数据类型、数据流向，并说明 C1 接口和 C6 接口信号功能

本部分由学生自行完成。

2. 实验任务二：观测并记录在不同采集点观测到的"C"接口波形数据

(1)给应答器传输模块(BTM)上电，待系统自检工作结束后，将有源应答器置于车载天线下方，进行后续操作。

(2)根据表 4-3"C"接口不同观测方案搭建相关采集电路，通过直接观测方式记录并观察 C 接口叠加信号波形，C1 接口信号电平、平均数据速率，C46 接口信号电平、频率等特性。参考应答器"A"接口特性分析实验通过观测"A"接口特性间接观测"C"接口特性变化对"A"接口信号传输的影响。

表 4-3　"C"接口观测方案

序号	"C"接口波形采集点	连接工具	类型	观测工具	观测方式
1	接线盒	连接线缆	仿真波形	仿真软件或示波器	直接观测
2	地面电子单元(LEU)	连接线缆	真实波形		
3	BTM 接收板测试端子	连接线缆	真实波形		间接观测

注 1：采用示波器进行信号采集时请注意相关信号幅值，合理调节衰减系数；

2：在分析相关接口信号波形特性时，可通过滤波或频谱变化进行观测

(3)针对表 4-3 观测方案 1 与 2 的采集电路请自行搭建测试并记录相关数据;针对观测方案 3 的采集电路请参考应答器“A”接口特性分析实验中的相关方案进行搭建。

(4)采用示波器观测仿真软件生成相关信号波形的实验步骤:

①掌握接线盒各端口功能,根据表 4-1 正确连接数据采集卡,接线盒和电缆,选择通道,运行应答器教学系统。

②进入“C”接口实验,如图 4-17 所示,点击“加载报文”,载入已有的报文文件“c1”。

③点击“生成 C 接口信号”,观察波形显示框中 C 接口生成波形特点。

④配置 C 接口通道设置,其中 C 接口、C1 接口默认共用 SCB-68SA 接线盒中 A0 端子,C6 接口使用 SCB-68SA 接线盒中 A1 端子,分别点击 C1、C6、叠加信号的“开始发送”按钮,输出相应的接口波形;新信号开始发送前需要对原信号停止发送。

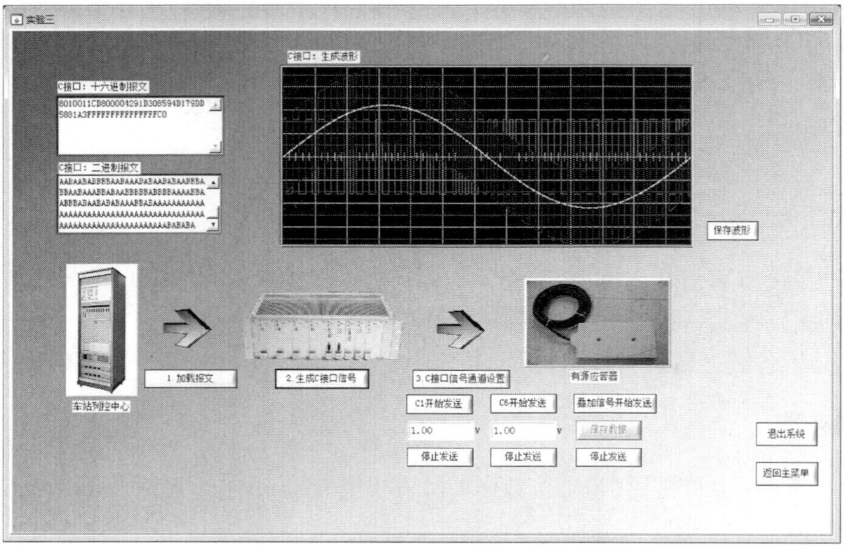

图 4-17 “C”接口实验界面

⑤将 SCB-68SA 接线盒 A0、A1 端子的线缆输出与示波器相连接,调试示波器,使之能够清晰完整的显示信号波形。分别观察并记录 C、C1,C6 三种接口的信号特征,如图 4-18 所示。

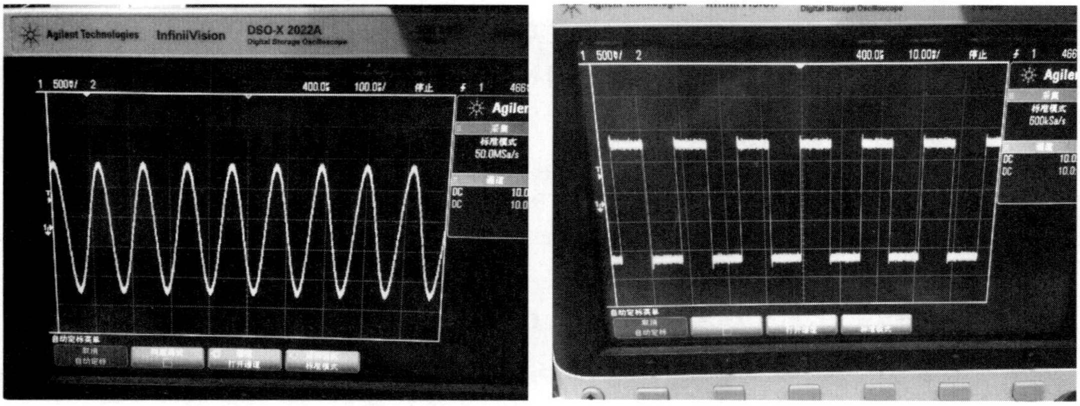

图 4-18 C1 接口正弦波信号与 C6 接口 DBPL 编码信号

⑥将接口波形导入 Matlab 中绘制记录数据。

五、实验报告要求

1. 按照实验指导书的格式简述实验目的、实验原理、实验任务。
2. 详细列表、图示记录并分析每一项实验任务的具体实验结果。

第五节　应答器作用间距及干扰分析实验

一、实验目的

掌握应答器组的概念，熟悉应答器设备技术规范中对应答器作用间距的定义及安装要求，掌握应答器作用间距的变化对整个应答器系统所造成的影响；了解应答器系统在实际应用中源自应答器的一些干扰故障，及在干扰作用下应答器“A”接口信号的变化。

二、实验原理

以应答器系统的设计符合欧洲标准为例，在实际应用中，对应答器的安装是有十分严格的要求，应答器的安装位置直接决定了点式信息传输的实时、准确性。欧标应答器的机械参数如图4-19所示。

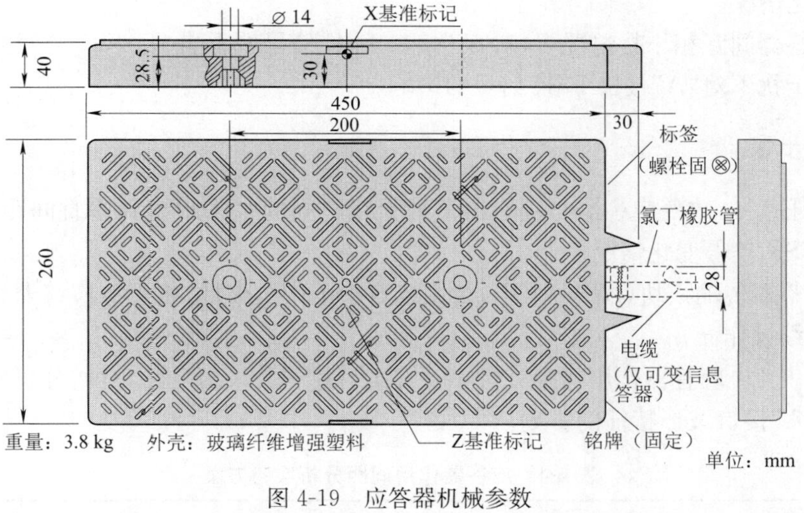

图 4-19　应答器机械参数

当其在铁轨之间安装时，按照科技运函〔2004〕114 号《应答器技术条件（暂行）》要求应答器上表面距离轨面的高度为 93～190 mm，如图 4-20 所示。

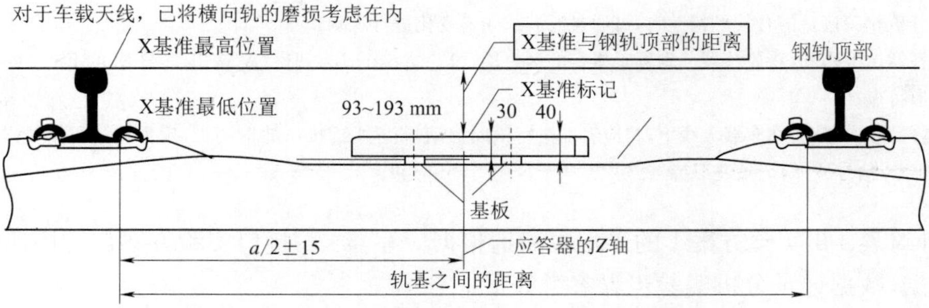

图 4-20　应答器在铁轨间安装示意图

应答器 A 接口有效作用长度为 0.5 m≤d≤2.2 m，车载接收天线与地面应答器距离为249～469 mm。为避免两相邻地面应答器之间上行链接信号相互干扰，最小间距应满足下列要求。

S≤180 km/h 时，d=2.3 m；

180 km/h<S≤300 km/h 时，d=3.0 m；

300 km/h<S≤500 km/h 时，d=5.0 m；

其中，S=线路允许最大列车运行速度，d=最小安装距离。

其他设备安装要求请参考科技运函〔2004〕114 号《应答器技术条件(暂行)》。

应答器故障主要有 3 类：第 1 类为应答器报文数据错误，主要发生在新线开通、大修施工、地面列控中心软件升级等施工改造完成后的联调、联试阶段；第 2 类为外界电磁干扰，该类故障在时间上没有明显规律，但发生地点及时机有一定规律性；第 3 类为 BTM 主机或天线等硬件故障，一般在启机自检过程中能够被发现并克服。

在本实验中，主要考虑应答器的摆放位置对应答器系统"A"接口特性的影响，同时考虑由应答器组间距过小引发串扰对应答器系统"A"接口特性的影响。

三、实验任务

1. 改变应答器与应答器车载天线之间的水平距离和垂直间距，观察并记录"A"接口的 FSK 信号变化情况。

2. 双应答器间互相干扰情况下，对"A"接口 FSK 信号的影响。

3. 噪声干扰下对"A"接口 FSK 信号的影响。

四、实验步骤

1. 实验任务一：改变应答器与应答器车载天线之间的水平距离和垂直间距，观察并记录"A"接口的 FSK 信号变化情况

(1)给应答器传输模块(BTM)上电，待系统自检工作结束后，将无源应答器置于车载天线下方，进行后续操作。

(2)根据表 4-4 应答器作用间距分析实验方案搭建相关采集电路，对比分析并验证应答器作用间距对"A"接口波形特征的影响。

表 4-4 应答器作用间距分析实验方案

序号	"A"接口波形采集点	连接工具	类型	观测工具
1	BTM 接收板测试端子	连接线缆	真实波形	示波器

注 1：采用示波器进行信号采集时请注意相关信号幅值，合理调节衰减系数；

2：在分析相关接口信号波形特性时，可通过滤波或频谱变化进行观测；

3：应答器上下移动：将应答器分别置于机柜的第一层、第二层、第三层，观察"A"接口 4.23 M 的 FSK 信号波形，记录波形特点；

4：应答器左右移动：在车载天线下，将应答器进行横向移动，直至"A"接口波形消失，观察该过程中"A"接口 4.23M 的 FSK 信号波形，记录波形特点。

(3)针对表 4-4 实验方案 1 的采集电路请根据应答器"A"接口实验方案自行搭建测试并记录相关数据；数据记录分析实验步骤参考如下：

①掌握接线盒各端口功能，根据表 4-1 正确连接数据采集卡，接线盒和电缆，选择通道，运行

应答器教学系统。

②进入本实验操作界面，如图 4-21 所示，在界面左侧记录天线与应答器之间的间距，点击“开始发送”和“开始采集”按钮，输出 FSK 信号波形。

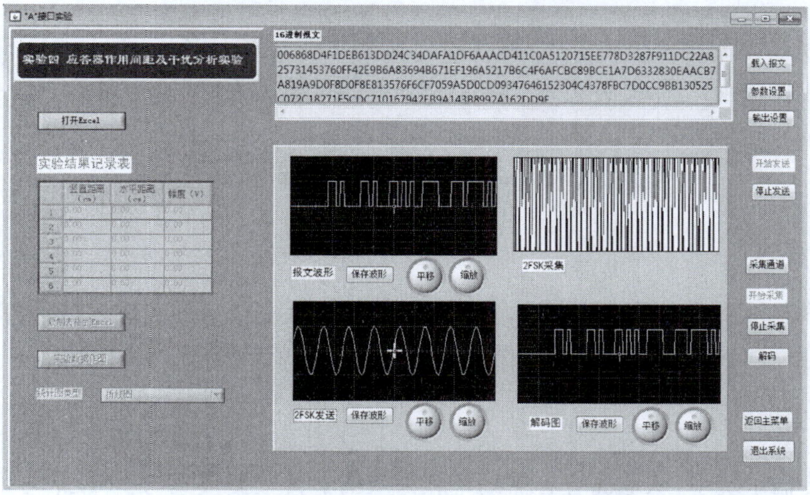

图 4-21　实验界面

③将输出与示波器相连接，调试示波器，使之能够清晰完整的显示信号波形，观察“A”接口的 FSK 信号波形，记录波形特点。

④改变感应线圈之间的间距，观察“A”接口的 FSK 信号波形，记录波形特点。

⑤分析实验结果，可将示波器的数据导入 Matlab 进行分析绘图，进而分析应答器与车载天线之间的最优作用范围。

(4)如果条件允许可以将无源应答器更换为有源应答器，重复上述步骤，观察“A”接口的 FSK 信号波形变化。

2. 实验任务二：双应答器间互相干扰情况下，对“A”接口 FSK 信号的影响

(1)给应答器传输模块(BTM)上电，待系统自检工作结束后，将无源应答器置于车载天线下方，观察此刻无干扰情况下应答器“A”接口波形特征，同时通过仿真系统端报文分析软件记录此刻报文数据。

(2)在应答器“A”接口波形特征正常情况下，将另一无源应答器缓缓移向第一个应答器，间距范围从 3 m 到 0 m，用示波器观察该过程中“A”接口波形的变化，通过报文分析软件记录并比较前后的报文是否一致，是否发生变化。

备注 1：用示波器观察发射板 FSKA 通道“A”接口波形特征后，需将 BTM 发射板与接收板之间正常连接，然后方可使用仿真系统端的报文分析软件；

备注 2：两应答器的间距选择为 3 m、2.5 m、1.5 m、1 m、0 m，每次改变间距进行实验时，需给 BTM 重新上电，并每次重新通过报文分析软件读取报文。

3. 实验任务三：噪声干扰下对“A”接口 FSK 信号的影响

(1)点击“加载报文”，载入已有的报文文件“a1”。

(2)将噪声模块打开，选择一种噪声，设置其幅度，点击“开始”；对比原码与解码图的区别，记录实验结果。

(3)选择一种滤波器,对上行链路信号进行滤波,再点击“开始”;对比原码与解码图的区别,记录实验结果。

五、实验报告要求

1. 按照实验指导书的格式简述实验目的、实验原理、实验任务。
2. 详细列表、图示记录并分析每一项实验任务的具体实验结果。

第六节 应答器报文编制实验

一、实验目的

理解应答器报文的定义;通过对本实验系统应答器报文信息的读取,对该报文信息进行分析,掌握重要信息的表示格式;能够根据已有报文编写简单的新应答器报文。

二、实验原理

应答器传输系统中,从地面应答器到车载天线的上行数据报文为 FSK 信号,该 FSK 信号包含了应答器报文信息。在应答器系统的实际应用中,用得最多的是 1 023 位报文,报文内容包含了对线路坡度、等级转换、特殊区段、调车危险等相关的规定,该报文存储于地面无源应答器的内部 FLASH 中。当地面应答器上方有列车经过,在车载天线发射的下行链路能量信号作用下,地面应答器被激活,能量信号被应答器转换为自身电源及时钟,最终将内部存储的1 023位报文调制成为上行链路 FSK 信号。该 FSK 信号被发送至车载天线,最终由 BTM 完成解调、计算,得到完整的、正确的应答器报文信息。

有源应答器系统中,地面应答器的报文是由地面电子单元(LEU)提供的。其应答器端的工作原理与无源应答器基本一致,均以 FSK 形式与车载设备进行通信。其内部报文是由 LEU 根据当前连锁情况及相关指令进行计算所得到的,应答器在接收到 LEU 提供的报文后,将其存储在自身的 FLASH 中,等待激活状态下的发送。

1. 变量定义:应答器报文的所有变量都有如表 4-5 所列之一的前缀。

表 4-5 变量及前缀

D_	距离	M_	其他	NID_	识别号
G_	坡道	N_	编号	Q_	速度
L_	长度	NC_	等级编号	V_	速度

2. 信息包定义:信号包是许多变量在一个单元中的组合,具有固定的数据结构。信息包结构包括一个包头:一个唯一的包编号,信息包的位长度,方向信息,可选的距离标尺和包含系列定义的变量的信息区。信息包结构如表 4-6 所示。

表 4-6 信息包结构

编号	NID_PACKET	信息包的标识码
方向	Q_DIR	指出信息对哪个运行方向是有效的

续上表

长度	L_PACKET	信息包所包含的数据位数
标尺	Q_SCALE	距离/长度的分辨率
信息	……	系列变量

3. 应答器报文结构(信息帧)定义如表 4-7 所示。

表 4-7　应答器报文结构(信息帧)定义

序号	名称	变量	字节位	备注
1	帧标志	Q_UPDOWN	1	信息传送的方向(0=车对地,1=地对车)
		M_VERSION	7	语言/代码版本编号(000 0001=V1.0)
		Q_MEDIA	1	信息传输媒介(0=应答器、1=环线)
		N_PIG	3	本应答器在应答器组中的位置(000=1,111=8)
		N_TOTAL	3	应答器组中所包含的应答器数量(000=1,111=8)
		M_DUP	2	本应答器信息与前/后应答器信息的关系(01=相同,10=不同)
		M_MCOUNT	8	报文计数器(0～254)(255=报文适应同一组的所有应答器)
		NID_C	10	地区编号(高 7 位=大区编号,低 3 位=分区编号)
		NID_BG	14	应答器(组)编号(高 6 位=车站编号,低 8 位=应答器编号)
		Q_LINK	1	应答器(组)的链接关系(0=不链接,1=链接)
2	用户信息包		772	
3	信息结束		8	=1111 1111,表示信息帧结束

4. 用户信息包:每一个应答器中的用户信息包是根据实际应用的需要由下列 1 个或几个不同的信息模块组合而成。相关信息模块主要有:应答器链接、重定位信息、线路坡度、线路速度、等级转换、通信管理信息包、CTCS 数据、无线网络注册、有条件等级转换命令、特殊区段、文本信息、里程信息、RBC 切换命令、调车危险、目视行车危险、默认信息包、轨道区段、临时限速、区间反向运行、大号码道岔、绝对停车等信息模块,具体信息说明请参考科技运〔2008〕144 号《CTCS-3 级列控系统应答器应用原则》(V2.0)。

三、实验任务

1. 通过应答器实验系统读取应答器报文,并进行分析。

2. 独立编写简单应答器报文。

四、实验步骤

1. 实验任务一:通过应答器实验系统读取应答器报文,并进行分析

(1)检查应答器仿真平台与应答器传输模块(BTM)通信线缆连接是否正确,确保无误后,给 BTM 上电,待系统自检工作结束后,将地面应答器置于车载天线下方,进行后续操作。

(2)打开 BTM 测试工具软件,如图 4-22 所示。

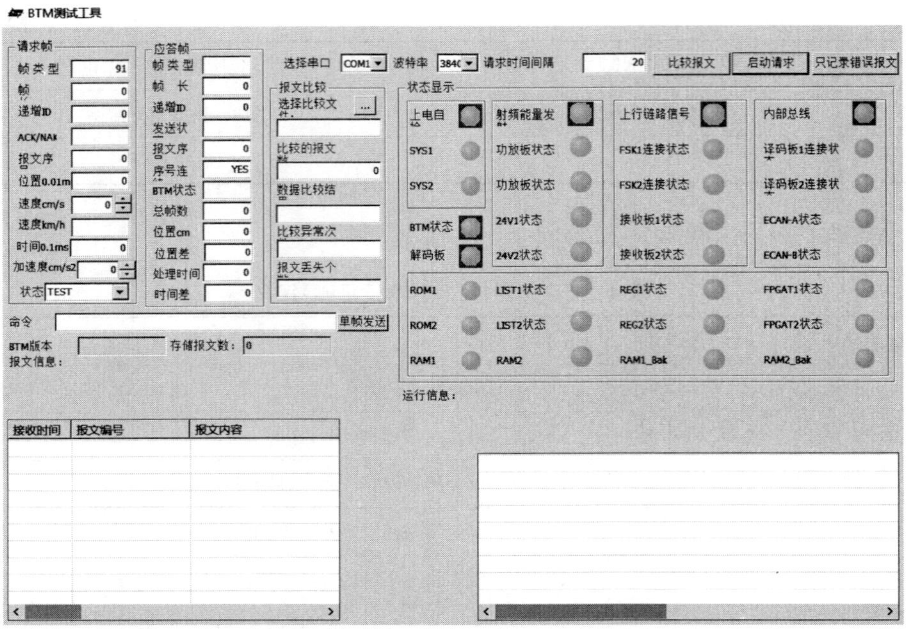

图 4-22　BTM 测试工具软件

（3）选择合适的串口如 COM3，波特率为 38 400 bit/s，选择"启动请求"，即可查看 BTM 自检状态，以及当前接收到应答器报文信息。

（4）将地面应答器取出再放回至车载天线正下方，观察读取到的应答器报文数量变化情况；读取到应答器报文后，根据已有资料，对报文进行分析。

（5）记录实验结果，比对科技运〔2008〕144 号《CTCS-3 级列控系统应答器应用原则》（V2.0）用户信息报分析当前地面应答器内部存储报文信息。

2. 实验任务二：独立编写简单应答器报文

在完成实验任务一的基础上，了解了应答器报文的格式、结构及定义。根据老师要求，独立编制一些简单的应答器报文。

五、实验报告要求

1. 按照实验指导书的格式简述实验目的、实验原理、实验任务。

2. 详细列表、图示记录并分析每一项实验任务的具体实验结果。

第七节　应答器报文解析实验

一、实验目的

学习应答器"A"接口上行链路信号 A1 的解调方法；练习 Matlab 程序的编写与验证。

二、实验原理

常见的解调方式有以下几种：

1. 相干解调

相干解调框图如图 4-23 所示，图中由两支路分别进行窄带通滤波，各取得传号或空号频率，分别提供频率不同的相干载波，再经低通滤波，分别进行抽样判决。

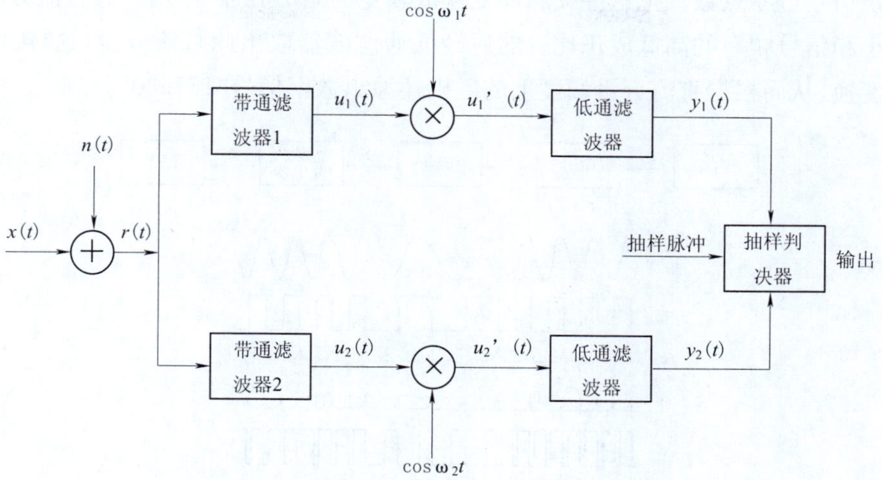

图 4-23　二进制 FSK 信号相干检测

FSK 信号通过带通滤波器后分解成两路 ASK 信号 $u_1(t)$ 和 $u_2(t)$，其中 $u_1(t)$ 和 $u_2(t)$ 的中心频率为 ω_1 和 ω_2，$n(t)$ 为信号传输中的噪声，$r(t)$ 经过中心频率为 ω 的带通滤波器后，其中 $A\cos\omega t$ 可以通过带通滤波器，而 $n(t)$ 经过滤波器后变为窄带噪声，要保证带通滤波器的频率和相干解调中乘上信号频率一致，通过两路乘法器的信号经过两路带宽为基带信号带宽的低通滤波器，最后通过抽样判决解调出基带信号。

2. 非相干解调

FSK 信号非相干解调的过程如图 4-24 所示，经过调制后的 FSK 数字信号通过两个频率不同的带通滤波器滤出不需要的信号，然后再将这两种经过滤波的信号分别通过包络检波器检波，最后将两种信号同时输入到抽样判决器同时外加抽样脉冲，最后解调出来的信号就是调制前的输入信号。

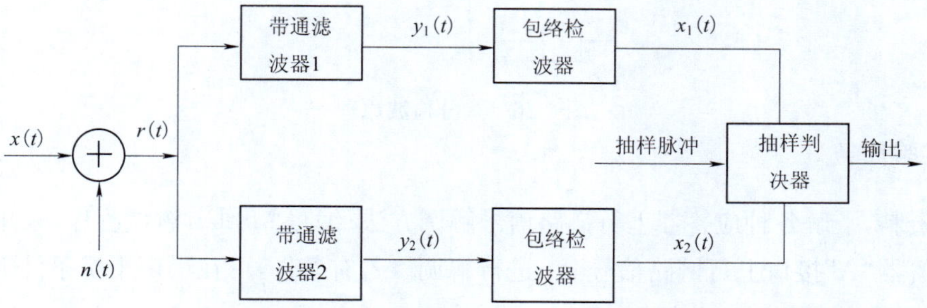

图 4-24　二进制 FSK 信号非相干检测

3. 过零解调法

单位时间内信号经过零点的次数多少，可以用来衡量频率的高低。数字调频波的过零点数随不同载频而异，故检出过零点数可以得到关于频率的差异，这就是过零检测法的基本思想。过零检测法方框图及各点波形如图 4-25 所示。在图中，2FSK 信号经限幅、微分、整流后形成与频率变化相对应的尖脉冲序列，这些尖脉冲的密集程度反映了信号的频率高低，尖脉冲的个数就是信号过零点数。把这些尖脉冲变换成较宽的矩形脉冲，以增大其直流分量，该直流分量的大小和信号频率的高低成正比。然后经低通滤波器取出此直流分量，这样就完成了频率—幅度变换，从而根据直流分量幅度上的区别还原出数字信号“1”和“0”。

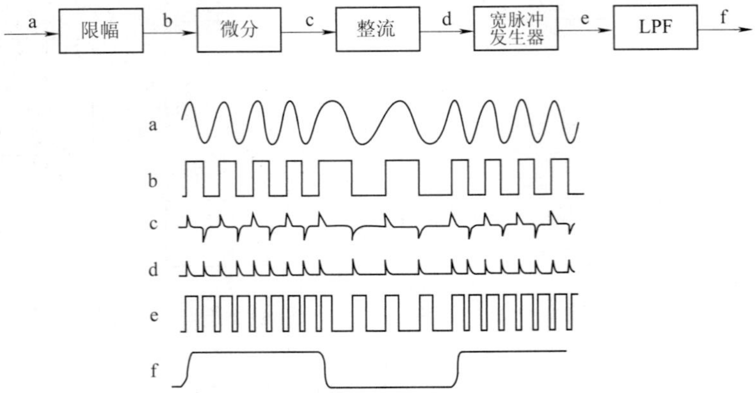

图 4-25 过零检测法方框图及各点波形

4. 差分检波法

输入 2FSK 信号先经过一个带通滤波器滤除带外无用信号后分成两路，一路直接送给乘法器，另外一路经延时 t 后送给乘法器。两路信号相乘后再经过低通滤波器滤除高频成分即可以取出基带信号。差分检测是基于输入信号与其延迟信号进行比较，检测出不同频率信号。其过程如图 4-26 所示。

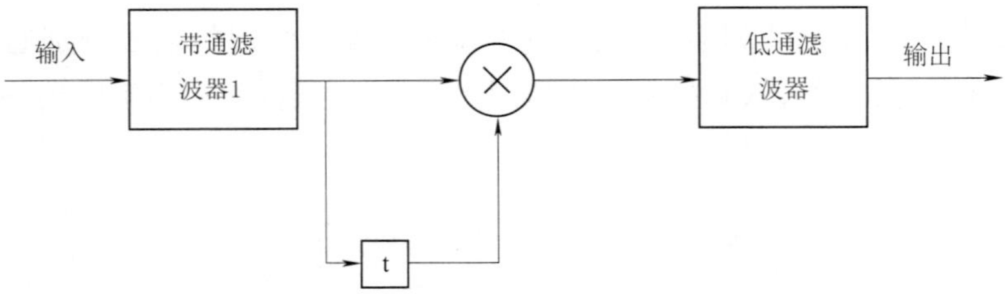

图 4-26 差分检波原理

三、实验任务

查阅资料，了解各种应答器上行链路信号解调方法；编写 Matlab 解调程序，采用软件解调方法对应答器“A”接口上行链路信号 A1 进行解调。若有条件，可在噪声干扰条件下再对接口信号进行解调，并进行对比分析。

四、实验步骤

1. 连接电路配置正确的通道，运行应答器教学系统“上行链路信号解调程序编写实验”，点击“载入报文”读取前期实验过程中自行保存的 A1 接口信号，点击“设置参数”、“输出设置”等按钮进行 FSK 信号参数及输出通道设置，如图 4-27 所示。

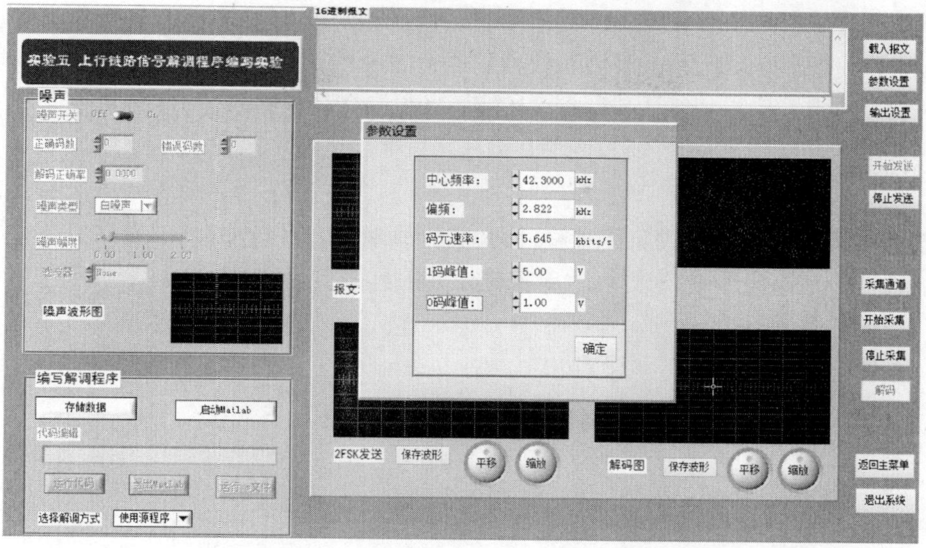

图 4-27 实验环境输出设置

2. 打开“噪声开关”，选择“噪声类型”、“噪声幅度”等噪声参数，进行噪声信号的叠加输出设置，如图 4-28 所示。

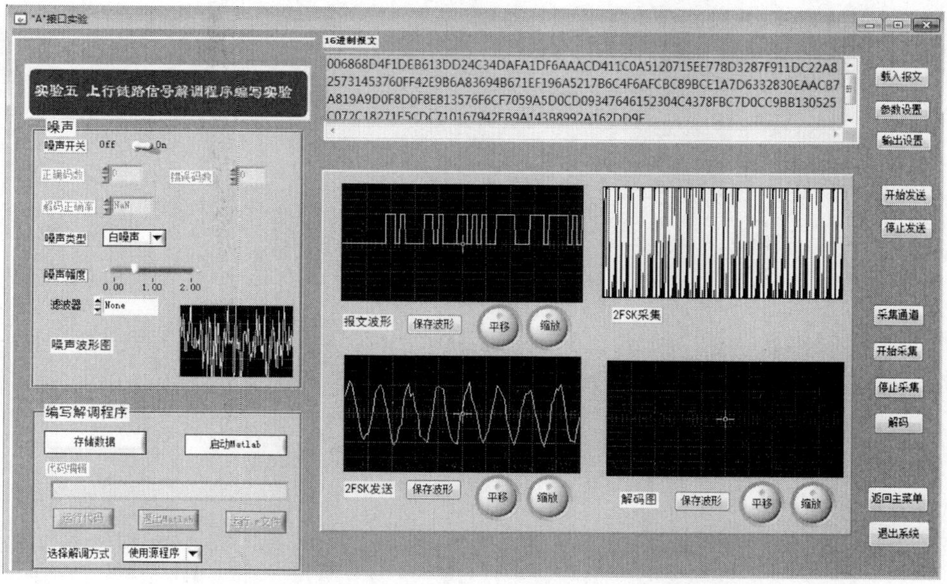

图 4-28 加入噪声及报文解析

3. 点击“开始发送”按钮，通过示波器观察、采集并保存相应波形数据信号。

4. 点击“Matlab”，实现与 Matlab 的互通，加载示波器中采集到的上行链路信号数据文件，在 Matlab 的命令窗口中编写解调程序进行解调（解调程序代码自行编写），同时与软件自带的解码结果进行对比。

5. 关闭“噪声开关”，点击“开始发送”按钮，进行无噪声信号的 FSK 信号输出实验，再次通过示波器观察、采集并保存相应波形数据信号，并重复第 4 步骤。

6. 比较无噪声、有噪声前后自行编写的解码结果与软件解码结果，记录实验。

五、实验报告要求

1. 按照实验指导书的格式简述实验目的、实验原理、实验任务。
2. 详细列表、图示记录并分析每一项实验任务的具体实验结果。

第五章　机车信号连续式地—车通信实验

第一节　机车信号系统概述

机车信号是一种能够自动复示列车运行前方地面信号机显示的机车车载系统，为机车提供运行速度信息。其作用主要有：复示运行前方地面信号机显示，提高司机确认信号的可靠性；为其他列控系统提供必要的信号信息（灯位信息，速度等级信息等）。

我国目前所使用的机车信号一般可以看做是单方向传递信息的远程控制系统，即信息只能从地面向机车传递，而不能反向传递。无论是何种类型的机车信号，其实验系统构成是基本相同的，一般可分为信息源、信息接收、信息处理、信息显示和机车电源等几个部分。

信息源：主要是指地面信息发送设备，也就是各种自动闭塞系统的地面信号发码设备，它的主要功能是根据地面自动闭塞联锁条件的要求，将地面信号的显示信息变换为可以进行传递的电信号，发送到相应的轨道电路中。

信息接收：主要是指接收地面钢轨中传输的信号，它是机车信号系统的重要组成部分，其接收信号的质量直接影响着机车信号的性能。目前，我国铁路主要采用电磁感应方式进行地面信号的接收。

信息处理：主要是对接收到的地面信号进行处理，包括信息鉴别和信息译解部分。信息鉴别就是要求对接收到的信号通过判断分析，鉴别出信号本身所包含的信息特征；信息译解及时将信息鉴别所得的信息特征，译解成机车信号显示机构所对应的显示。

信息显示：主要是将信息处理的结果通过机车信号显示机构显示出来。目前，我国的机车信号系统广泛采用预告式的信号显示方式，即预告列车运行前方信号机的显示，指示列车接近前方信号机的速度。

机车电源：一般采用机车发电机和机车蓄电池浮充方式来提供直流 50 V 电源，供机车信号设备使用。

目前，我国铁路主要使用的连续式机车信号有：JT1-A/B 型通用式机车信号、JT1-CZ2000 型主体化机车信号和 JT-C 系列机车信号车载系统设备等。其中 JT-C 系列机车信号车载系统设备，吸取了前两种机车信号十多年来大面积推广运用的经验，采用先进的 DSP 技术，符合故障—安全原则，具有数据记录和远程监控接口功能，满足《JT-C 系列机车信号车载系统设备技术规范（暂行）》的要求。JT-C 系列机车信号车载系统设备主要由机车信号主机（含机车信号记录板）、机车信号机、双路接收线圈等构成。

机车信号主机把从两路接收电路同时接收到的轨面信息由隔离放大器进行隔离，经 AD 转换，由 DSP 芯片进行处理、译码，控制相应的输出显示。

机车信号记录板可对机车信号运行状态及地面信息进行记录，并可通过地面处理系统对机车信号运行过程中采集的有关动态信息进行读取分析。

机车信号机显示机车信号主机译码后的点灯输出及制式输出。

双路接收线圈每路接收线圈对应机车信号主机中的一路主机板。接收线圈中一路发生在故障时，主机可以通过自动切换控制电路，把对应正常接收线圈的主机转换成工作机，提高了系统可靠性。

机车信号系统工作原理:通过对安装在机车第一轮对前面的接收线圈,接收钢轨信号,进行处理、解调、译码得到机车信号信息,把信息输出到机车信号机上,指导司机行车,同时把机车信号信息输出到监控装置作为控车基本条件。

一、机车信号实验系统构成

机车信号实验系统在北京交大思诺科技有限公司提供的机车信号机、双路接收线圈等硬件设备的基础上,辅以虚拟仪器技术,实现多类型轨道电路信号的生成、发送,以及机车信号的接收和处理。本实验教学系统旨在更清晰地揭示机车信号设备及其工作原理,深入探究机车信号工作过程中的关键技术问题。实验系统主要构成如图 5-1 所示。

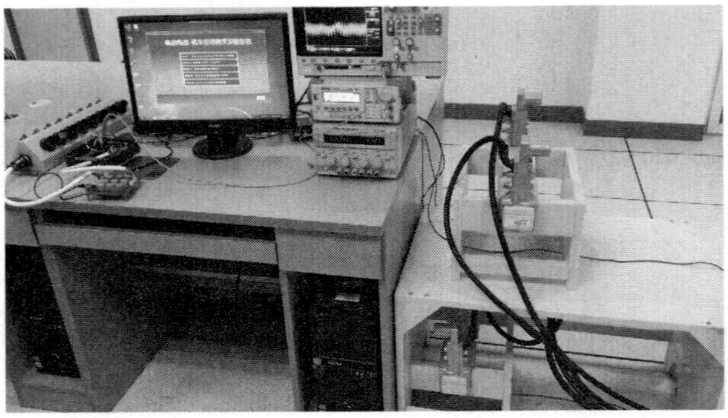

图 5-1　机车信号实验系统构成图

机车信号实验系统包括:

1. 机车信号仿真平台:作为人机交互的操作窗口,实现对整个实验设备的控制与操作,主要用于模拟理想条件或异常、叠加噪声下各种制式轨道电路信号的发生;同时模拟机车信号主机部分功能,对接收线圈采集的轨道电路信号进行译码。

2. 机车信号机及驱动电路板:采用双面 8 色灯 LED 机车信号显示器。

3. 双路接收线圈:用于感应电缆中的轨道电路信号。

4. 轨道电路模拟电路:作为轨道电路信号传输通道使用。

5. 机车信号系统支架:机车信号双路接收线圈支架。

6. 示波器:用于机车信号系统信号采集与分析。

二、机车信号实验系统开启与关闭说明

1. 系统开启步骤

(1) 打开机车信号仿真平台主机。在 NI MAX 软件中对输出通道“Dev2”进行确认。方法如下:打开桌面“NI MAX”软件,点击软件左侧“我的系统”、“设备和接口”、“NI PCIe-6351”,将右侧“名称”修改为“Dev2”,点击保存即可。

(2)打开车信号机驱动电路板、轨道电路模拟电路功放电源,准备实验。

(3)打开 Signal 软件,根据实验指导书各实验要求进行相关实验。

2. 系统关闭步骤

(1)断开信号机驱动电路板、轨道电路模拟电路功放电源,结束实验。

(2)关闭机车信号仿真平台相关软件并进行关机操作即可。

第二节　机车信号设备应用及原理认知实验

一、实验目的

了解机车信号系统的基本组成、接口、通信数据等。理解机车信号系统中地—车之间信息传输的基本原理，对自动闭塞工作过程有一定的理解，掌握不同区间信号显示制式的区别与应用场合。

二、实验原理

1．轨道电路预备知识

在恶劣的地形气候条件下，司机往往不能在规定的距离内确认前方信号机的显示，进而产生冒进信号机的危险，随着列车运行速度和载重量不断提高，要求的制动距离更长，这种冒进信号的危险性也就更大，而采用机车信号设备后，由于可以复示列车运行前方地面信号机的显示，因此能够避免自然条件的影响，提高司机瞭望确认信号的可靠性。同时，机车信号还可以为其他列车运行监控设备（如自动停车、列车超速防护等）提供所需的信息。

轨道电路以一段铁路线路的钢轨为导体构成的电路，用于自动、连续检测这段线路是否被机车车辆占用，也用于控制信号装置或转辙装置，以保证行车安全的设备。

轨道电路由钢轨线路、钢轨绝缘、电源、限流设备、接收设备组成，如图 5-2 所示。

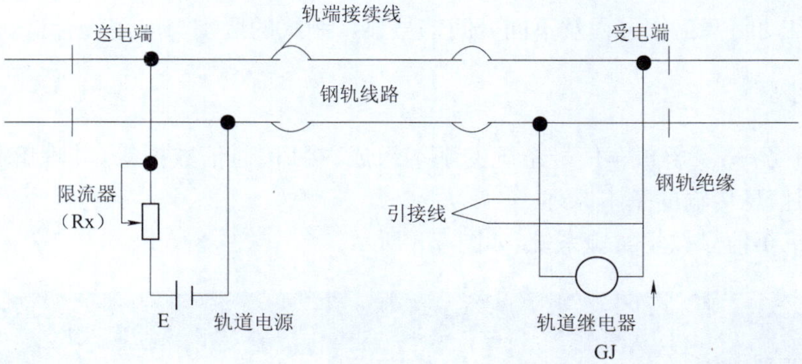

图 5-2　轨道电路的组成

轨道电路有两个作用：第一，监督列车的占用，反应线路的空闲状况，为开放信号，建立进路或构成闭塞提供依据；第二，传递行车信息，如移频自动闭塞利用轨道电路传递不同的频率信息来反映列车的位置，决定通过信号机的显示或决定列车运行的目标速度，从而控制列车运行。

我国的轨道电路发展分为直流轨道电路、交流连续式轨道电路和交流计数电码、移频、高频轨道电路、无绝缘轨道电路（UM71、ZPW-2000A）等几种。国内现存的四种轨道电路信号，包括交流技术信号、国产移频信号、UM71 信号、TVM430 信号（数字编码信号）。目前，我国铁路广泛应用的 UM 系列和 ZPW-2000 系列都是可以发送 18 信息的无绝缘移频轨道电路。

2．自动闭塞预备知识

自动闭塞是根据列车运行及有关闭塞分区状态，自动变换通过信号机显示而司机凭信号行车的闭塞方法，它是一种先进的行车闭塞方法。自动闭塞是在列车运行过程中自动完成闭塞作用的。他将一个区间划分成若干个小区段，即闭塞分区，在每个闭塞分区的起点装设通过信号机用以防护该闭塞分区。每个闭塞分区内都装设轨道电路，通过轨道电路将列车和通过信号机的显示联系起来，根据列车运行及有关闭塞分区的状态使通过信号机的显示自动变换。

自动闭塞按行车组织方法可分为单向和双向自动闭塞；按通过信号机的显示制式分为三显示自动闭塞和四显示自动闭塞；按设备放置方式分为分散安装式自动闭塞和集中安装式自动闭塞；按传递信息的特征可分为交流计数电码自动闭塞、极频自动闭塞和移频自动闭塞；按是否设置轨道绝缘分为有绝缘自动闭塞和无绝缘自动闭塞。三显示制式具有三种信号显示，能预告列车运行前方两个闭塞分区的状态，当列车占用信号机所防护的闭塞分区时，该信号机显示红灯；仅它前方有一个闭塞分区空闲时，该信号机显示黄灯，其运行前方有两个及以上的闭塞分区空闲时显示绿灯。四显示自动闭塞是在三显示自动闭塞的基础上，增加一种绿黄显示，它能预告列车运行前方三个闭塞分区的状态，规定列车以规定速度越过绿黄显示后必须减速，以使列车在黄灯显示下运行时不大于规定的黄灯允许速度，保证在显示红灯时的通过信号机前停车。对于低速制动距离短的列车越过绿黄显示后可不减速。由于增加了绿黄显示，就圆满地解决了上述矛盾。

三、实验任务

1. 了解机车信号系统的基本组成、接口、通信数据等，并理解机车信号系统中地—车之间信息传输的基本原理。

2. 理解自动闭塞工作过程及不同区间信号显示制式的区别与应用场合。

四、实验步骤

1. 实验任务一：了解机车信号系统的基本组成、接口、通信数据等，并理解机车信号系统中地—车之间信息传输的基本原理

(1)运行机车信号教学实验系统，如图 5-3 所示。

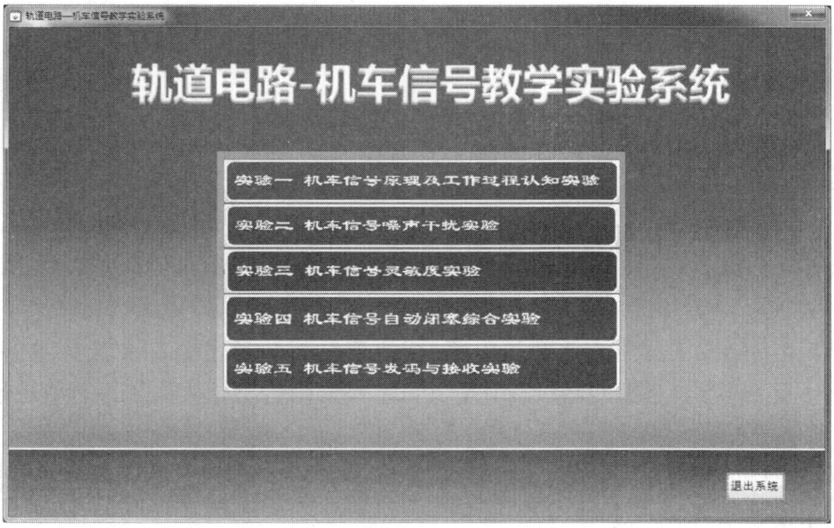

图 5-3 轨道电路—机车信号教学实验系统

(2)点击“机车信号原理及工作过程认知实验”进入操作界面,如图 5-4 所示。

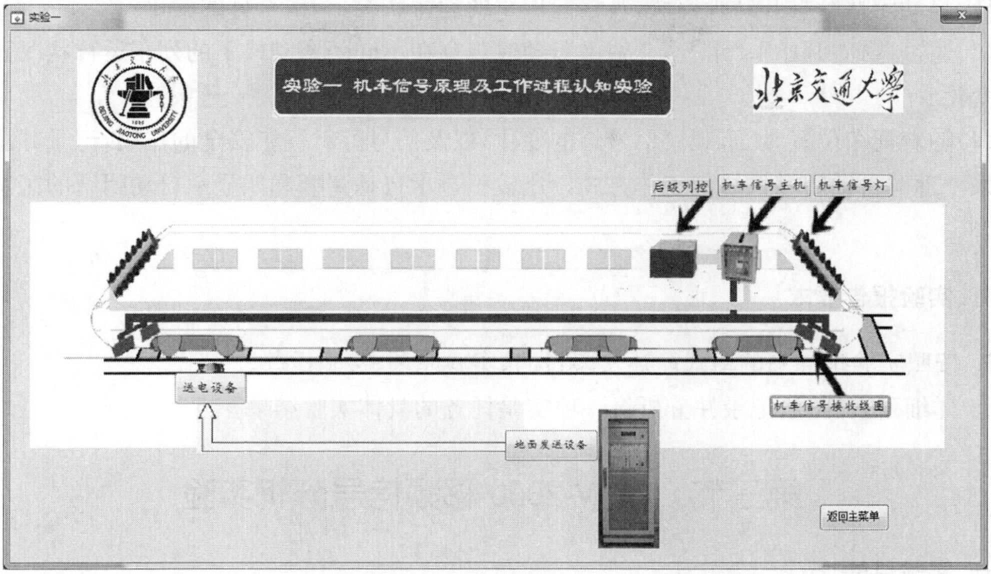

图 5-4　机车信号原理及工作过程认知实验

(3)分别点击机车信号系统各组成部件按钮:“地面发送设备”、“送电设备”、“机车信号接收线圈”、“机车信号灯”等,分别学习机车信号系统各组成部件的相关知识。其中地面发送设备需要学生了解轨道电路的不同制式各类名称。

(4)根据上述学习结果及前期预备知识分别绘制真实机车信号系统与实验系统的结构框图,并标注相关接口及通信数据类型。

(5)对比两种结构框图,分析并说明本实验系统中各组成设备与真实系统间的关系。

2. 实验任务二:理解自动闭塞工作过程及不同信号显示制式的区别与应用场合

(1)运行机车信号教学实验系统,点击“机车信号自动闭塞综合实验”,进入实验面板,如图 5-5所示。

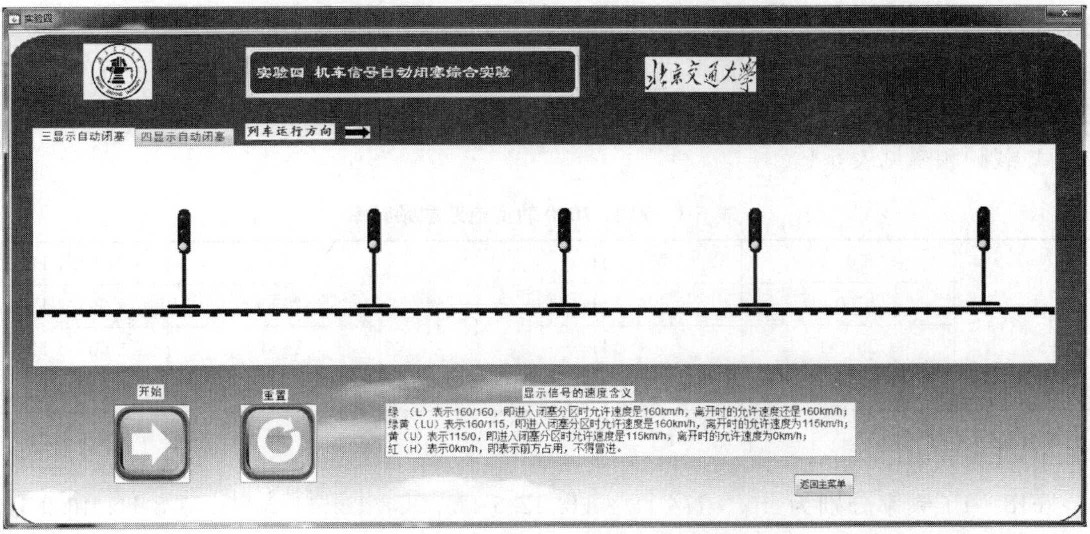

图 5-5　机车信号自动闭塞综合实验

(2)选择“三显示自动闭塞”,打开动画模块,观察前后车的运行状况和信号灯的变化;选择“四显示自动闭塞”,打开动画模块,观察前后车的运行状况,和信号灯的变化。

(3)通过选择“开始”、“重置”、“暂停”,随时观察在不同闭塞制式下的列车运行状况和信号灯的变化。

(4)随着列车位置改变,观察信号灯的变化,以及信号灯对行车安全的作用,记录并总结实验结果。理解自动闭塞系统的工作方式。比较三显示自动闭塞和四显示自动闭塞的区别与应用场合。

五、实验报告要求

1. 按照实验指导书的格式简述实验目的、实验原理、实验任务。
2. 详细列表、图示记录并分析每一项实验任务的具体实验结果。

第三节 ZPW-2000 移频信号分析实验

一、实验目的

掌握 ZPW-2000 移频信号的信号特征及对应机车信号信息。

二、实验原理

ZPW-2000 轨道电路采用相位连续的移频键控(Frequency-Shift Keying,简称 FSK)信号作为信息传输载体。即通过频率调制的方法,将低频信号叠加在载频信号上,形成振幅固定,频率随低频信号的幅度而作周期性变化的调频信号。通过频率解调技术可从中得到低频和载频信息,这些信息分别表示了不同的信号含义,作为当前轨道区段占用与否、列车所在位置等情况的判断依据。

ZPW-2000 轨道电路所采用的 FSK 信号的载频有 8 个中心频率,低频有 18 个。其中,载频是通过对 1 700 Hz、2 000 Hz、2 300 Hz 和 2 600 Hz 四个基本频率。低频范围是从 10.3 Hz 到 29.0 Hz,通过递加 1.1 Hz 而形成 18 个低频信息。完全可以满足当前列车运行的信息需要。具体特征如下:

1. 载频频率见表 5-1。

表 5-1 ZPW-2000 轨道电路载频频率

下 行	1700-1	1 701.4 Hz	上 行	2000-1	2 001.4 Hz
	1700-2	1 698.7 Hz		2000-2	1 998.7 Hz
	2300-1	2 301.4 Hz		2600-1	2 601.4 Hz
	2300-2	2 298.7 Hz		2600-2	2 598.7 Hz

2. 低频频率:

F18～F1 频率分别为:10.3 Hz、11.4 Hz、12.5 Hz、13.6 Hz、14.7 Hz、15.8 Hz、16.9 Hz、18 Hz、19.1 Hz、20.2 Hz、21.3 Hz、22.4 Hz、23.5 Hz、24.6 Hz、25.7 Hz、26.8 Hz、27.9 Hz、29 Hz。

3. 频偏：±11 Hz。

4. 机车信号的输入信息和输出信号的对应关系见表 5-2。

表 5-2　机车信号的输入信息和输出信号的对应关系

输入信息				输出信号
TB/T 3060—2002 移频	交流计数	ZPW-2000	广深 UM71	信号显示
Hz	—	Hz/代码	Hz	
—	—	—	22.4	BS 白闪
无码	无码	无码	无码	B 白
—	—	21.3/L5	—	L 绿
—	—	23.5/L4	—	L 绿
9.5	—	10.3/L3	11.4	L 绿
8.5	—	12.5/L2	12.5	L 绿
—	—	—	13.6	L 绿
11	绿码	11.4/L	16.9	L 绿
—	—	—	—	LU 绿黄
—	—	—	14.7	LU 绿黄
—	—	—	—	LU 绿黄
13.5	—	13.6/LU	10.3	LU 绿黄
12.5	黄码	15.8/LU2	—	U 黄
15	—	16.9/U	—	U 黄
18.5	—	—	15.8	U 黄
17.5	—	20.2/U2S	—	U2S 黄 2 闪
16.5	—	14.7/U2	18	U2 黄 2
—	双黄码	—	19.1	UU 双黄
—	—	—	—	UU 双黄
21.5	—	19.1/UUS	—	UUS 双黄闪
—	—	—	20.2	UUS 双黄闪
20	—	18/UU	—	UU 双黄
24.5	—	24.6/HB	—	HUS 红黄闪
—	—	—	—	HU 红黄
—	—	—	24.6	HU 红黄
—	—	—	—	HU 红黄
26	红黄码	26.8/HU	26.8	HU 红黄
23.5	—	29/H	29	H 红
无码	无码	无码	无码	H 红

三、实验任务

1. 掌握 ZPW-2000 移频信号的信号特征。
2. 掌握 ZPW-2000 移频信号对应机车信号信息。

四、实验步骤

1. 实验任务一：掌握 ZPW-2000 移频信号的信号特征

（1）确认 NI DAQ 设备号；打开桌面"NI MAX"软件，点击软件左侧"我的系统"、"设备和接口"、"NI PCIe-6351"，将右侧"名称"修改为"Dev2"，点击保存即可。

（2）运行机车信号教学实验系统，点击"机车信号原理及工作过程认知实验"进入操作界面，选择"地面发送设备"，运行机车信号地面发送设备，选择 ZPW-2000 信号制式及相应的低频信号、载频频率，产生某个频率的信号。选择"发码"，可在面板上观察到相应的波形，选择"隐藏面板"进行接下来的操作，如图 5-6 所示。

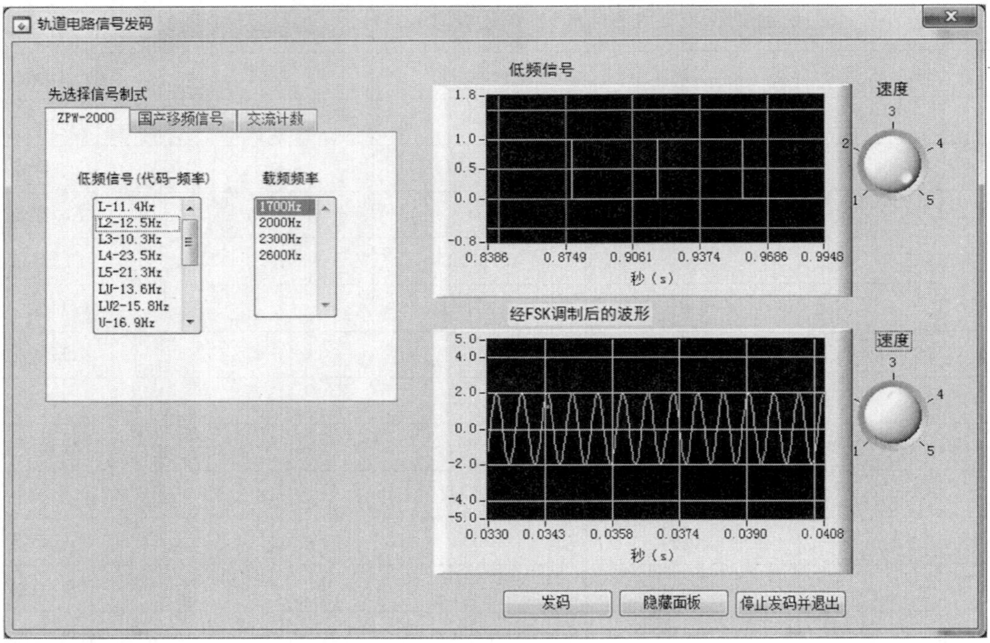

图 5-6 轨道电路信号发码

（3）掌握接线盒各端口功能，根据表 5-3 正确连接数据采集卡、接线盒和电缆。

表 5-3 接线盒配线表

序号	SCB-68SA-OUT	SCB-68SA-IN	继电器板	功能说明
1	Pin 22(AO 0)	Pin 68(AI 0)	—	仿真信号输入输出通道
2	Pin 55(AO GND)	Pin 34(AI 8)	—	
3	Pin 52(P0.0)	—	L	绿灯信号输出
4	Pin17(P0.1)	—	LU	绿黄灯信号输出
5	Pin49(P0.2)	—	U	黄灯信号输出

续上表

序号	SCB-68SA-OUT	SCB-68SA-IN	继电器板	功能说明
6	Pin47(P0.3)	—	U2	黄2灯信号输出
7	Pin19(P0.4)	—	HU	红黄灯信号输出
8	Pin 51(P0.5)	—	UU	双黄灯信号输出
9	Pin16(P0.6)	—	H	红灯信号输出
10	Pin48(P0.7)	—	B	白灯信号输出
11	Pin2(PFI 12)	—	S	信号灯闪烁模式
12	Pin 15(D GND)	—	50 V-GND	50 V信号地线

(4)打开示波器，连接接线盒信号发生端子，如图5-7所示用示波器对机车信号模拟平台产生的信号特征进行测量验证。

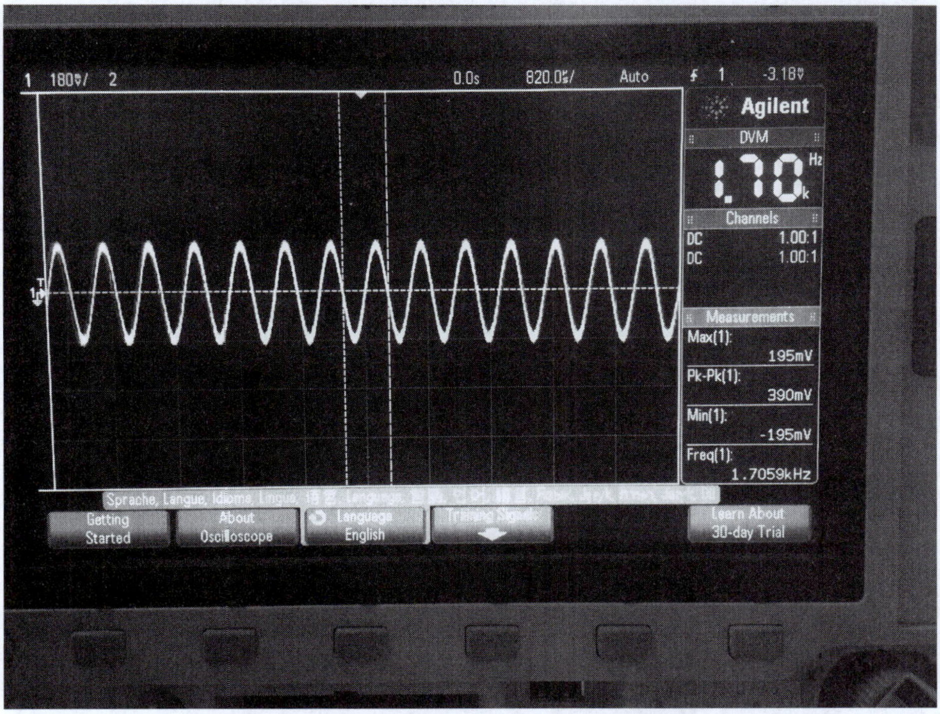

图5-7　轨道电路信号发码(示波器)

(5)根据上述实验过程，将ZPW-2000移频信号四种载频频率分别对应15信号的波形数据用示波器进行保存，导入Matlab软件中，绘图至同一图形中进行对比分析，并就相关波形特征进行记录。

2. 实验任务二：掌握ZPW-2000移频信号对应机车信号信息

(1)根据表5-1将接线盒信号产生端子与接线盒信号采集端子相连，点击图5-6所示的“轨道电路信号发码”面板“发码”按键进入“机车信号主机”面板，如图5-8所示。选择时域信号下的“接收”，重复实验任务一观测ZPW-2000移频信号不同载频信号不同低频信息下的时域波形。

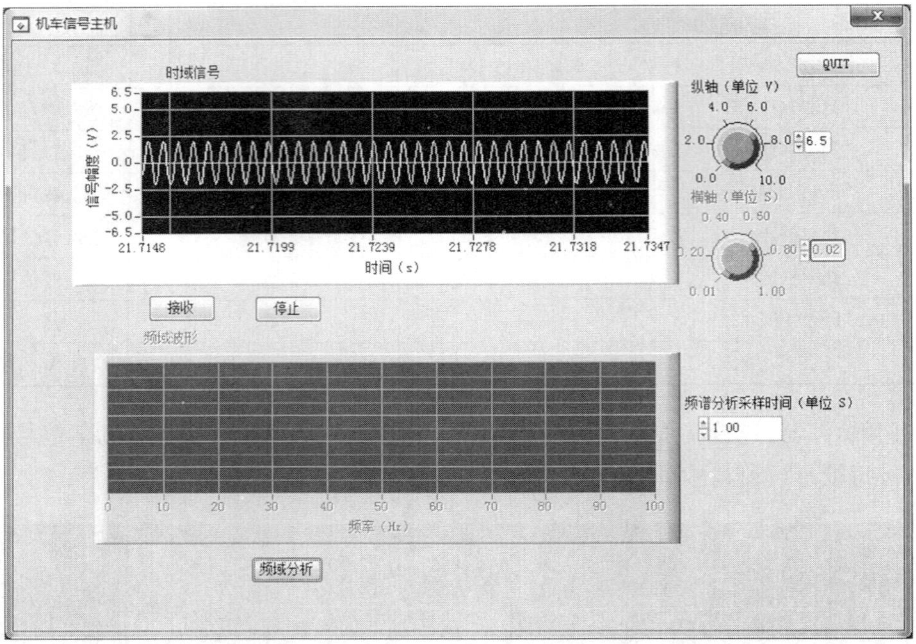

图 5-8 机车信号时域波形

(2)选择“频域分析”，打开频域分析面板，设置采集时间参数，选择“Acquire”，如图 5-9 所示，注意观察比较频域波形特点。

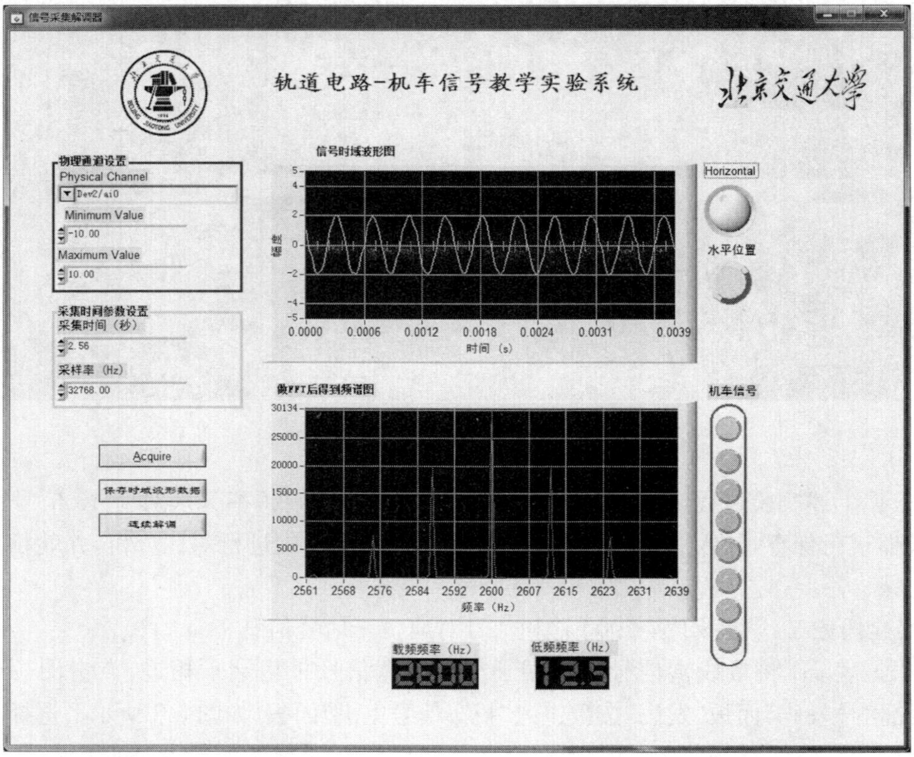

图 5-9 机车信号频域波形

(3)在“机车信号原理及工作过程认知实验”主面板中,选择“机车信号灯”,点击“显示”观察在不同波形信号下机车信号灯的变化。同时接通机车信号机电源,可以在机车信号显示器上观察信号灯的变化,理解信号灯的含义。

(4)列表记录机车信号仿真平台采集得到的不同波形信号特征及机车信号灯位显示结果,同时观察真实机车信号灯的实际显示结果与实验结果是否一致。

五、实验报告要求

1. 按照实验指导书的格式简述实验目的、实验原理、实验任务。
2. 详细列表、图示记录并分析每一项实验任务的具体实验结果。

第四节　国产移频信号分析实验

一、实验目的

掌握国产移频信号的信号特征及对应机车信号信息。

二、实验原理

我国原有的4信息移频自动闭塞轨道信号的上行线载频为650 Hz和850 Hz,下行线为550 Hz和750 Hz,低频调制频率4个:11.0 Hz、15.0 Hz、20.0 Hz、26.0 Hz,频偏为55 Hz。在原有的4信息移频自动闭塞系统的基础上,我国又研制开发出了18信息移频自动闭塞系统。

18信息移频自动闭塞系统频率配置:

(1)载频与原有4信息移频自动闭塞系统的载频相同,上行线为650 Hz和850 Hz,下行线为550 Hz和750 Hz。原有4信息移频自动闭塞轨道信号的4个调制频率11.0 Hz、15.0 Hz、20.0 Hz、26.0 Hz仍保留。旧线的调制频率可在±2%的范围偏移,在这个范围内不能设置新的频率。

(2)接收设备的应变时间(地面或车上)规定为1.5~2.0 s,它比原有移频的应变时间快,另外由于增加了调制频率个数而使得相邻的调制频率的间隔变小,这两种原因使得多信息移频与原有移频相比译码难度增加了。因此,从接收译码的安全可靠的角度来说,在有限的译码时间内调制信号的周期数不宜过少,即调制频率不宜过低,假如为了安全译码而需要10个调制信号周期,这10个周期的时间长度在1.5 s之内,调制频率就不能低于7.0 Hz。为此7.0 Hz为最低调制信号频率。

(3)轨道移频信号的频谱是以载频为中心,以调制频率为间隔的谱线组成,谱线的能量越靠近载频 $f_0\pm55$ Hz处越大,调制频率越高,移频频谱分布越分散,信号的频带就越宽。信号频带越宽就越容易受到带内的干扰。当50 Hz牵引电流频率有漂移时,50 Hz的高次谐波产生与谐波次数成正比的漂移,这时高次谐波就有可能侵入到信号的频带内。为了保持原有移频信号本身的抗干扰性能,新的调制频率应仍以26.0 Hz为最高限。

因此所选择的18信息移频信号的低频调制频率为:7.0 Hz,8.0 Hz,8.5 Hz,9.0 Hz,9.5 Hz,11.0 Hz,12 Hz,12.5 Hz,13.5 Hz,15.0 Hz,16.0 Hz,16.5 Hz,17.5 Hz,18.5 Hz,20.0 Hz,22.5 Hz,23.5 Hz,24.5 Hz,26.0 Hz一共19种,其中12 Hz作为备用频率。所选载频与4信息移频载频相同为:550 Hz、650 Hz、750 Hz、850 Hz,频偏为55 Hz。

三、实验任务

1. 掌握国产移频信号的信号特征。
2. 掌握国产移频信号对应机车信号信息。

四、实验步骤

1. 实验任务一:掌握国产移频信号的信号特征

按照实验三的操作步骤将国产移频信号四种基本频率分别对应低频调制频率信号的波形数据用示波器进行保存,导入 Matlab 软件中,绘图至同一图形中进行对比分析,并就相关波形特征进行记录。

2. 实验任务二:掌握国产移频信号对应机车信号信息

按照实验三的操作步骤列表记录机车信号仿真平台采集得到的不同波形信号特征及机车信号灯位显示结果,并观察真实机车信号灯的实际显示结果与实验结果是否一致。

五、实验报告要求

1. 按照实验指导书的格式简述实验目的、实验原理、实验任务。
2. 详细列表、图示记录并分析每一项实验任务的具体实验结果。

第五节　交流计数信号分析实验

一、实验目的

掌握交流计数信号的信号特征及对应机车信号信息。

二、实验原理

交流计数轨道电路,自 20 世纪 50 年代从苏联引进以来,一度得到广泛应用。虽然随着 UM71、移频等制式的引进与推广,其应用份额在逐渐减少,但是,其仍是我国现行轨道电路的三大制式之一。交流计数信号以 25 Hz、75 Hz(电力牵引区段)和 50 Hz(非电力牵引区段)为载频的调幅信号,调幅信号的周期为 1.92 s(长码)或 1.6 s(短码),采用键控脉冲的数目区分电码信号:一个周期内 3 个脉冲为绿码,2 个脉冲为黄码,1 个脉冲为红黄码。

三、实验任务

1. 掌握交流计数信号的信号特征。
2. 掌握交流计数信号对应机车信号信息。

四、实验步骤

1. 实验任务一:掌握交流计数信号的信号特征

按照实验三的操作步骤将交流计数信号不同周期分别对应的不同脉冲数目信号的波形数据用示波器进行保存,导入 Matlab 软件中,绘图至同一图形中进行对比分析,并就相关波形特征进行记录。

2. 实验任务二:掌握交流计数信号对应机车信号信息

按照实验三的操作步骤列表记录机车信号仿真平台采集得到的不同波形信号特征及机车信号灯位显示结果,并观察真实机车信号灯的实际显示结果与实验结果是否一致。

五、实验报告要求

1. 按照实验指导书的格式简述实验目的、实验原理、实验任务。
2. 详细列表、图示记录并分析每一项实验任务的具体实验结果。

第六节　机车信号的噪声干扰实验

一、实验目的

了解机车信号系统在实际应用中常见噪声的种类及其干扰对系统的影响情况;理解不同滤波器对机车信号噪声干扰的滤波效果。

二、实验原理

1. 高斯噪声

高斯噪声是指概率密度函数服从高斯分布(即正态分布)的噪声,如图 5-10 所示。其一维概率密度函数可用数学表达式表示为

$$p(x)=\frac{1}{\sqrt{2\pi}}\exp\left[-\frac{(x-a)^2}{2\sigma^2}\right]$$

式中,a 为噪声的数学期望值,也就是均值;σ^2 为噪声的方差。通常,通信信道中噪声的均值 $a=0$。

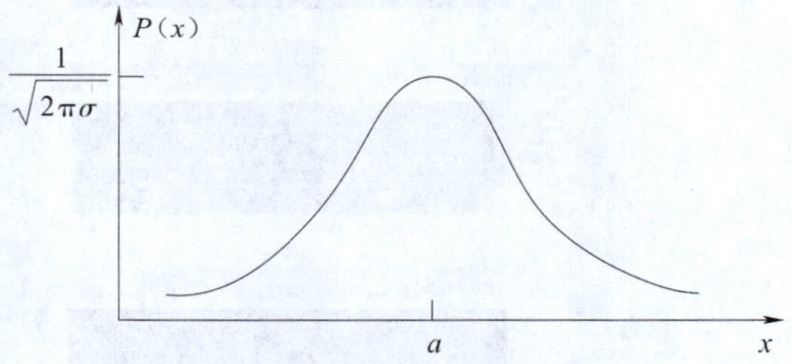

图 5-10　正态分布的密度函数

2. 50 Hz 及其谐波

工频 50 Hz,当波形畸变为非正弦波时,可利用傅里叶级数展开为不同频率的正弦分量和直流分量,我们把其中的 50 Hz 的称为基波,100 Hz 的称为二次谐波,150 Hz 的称为三次谐波及其他的高次谐波。直流供电系统,也因为换流等原因会产生一些谐波分量。可以这样认为,一个电压或电流量的主要成分称为基波,夹杂的其他频率的量被称为谐波。

3. 寄生调幅

寄生调幅是指调频波通过 RLC 回路产生调幅波的现象。宽频带调频波中包含不同频率的信号分量(频率连续分布)。当通过 RLC 回路时,RLC 回路对不同频率分量显现出不同的输出阻抗,从而导致输出信号幅度变化,成为调幅波形式。

滤波器按所通过信号的频段分为低通、高通、带通和带阻滤波器四种。低通滤波器:它允许信号中的低频或直流分量通过,抑制高频分量或干扰和噪声;高通滤波器:它允许信号中的高频分量通过,抑制低频或直流分量;带通滤波器:它允许一定频段的信号通过,抑制

低于或高于该频段的信号、干扰和噪声；带阻滤波器：它抑制一定频段内的信号，允许该频段以外的信号通过。

三、实验任务

1. 为系统添加一种的噪声，比较被噪声污染的信号与正常信号波形的区别。

2. 在噪声的基础上，添加不同种类的滤波器，比较滤波效果。

四、实验步骤

1. 实验任务一：为系统添加不同种类的噪声，比较被噪声污染的信号与正常信号波形的区别

(1)正确连接实验设备，选择“机车信号噪声干扰实验”，进入主面板，如图 5-11 所示。

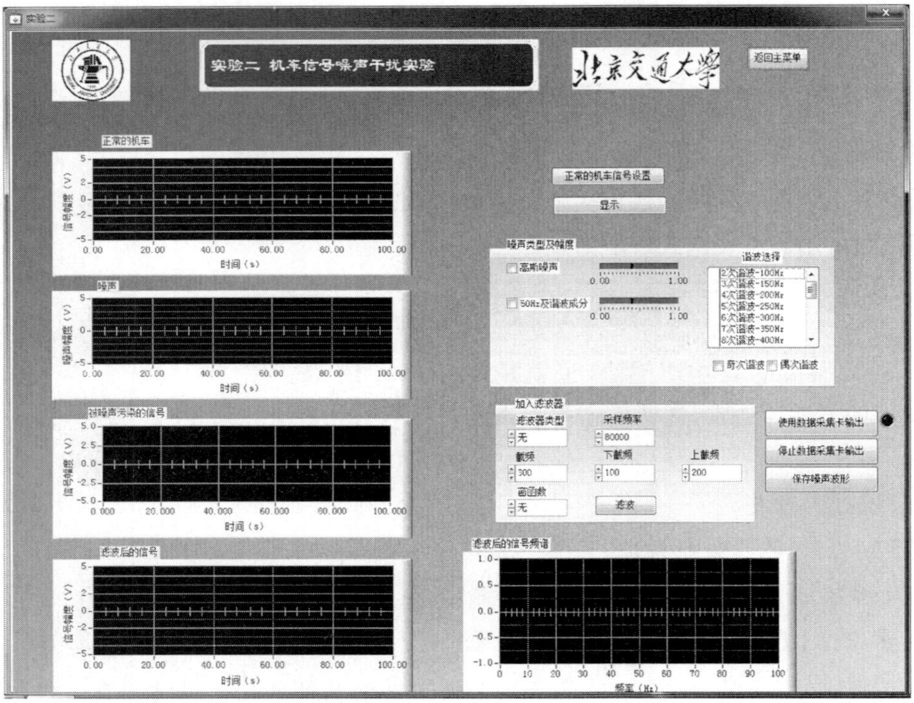

图 5-11　机车信号噪声干扰实验

(2)选择“正常的机车信号设置”，设置完成后，选择“显示”，观察时域波形。选择一种噪声，记录有噪声的信号波形，与原时域信号进行比较，如图 5-12 所示。

(3)改变噪声的类别及幅度，观察噪声对机车信号的影响。

(4)选择“使用数据采集卡输出”，用示波器观察带有噪声的波形。选择“保存噪声波形”，实验结束课下可自行设计滤波器做去噪处理，并与原波形比较。

2. 实验任务二：添加不同种类的滤波器，比较滤波结果

(1)在任务一的基础上，选择“滤波器类型”，添加一种滤波器，设置合适的参数，选择“滤波”，如图 5-13 所示。比较滤波后的频谱和原频谱，记录实验结果。

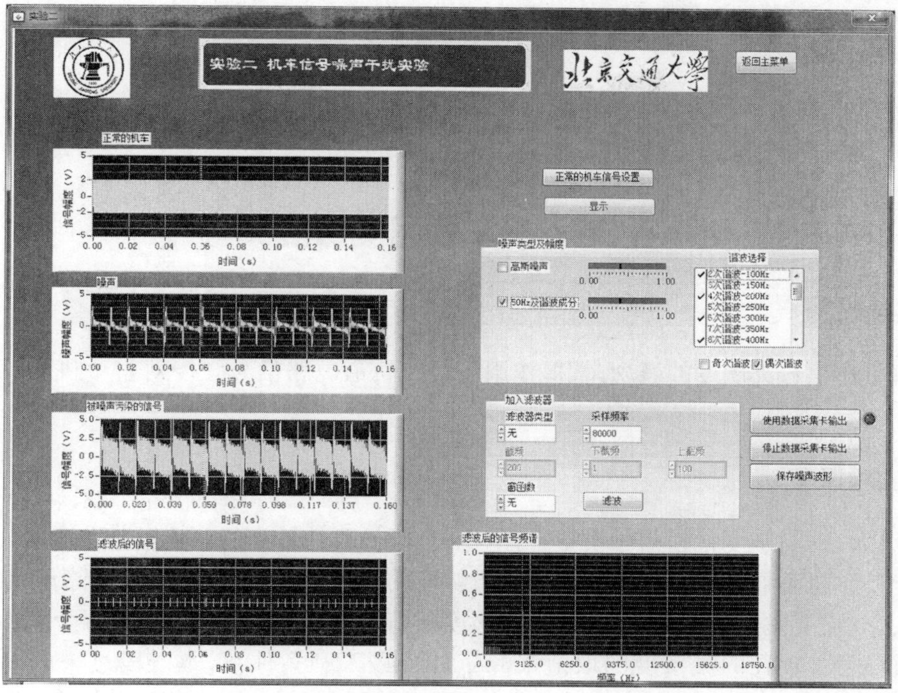

图 5-12　有噪声信号波形

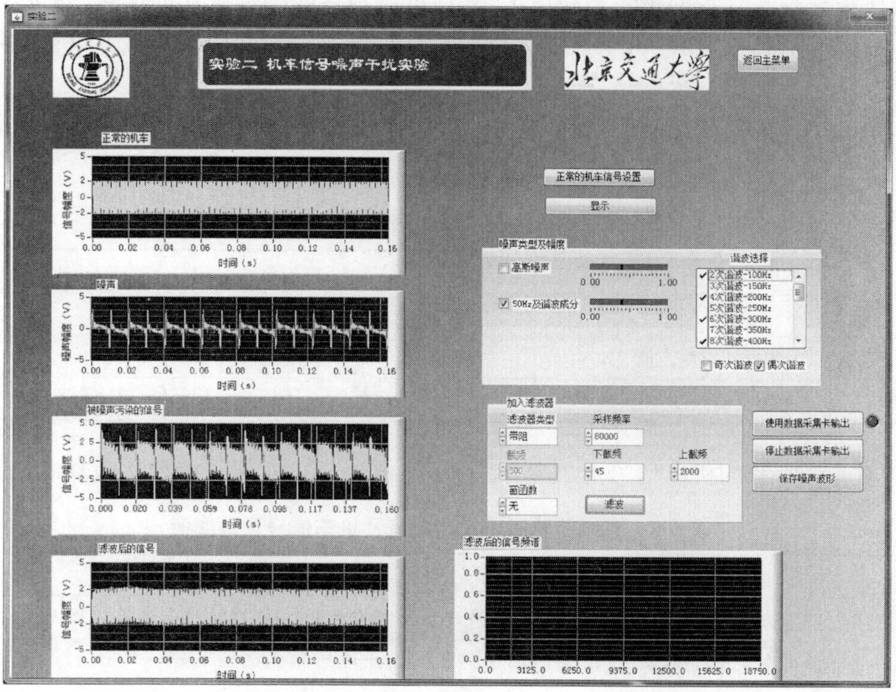

图 5-13　滤波后信号波形

(2)改变滤波器的类别,比较滤波器添加与否对信号解调结果的影响。返回主菜单,思考滤波器的作用。

五、实验报告要求

1. 按照实验指导书的格式简述实验目的、实验原理、实验任务。
2. 详细列表、图示记录并分析每一项实验任务的具体实验结果。

第七节 机车信号灵敏度实验

一、实验目的

理解机车信号灵敏度的概念;掌握作用间距及轨道电路信号强度对整个机车信号系统的影响。

二、实验原理

机车信号的灵敏度是指信号设备工作(稳定译码)时的最小的钢轨短路电流值。灵敏度反映的是能使主机可靠工作所需要输入的信号幅度的大小。灵敏度数值越高所需要输入的信号幅度越大,就需要发送更大功率的信号;灵敏度数值越低,需要的信号幅度就越小,但也就容易收到干扰信号。现在的灵敏度的取值来源于外界最不利条件下,本区段过来的漏电流值的2倍。灵敏度的基本单位是电流的单位安培,平时使用的电压值灵敏度是为了方便日常测试而使用的电压参考值,由电流值经过计算变换得到。

设备在各种制式规定的钢轨短路电流下,应准确地接收各种制式的信息,并按规定实现正确的显示输出。信息不变时,机车信号车载设备显示保持不变。地面或车上设备故障时,机车信号车载设备不得出现升级的错误显示。

1. 设备按表 5-4 的机车信号灵敏度(钢轨短路电流)值,应能正确地接收 ZPW-2000 系列信息。

表 5-4　ZPW-2000 系列钢轨最小短路电流及机车信号灵敏度

载　频　Hz		1 700	2 000	2 300	2 600
钢轨最小短路电流　mA		500	500	500	450
机车信号灵敏度	钢轨短路电流值　mA	310±31	275±28	255±26	235±24
	感应电压值(±10%) mV	100	100	100	100

2. 按表 5-5 所示的机车信号灵敏度(钢轨短路电流)值,应能正确地接收移频信息。

表 5-5　移频钢轨最小短路电流及机车信号灵敏度值

载　频　Hz		550	650	750	850
电化区段	钢轨最小短路电流 mA	150	120	92	66
	机车信号灵敏度(钢轨短路电流值) mA	113±11	90±9	69±7	50±5
	感应电压值(±10%) mV	15.9	14.6	12.4	10.0
非电化区段	钢轨最小短路电流 mA	50	40	33	27
	机车信号灵敏度(钢轨短路电流值) mA	40±4	32±4	26±3	22±3
	感应电压值(±10%) mV	5.6	5.1	4.7	4.5

3. 按表 5-6 机车信号灵敏度(钢轨短路电流)值,应能正确的接收交流计数(含微电子交流计数)信息。

表 5-6　交流计数钢轨最小短路电流及机车信号灵敏度值

信号频率 Hz		25	50
机车信号灵敏度	短路电流值 A(连续电流值)	1.05±0.1	0.75±0.15
	感应电压值 mV (连续电压值)	6.4～11.3	7.8～13.5

三、实验任务

掌握轨道电路与接收线圈之间的间距及轨道电路信号强度对机车信号系统的影响。

四、实验步骤

1. 正确连接实验设备,将轨道电路与接收线圈置于可变位置;选择“机车信号灵敏度实验”,进入灵敏度实验面板,如图 5-14 所示。选择“信号发码”,发送任一机车信号。

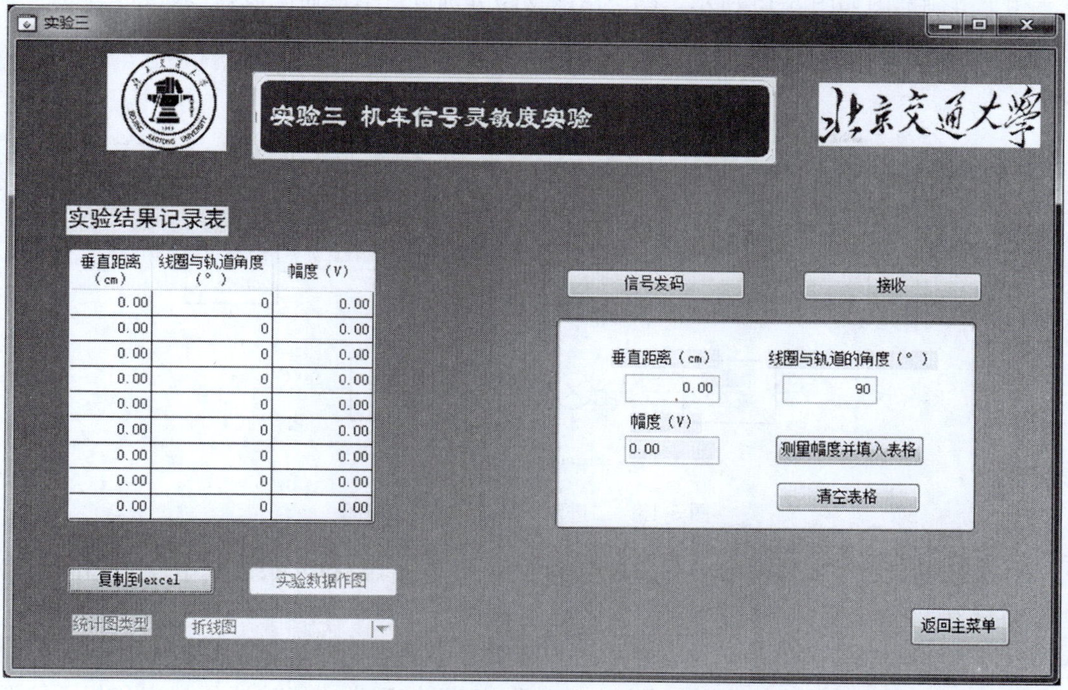

图 5-14　机车信号灵敏度实验

2. 选择“接收”,观察接收线圈接收到的 FSK 波形,记录波形幅度。

3. 改变接收线圈的水平及垂直位置,观察接收线圈接收到的 FSK 波形变化情况,记录波形的参数以及变化趋势。

4. 改变功率放大器增益大小,观察接收线圈接收到的 FSK 波形变化情况,记录波形的参数以及变化趋势。

5. 记录并分析实验结果。

五、实验报告要求

1. 按照实验指导书的格式简述实验目的、实验原理、实验任务。
2. 详细列表、图示记录并分析每一项实验任务的具体实验结果。

第八节 机车信号发码与接收实验

一、实验目的

学习 FSK 信号的解调方法；练习 Matlab 程序的编写与验证。

二、实验原理

常见的解调方式有以下几种：

1. 相干解调

相干解调框图如图 5-15 所示。图中由两支路分别进行窄带通滤波，各取得传号或空号频率，分别提供频率不同的相干载波，再经低通滤波，分别进行抽样判决。

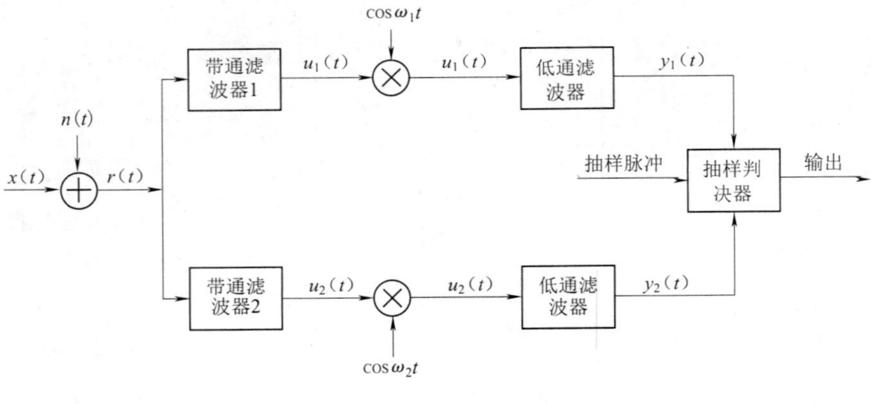

图 5-15 二进制 FSK 信号相干检测

FSK 信号通过带通滤波器后分解成两路 ASK 信号 $u_1(t)$和 $u_2(t)$，其中 $u_1(t)$和 $u_2(t)$的中心频率为 ω_1 和 ω_2。

$n(t)$为信号传输中的噪声，$r(t)$经过中心频率为 ω 的带通滤波器后，其中 $A\cos\omega t$ 可以通过带通滤波器，而 $n(t)$经过滤波器后变为窄带噪声，要保证带通滤波器的频率和相干解调中乘上信号频率一致，通过两路乘法器的信号经过两路带宽为基带信号带宽的低通滤波器，最后通过抽样判决解调出基带信号。

2. 非相干解调

FSK 信号非相干解调的过程如图 5-16 所示，经过调制后的 FSK 数字信号通过两个频率不同的带通滤波器滤出不需要的信号，然后再将这两种经过滤波的信号分别通过包络检波器检波，最后将两种信号同时输入到抽样判决器同时外加抽样脉冲，最后解调出来的信号就是调制前的输入信号。

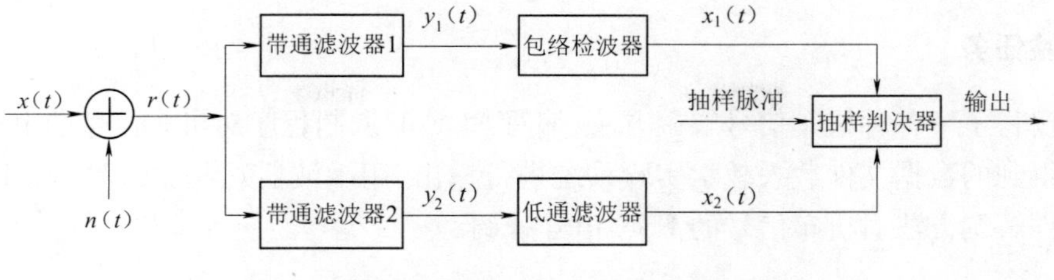

图 5-16　二进制 FSK 信号非相干检测

3. 差分检波法

输入 2FSK 信号先经过一个带通滤波器滤除带外无用信号后分成两路，一路直接送给乘法器，另外一路经延时 t 后送给乘法器。两路信号相乘后再经过低通滤波器滤除高频成分即可以取出基带信号。差分检测是基于输入信号与其延迟信号进行比较，检测出不同频率信号。其过程如图 5-17 所示。

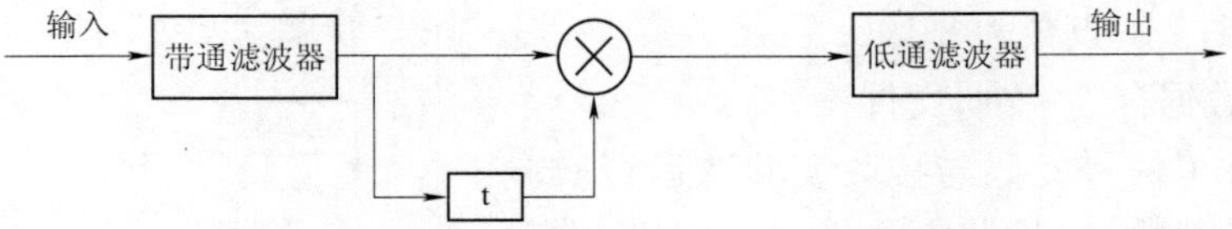

图 5-17　差分检波原理

4. 过零解调法

单位时间内信号经过零点的次数多少，可以用来衡量频率的高低。数字调频波的过零点数随不同载频而异，故检出过零点数可以得到关于频率的差异，这就是过零检测法的基本思想。过零检测法方框图及各点波形如图 5-18 所示。在图中，2FSK 信号经限幅、微分、整流后形成与频率变化相对应的尖脉冲序列，这些尖脉冲的密集程度反映了信号的频率高低，尖脉冲的个数就是信号过零点数。把这些尖脉冲变换成较宽的矩形脉冲，以增大其直流分量，该直流分量的大小和信号频率的高低成正比。然后经低通滤波器取出此直流分量，这样就完成了频率—幅度变换，从而根据直流分量幅度上的区别还原出数字信号“1”和“0”。

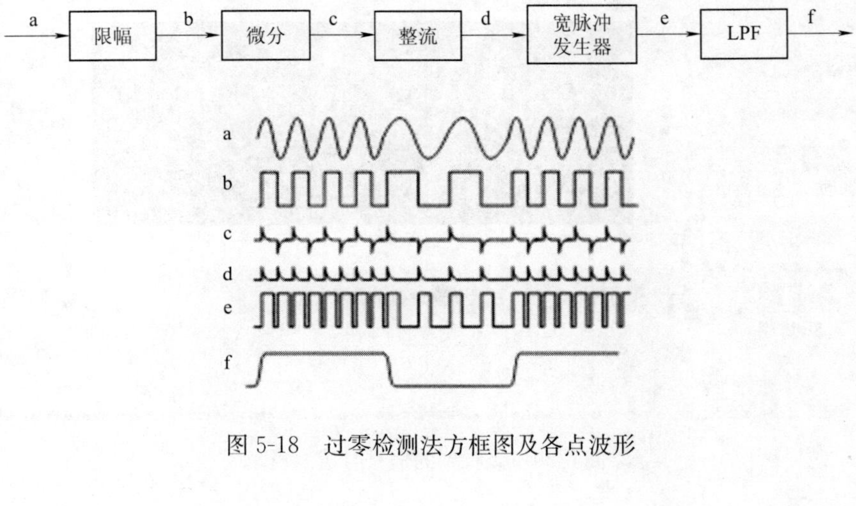

图 5-18　过零检测法方框图及各点波形

三、实验任务

查阅资料，了解各种机车信号解调方法；编写 Matlab 调制程序对机车信号的 FSK 信号进行调制，将得到的数据文件载入教学实验系统进行输出，用示波器观测。编写 Matlab 解调程序，采用软件解调方法对机车信号的 FSK 信号解调。

四、实验步骤

1. 实验任务一：机车信号 FSK 信号调制输出

(1)连接导线，配置正确的通道，运行轨道电路-机车信号教学系统。

(2)利用 Matlab 等数学工具对某一频率的机车信号调制，例如，低频方波 11.4 Hz，载频 1 700 Hz。要求整数个方波周期，最好为 ZPW-2000 制式信号。

(3)确定调制信号的时长和点数。例如，对 2 个周期的低频方波信号进行 8 192 点的调制，则所得数据的时长为 2/11.4 s，点数为 8 192。

(4)将所得数据存为一列，文件格式 txt。

(5)选择“机车信号发码与接收实验”，运行实验面板，点击“发码参数设置”载入文件，填写对应的时长和点数，如图 5-19 所示。

(6)选择“发码”。用示波器观察数据采集卡的信号波形。

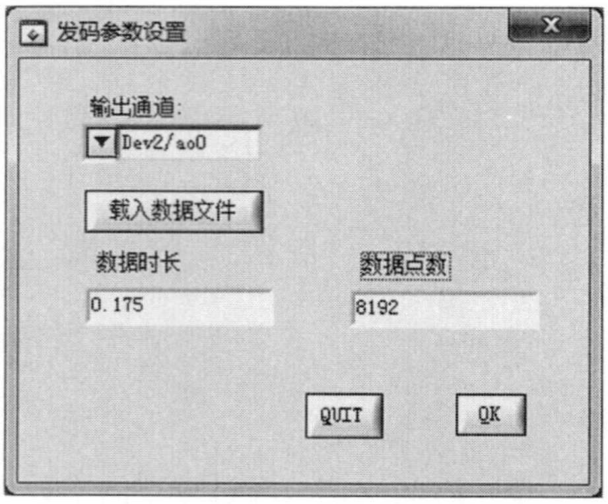

图 5-19　发码参数设置

2. 实验任务二：机车信号 FSK 信号解调程序

(1)选择“机车信号发码与接收实验”，确定采集时间与采集频率，并记录。

(2)选择“接收”，观察信号的时域波形图，并记录，如图 5-20 所示。

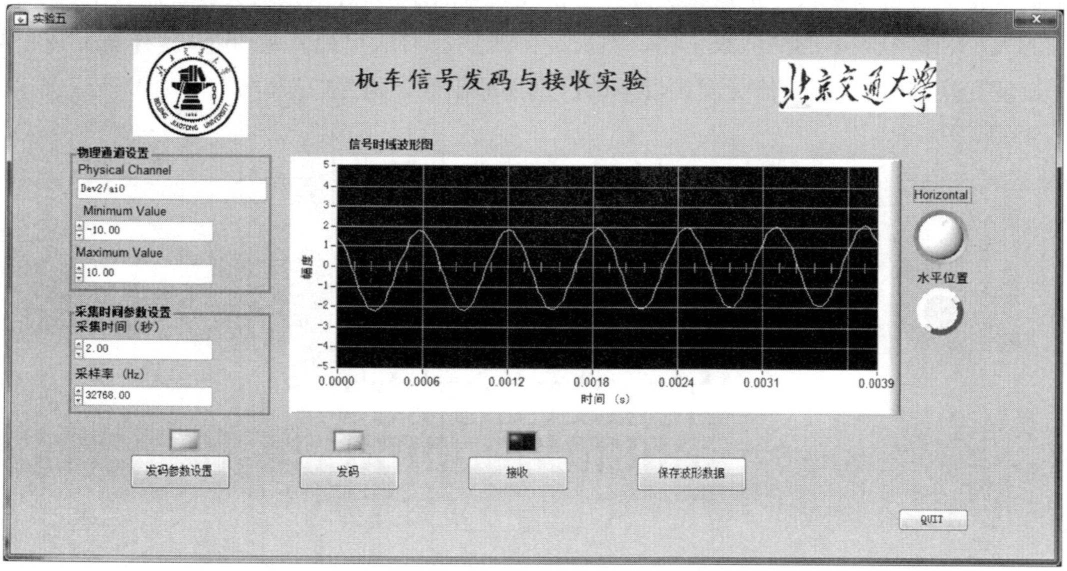

图 5-20　接收到的信号时域波形

(3)选择“保存波形数据”。

(4)利用 Matlab 工具对所得到的数据解调,并得到低频和载频信息。

五、实验报告要求

1. 按照实验指导书的格式简述实验目的、实验原理、实验任务。
2. 详细列表、图示记录并分析每一项实验任务的具体实验结果。

第六章　分散自律调度集中实验

第一节　调度集中系统概述

调度集中控制系统(Centralized Traffic Control System,简称 CTC)是铁路调度中心对某一区段内的铁路信号设备进行集中控制、对列车运行直接指挥、管理的技术装备。CTC 的组成可以分为三部分:调度指挥中心、车站系统、网络系统。CTC 中心一般设在路局调度所,负责控制整个调度区段列车的运行。CTC 中心主要有数据库服务器,应用服务器,通信前置服务器,GSM-R 接口服务器、大屏显示系统,行调工作站,控制工作站,助理调度员工作站,综合维修工作站,电务维护工作站,网管工作站、打印设备,TMIS 接口计算机,网络设备等。车站系统主要包括车站自律机、车务终端、电务维修机、打印机、网络设备、电源设备、防雷设备、联锁系统接口设备等。车站设备之间通过交换机互通数据,车站设备通过路由器与 CTC 中心互通数据。

分散自律就是基于现代计算机技术、网络技术、信息处理技术和智能化软件,实现以日班计划、列车运行调整计划为主轴和框架,将列车运行调整计划下传到各个车站自律机中自主执行;在列车运行调整计划的基础上,解决列车作业与调车作业在时间和空间上的冲突,实现列车和调车作业的统一控制。分散自律调度集中系统的控制模式分为两种:分散自律控制模式和非常站控模式。分散自律控制的基本模式是用列车运行调整计划自动控制列车运行进路,同时在分散自律条件下控制中心具备人工办理列车、调车进路,车站具备人工办理调车进路的功能;非常站控模式是指当调度集中设备故障、发生危及行车安全的情况或设备天窗维修、施工需要时,脱离系统控制转为车站传统人工控制的模式。分散自律控制模式下,没有中心控制权与车站控制权之分,只有指令不同来源之分,依据列车运行调整计划对来自多处的指令进行自律运算,科学合理地解决列车作业与调车作业的矛盾。本书中所称 CTC 均指分散自律调度集中系统。

一、调度集中实验系统构成

实验系统由中心子系统和车站子系统构成。所有设备接入学校实验室既有网络,通过 IP 设置,使整个系统在一个局域网内并独立于实验室其他终端。中心子系统设备主要有数据库服务器,通信服务器,应用服务器,列调工作站,控制工作站,大屏显示终端。主要实现与车站的数据通信以及对车站控制信息的下达。车站子系统设备主要有自律机,车务机,联锁仿真机。主要实现联锁信息的采集以及接收并执行中心下达的控制命令。其中数据库服务器,通信服务器,应用服务器采用 3 台固定机器。

按功能划分,系统结构可大体分为中心部分、车站部分(1 个真实联锁站和 4 个仿真联锁站),如图 6-1 所示。

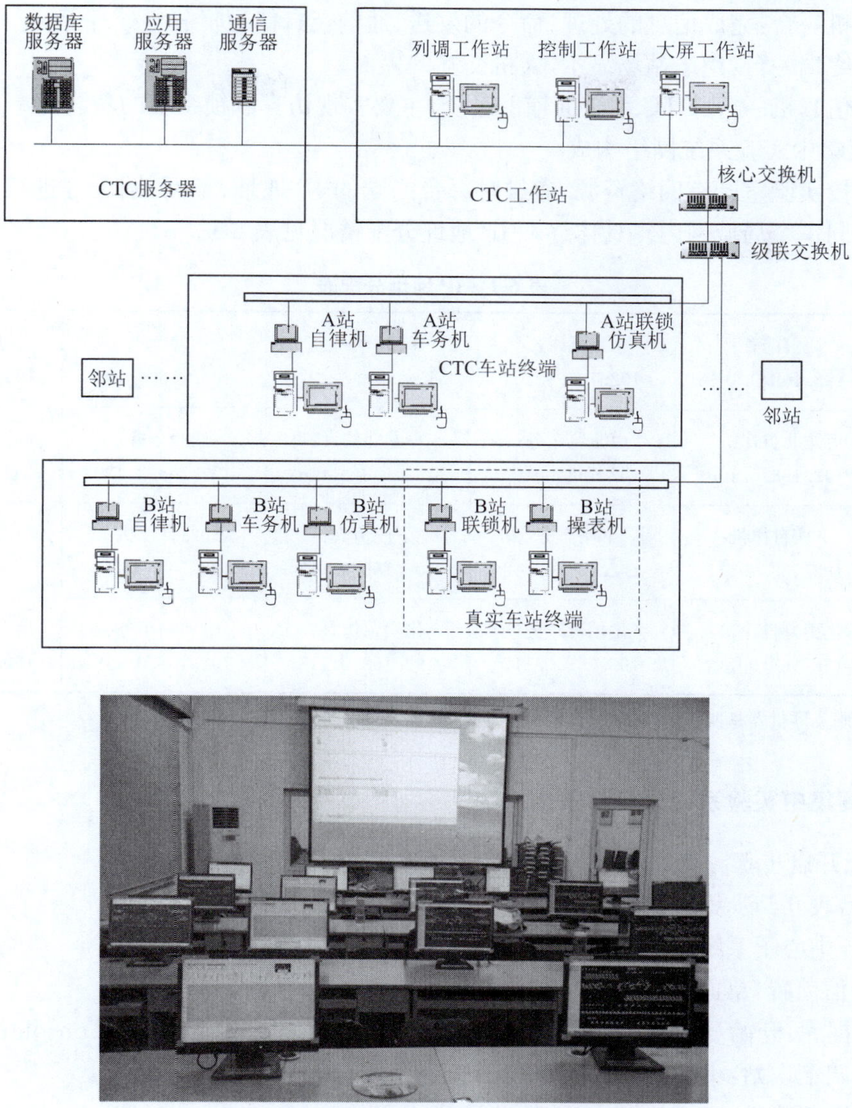

图 6-1　CTC 实验系统图

1. 调度集中实验系统中心子系统构成

①数据库服务器一台：用于存储各种数据和操作记录。

②应用服务器一台：用于整个系统的数据收发、数据处理以及数据储存，并完成车次号跟踪、列车报点收集等不间断的业务处理。

③通信前置服务器一台：用于实现调度中心与车站子系统之间的信息交换。

④列调工作站一台：用于调度员进行调整计划的编制和下达。调度命令的编制、下达设备的日常维护、窗、施工以及故障处理方面的登销记手续。

⑤助调控制工作站一台：用于助理调度员对全线列车进路的补充控制。

2. 集中实验系统车站子系统构成

一个真实联锁站：包括车务机，自律机，联锁机，操表机。其余 4 个车站按照相同的硬件配置，设 1 台自律机，1 台车务机，1 台联锁仿真机。

①自律机一台:完成信息的处理、命令的发送、通信及自律逻辑分析处理等。

②车务终端一台:用于站场显示,人机交互的界面。

③联锁仿真机一台:CTC 系统的辅助系统,主要实现仿真联锁系统的功能。

3. 调度集中实验系统网络构成

使用学校实验室既有网络资源,通过对每台终端的 IP 地址、子网、网关等进行配置,将整套系统置于同一个局域网内。具体终端 IP 地址分配情况见表 6-1。

表 6-1 IP 地址分配表

第一排	通信前置: 192.168.0.101	数据库: 192.168.0.102	列调: 192.168.0.103	助调: 192.168.0.104	应用服务器: 192.168.0.105
第二排	卢龙北自律机: 192.168.0.106	卢龙北车务: 192.168.0.107	卢龙北仿真: 192.168.0.108	迁西车务: 192.168.0.109	迁西仿真: 192.168.0.110
第三排	下庄自律机: 192.168.0.111	下庄车务: 192.168.0.112	下庄仿真: 192.168.0.113	迁西自律机: 192.168.0.114	
第四排	化稍营自律机: 192.168.0.116	化稍营车务: 192.168.0.117	化稍营仿真: 192.168.0.118	培训站车务: 192.168.0.119	培训站自律机: 192.168.0.120

注:除应用服务器机器是四核处理器外,其余机器均为双核处理器。

二、调度集中实验系统开启与关闭说明

1. 系统开启步骤

(1)开启表 6-1 涉及的所有 CTC 仿真设备。

(2)打开中心子系统对应 CTC 应用软件

A1. 通信前置:桌面快捷方式/E 盘子目录;

B1. 数据库:开始→所有程序→Oracle-OrHome→Enterprise Manger Console;

C1. 列调工作站:桌面快捷方式/E 盘子目录;

D1. 助调工作站:桌面快捷方式/E 盘子目录;

E1. 应用服务器:桌面快捷方式/E 盘子目录。

(3)打开四套车站子系统对应 CTC 应用软件。

A1. 自律机:桌面快捷方式/E 盘子目录;

B1. 车务终端:桌面快捷方式/E 盘子目录;

C1. 联锁仿真:桌面快捷方式/E 盘子目录。

2. 系统关闭步骤

(1)关闭系统所有应用软件。

(2)退出 Windows 系统关闭机箱电源。

三、实验报告要求

(1)按照实验指导书的格式简述实验目的、实验原理、实验任务。

(2)详细列表、图示记录并分析每一项实验任务的具体实验结果。

第二节 系统基本操作实验

一、实验目的

通过操作分散自律调度集中系统各子系统人机界面，熟悉中心子系统及车站子系统各模块主要功能，并掌握实现各功能的基本操作。

二、实验原理

调度集中控制系统(CTC:Centralized Traffic Control System)是铁路调度中心对某一区段内的铁路信号设备进行集中控制、对列车运行直接指挥、管理的技术装备。CTC 的组成可以分为三部分：调度指挥中心、车站系统、网络系统。

1. 调度集中实验中心子系统设备构成

(1)数据库服务器：用于存储各种数据和操作记录。

(2)应用服务器：用于整个系统的数据收发、数据处理以及数据储存，并完成车次号跟踪、列车报点收集等不间断的业务处理。

(3)通信前置服务器：用于实现调度中心与车站子系统之间的信息交换。

(4)列调工作站：用于调度员进行调整计划的编制和下达。调度命令的编制、下达，设备的日常维护、施工以及故障处理方面的登销记手续。

(5)助调控制工作站：用于助理调度员对全线列车进路的补充控制。

2. 集中实验车站子系统设备构成

(1)自律机：完成信息的处理、命令的发送、通信及自律逻辑分析处理等。

(2)车务终端：用于站场显示，人机交互的界面。

(3)联锁仿真机：CTC 系统的辅助系统，主要实现仿真联锁系统的功能。

分散自律就是基于现代计算机技术、网络技术、信息处理技术和智能化软件，实现以日班计划、列车运行调整计划为主轴和框架，将列车运行调整计划下传到各个车站自律机中自主执行；在列车运行调整计划的基础上，解决列车作业与调车作业在时间和空间上的冲突，实现列车和调车作业的统一控制。

三、实验任务

1. 实验任务一：行车调度指挥系统

(1)运行图操作

通过添加或绘制运行线、画线、单个或成批移动运行线、编辑运行线、组合与分解运行线、删除列车运行计划、进路图区列车进路修改、下计划等主要操作绘制实绩运行图，并将阶段计划发送到车站，从而掌握运行图的操作方法。

(2)调度命令操作

掌握调度命令编辑、预发功能，实现列车调度命令的下发；了解值班主任审核、路票、绿色许可证。

2. 实验任务二:控制工作站

(1)站场图操作

掌握站场选择功能,能够看懂并操作各车站子系统,会使用右键菜单、站场按键等操作,了解各车站与中心子系统的关系。

(2)列车进路信息/调车作业单操作

熟悉列车进路信息显示含义,掌握修改股道、修改触发方式、修改进路、右键修改等操作,制定调车计划、调车作业单,完成历史查询等。

3. 车务终端

(1)浮动菜单及窗口操作

了解浮动菜单及浮动窗口显示内容及基本操作,会查看本站及邻站站场列车运行信息。掌握调度命令签收和打印、阶段计划签收和打印、行车日志查看与认知的步骤及处理方法等。

(2)站场图操作

熟悉列车进路信息显示含义,掌握修改股道、修改触发方式、修改进路、右键修改等操作,制定调车计划、调车作业单,完成历史查询等,同时掌握车次增删改操作等。

(3)站场图显示认知

掌握站场图内轨道区段、信号机、道岔及区间信息显示含义,掌握列车按钮、调车按钮含义及功能。

4. 联锁仿真系统

掌握联锁仿真系统多站联合工作与单站独立工作模式的选择与区别;掌握非常站控模式、自律模式的转换;掌握站场数据的初始化;掌握自动走车与自动发车模式的设置;掌握道岔、信号机、区段单操显示。

四、实验步骤

(一)行车调度指挥系统

1. 运行图编辑(图 6-2)

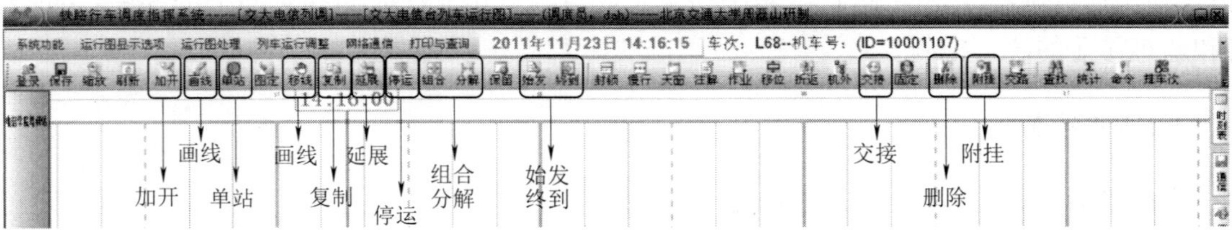

图 6-2 运行图编辑

(1)步骤一:添加或绘制运行线

① 添加运行线

使用该功能可按预定义列车径路加开列车。激活“加开”功能有三种操作方法:点击工具条中的加开按钮、在工作区的非运行线区域点鼠标右键选择“加开”、在主菜单中选择“运行图处理→处理列车及特殊属性功能→图上选择径路模式加开列车”。

②图上直接画线

图上直接画线功能的激活有三种操作方法：点击工具条中的按钮、在工作区的非运行线区域点鼠标右键选择“画线”、在主菜单中选择“运行图处理→处理列车及特殊属性功能→直接图上画线模式加开列车”。

(2)步骤二：移动运行线

① 移动单个运行线

直接在所需要移动的运行线上点击鼠标左键选中，将光标放在站名线处的黄色方框中，按住鼠标左键，将光标移到想要的时间点处，放开鼠标左键即可。也可以点击工具条中的按钮或在工作区的非运行线区域点鼠标右键选择“移线”或在主菜单中选择“运行图处理→对运行图的平面处理功能→手工移动单个运行线”，光标将变成手型，然后移动光标到列车运行线，光标将变成选中状态，此时单击鼠标左键即选中目标运行线，可以在可行的范围内左右移动来修改列车时刻表以及运行线。

② 成批移动运行线

点击工具条中的按钮或在工作区的非运行线区域点鼠标右键选择“移线”或在主菜单中选择“运行图处理→对运行图的平面处理功能→手工移动单个运行线”，在想要移动的一批运行线的站名线拖拉鼠标成矩形框，可以选中多条运行线，在线与线的空白处按住鼠标左键向左或向右拖动，可以成批移动运行线。

(3)步骤三：编辑运行线

① 通过、到开状态改变

在运行线上点击鼠标左键选中，按住“Ctrl”键，将光标放在通过列车站名线(始发站、终到站除外)处的黄色方框中，按住鼠标左键向右拖动，然后放开鼠标左键，运行线由通过状态变为到开。同理可将到开列车变为终到。

除上述方法外，还可在运行线与站名线交叉处点击鼠标右键，在右键菜单中选择“通过变到开”或“到开变通过”。

② 停运运行线

在主菜单中选择“运行图处理→处理列车运行径路的功能→删除运行线后继或前继径路”，或点击工具条中的按钮，或在工作区的非运行线区域点鼠标右键选择“停运”，删除指定运行线的后继运行线。将鼠标移动到将要停运列车的站名线处，按鼠标左键激活停运确认窗口也可以在运行线与站名线交叉处点击鼠标右键选择“停运”激活确认窗口，点击“是(Y)”确认将在所选的站名线停运该车次。

③ 延展运行线

点击工具条中的按钮或在工作区的非运行线区域点鼠标右键选择“延展”，从列车的尾站延伸列车径路。将鼠标移动到将要延展的列车的尾站，点击鼠标左键，拖动鼠标到要延展到目的地的站名线处，点鼠标左键确认即可。也可以在运行线与站名线交叉处点击鼠标右键选择“延展”，拖动鼠标到要延展到目的站名线处，点鼠标左键确认。

(4)步骤四：组合运行线

点击工具条中的按钮或在主菜单中选择“运行图处理→处理列车及特殊属性功能→终

止两列新开一列合二为一”，将两条运行线组合成一条运行线。首先在要组合的第一个列车的站名线处点击鼠标左键，拖动鼠标到需要组合的第二个列车站名线处点击，再移动鼠标到需要把两列车组合在一起的目的处。

(5)步骤五：分解运行线

点击工具条中的按钮或在主菜单中选择“运行图处理→处理列车及特殊属性功能→终止一列新开两列一分为二”，将一条运行线分解成两条运行线。首先在需要分解的站名线处点击鼠标左键，拖动鼠标到需要分解的第一个列车站名线处点击鼠标左键，再拖动鼠标到需要分解的第二个列车站名线处点击左键即可完成分解。

(6)步骤六：交接状态改变

使用“交接”功能可以改变列车的始发/接入和终到/交出状态。

点击工具条中的按钮或在工作区的非运行线区域点鼠标右键选择“交接”或在主菜单中选择“运行图处理→处理列车运行径路的功能→切换列车的始发或终到状态”，在需要改变列车的始发/接入和终到/交出状态运行线处按鼠标左键进行切换。

也可以在运行线与站名线交叉处点击鼠标右键选择“终到变交出”或“始发变接入”或“交出变终到”或“接入变始发”。

(7)步骤七：始发和终到功能

始发功能用于设置或取消列车在区间始发。点击工具条中的按钮，将鼠标移到要设置列车的始发标识处按鼠标左键，列车将变为区间始发。在区间始发处点击鼠标左键将取消区间始发。

终到功能用于设置或取消列车在区间终到。点击工具条中的按钮，将鼠标移到要设置列车的终到标识处按鼠标左键，列车将变为区间终到。在区间终到处点击鼠标左键将取消区间终到。

(8)步骤八：固定

固定的功能是固定列车在车站的到发时间，只有到该时间点才能进行列车到发进路的排列。操作方法是在主菜单中选择“运行图处理→处理列车及特殊属性功能→固定列车在车站的到开时间”，或点击按钮，在需要固定列车在车站的到发时间的运行线处点击对应的时间，将把点击的时间上加上圈号5来标识。

2. 列车运行线的删除

(1)步骤一：删除未报点的列车运行线

点击工具条中的按钮，可删除运行图上任意标识或者运行线并有相应的黄色条形框提示所删除的对象，包括未报点的运行线、施工封锁、施工慢行、维修天窗、文字标注。首先点击按钮，移动鼠标到需要删除的对象处，注意看黄色条形框提示信息(不能删除操作会在此框中提示)，再点击鼠标左键即可进行所选的删除工作，相应的会有对应的删除确认窗口弹出来，调度员可以根据需要进行选择。

(2)步骤二：删除已报点的列车运行线

首先在主菜单中选择“运行图处理→人工报点与进路结果处理→取消列车运行线的报点状态”将已报点列车运行线的报点状态取消；然后点击按钮，移动鼠标到需要删除的对象处，按照未报点运行线的删除方法删除该运行线即可。

3. 进路图区列车进路的修改

(1)步骤一：拖动进路至目标股道处

系统提供直观的界面，简单拖拉鼠标的方式即可更改列车的接发车进路。在要更改进路的股道标记处按住鼠标左键，拖动鼠标至更改目标进路股道处，松开左键，将激活一个站线检查窗口，如图 6-3 所示。

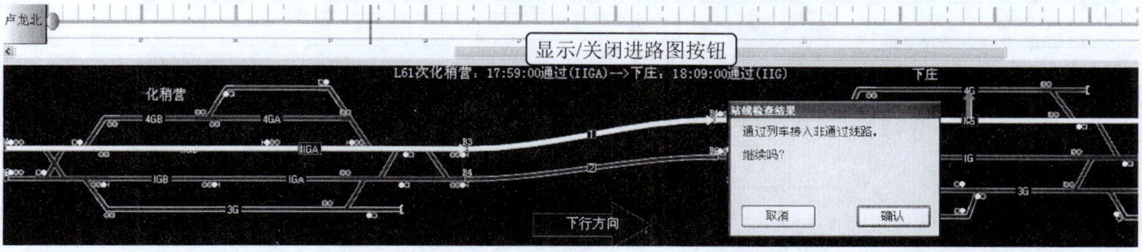

图 6-3　鼠标拖拉修改列车进路窗口

(2)步骤二：确认站线检查结果

按

键后，将简单地完成修改进路工作，如图 6-4 所示。

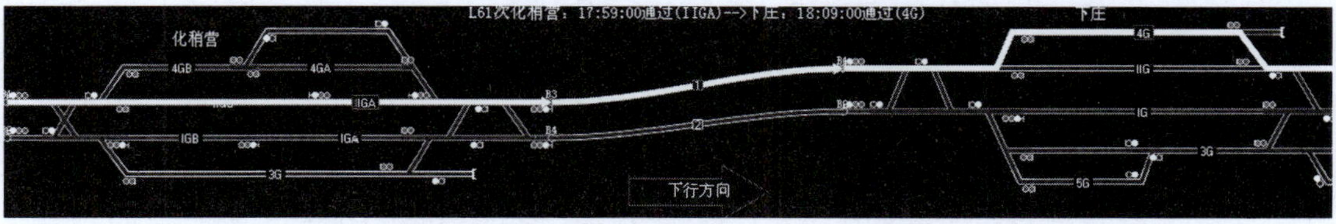

图 6-4　完成修改列车进路窗口

4. 下计划

(1)步骤一：下达计划

点击工具栏的最右侧扩展箭头，点击“下计划”则会将当前时间之前一个小时的实际图和当前时间之后三个小时列车运行调整计划下达到各个车站，如图 6-5 所示。

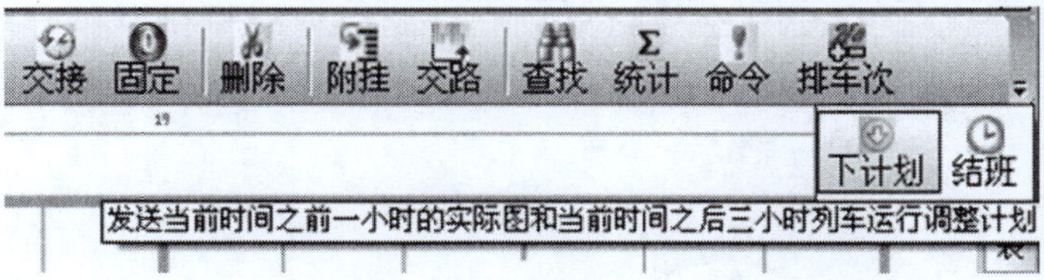

图 6-5　下计划示意图

(2)步骤二：计划回执

系统会在

浮动窗口中显示回执状态，站名上方椭圆形表示车站自动回执，下方椭圆形表示车站人工回执，红色椭圆形表示没有回执，绿色椭圆形表示有回执。

5. 调度命令的发送与管理

(1)步骤一:编辑调度并发送调度命令

点击工具栏的命令按钮即可进入命令的编辑界面:选择调度命令模板、添加受令单位与抄送单位、编辑命令内容、保存编辑好的命令、手工审核、修改审核人、预发调度命令、显示自动回执查看受令情况、发送调度命令,如图 6-6 所示。

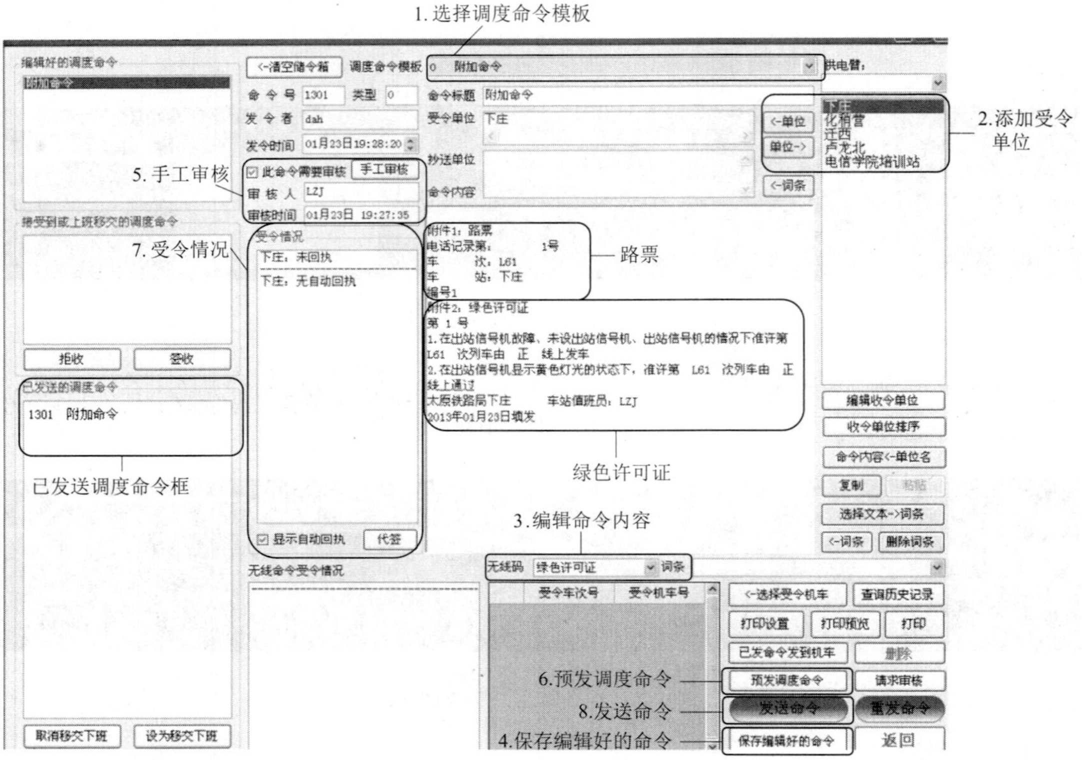

图 6-6 调度命令的编辑与发送

(2)步骤二:编辑命令内容——路票(图 6-7)

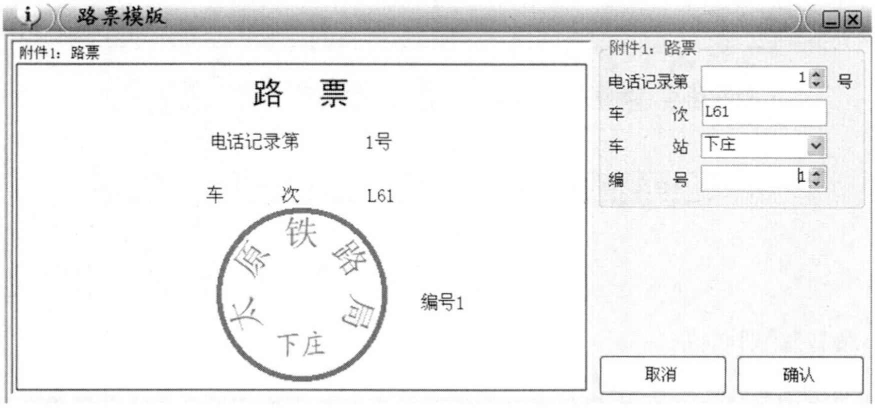

图 6-7 路票编辑示意

(3)步骤三:编辑命令内容——绿色许可证(图 6-8)

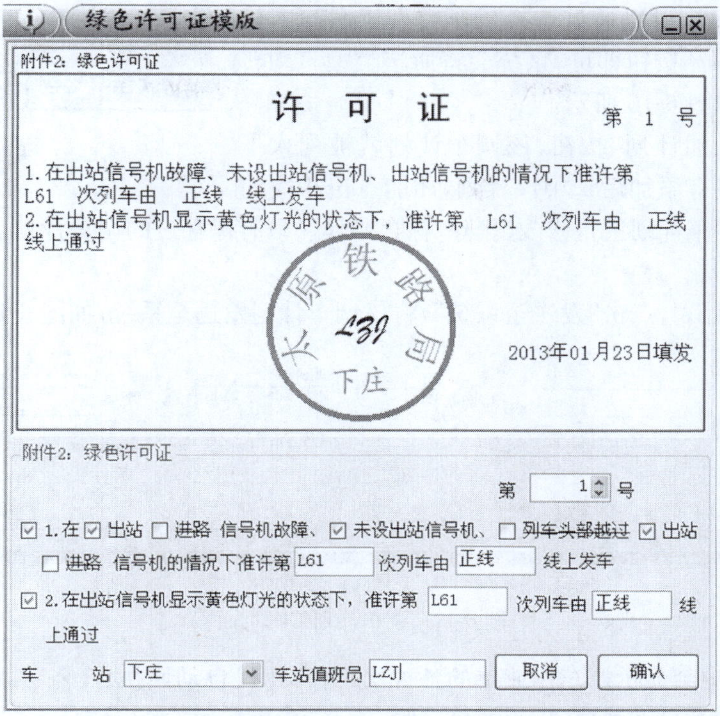

图 6-8　绿色许可证编辑示意

(二)控制工作站

1. 站场图操作(图 6-9)

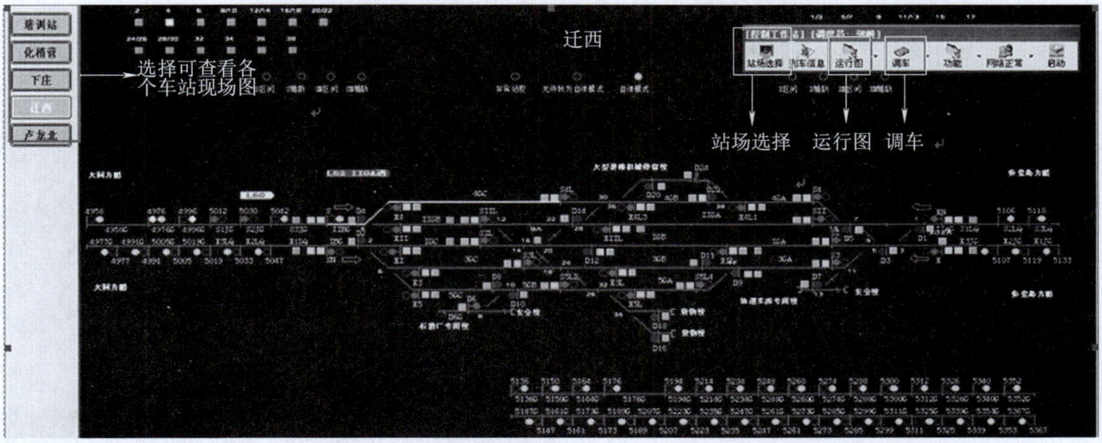

图 6-9　控制工作站站场图操作

2. 调车作业操作

(1)步骤一：编辑调车计划

输入调车作业的车次(如果调车无车次，则输入 7 个大写 X)、机车号、计划股道(目前调车机车所在的位置)、编制人、初始车辆数、调车作业时间(要求终止时间大于起始时间)、注意事项。

输入机车号时，可以通过选择机车类型然后写入机车号，点击“机车号”按钮即可，系统会将所选类型自动转换为数字类型，如图 6-10 所示。

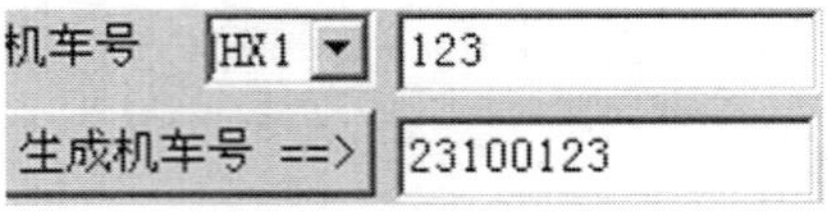

图 6-10　机车号输入

然后点击“添加计划”按钮，该调车计划就被列入下面的表格中，也只有添加后选中该计划，才能点击相应的操作按钮，对该调车计划进行修改、删除、保存操作。只有保存过的调车计划，历史查询中才可以查到。

选中某调车计划，点击“发送至系统”，将该调车计划发送至系统，如图 6-11 所示。

图 6-11　调车计划编辑页面

接收状态栏中会显示调车作业单的各种状态：自律机自动回执、车务终端自动回执、车务终端人工签收、机车自动回执、机车司机签收。

(2)步骤二：编辑调车作业单

“调车作业单”部分用于详细录入勾作业，选择调车的行进过程。选中某条调车计划，在调车作业单部分中编辑其勾作业，如图 6-12 所示。

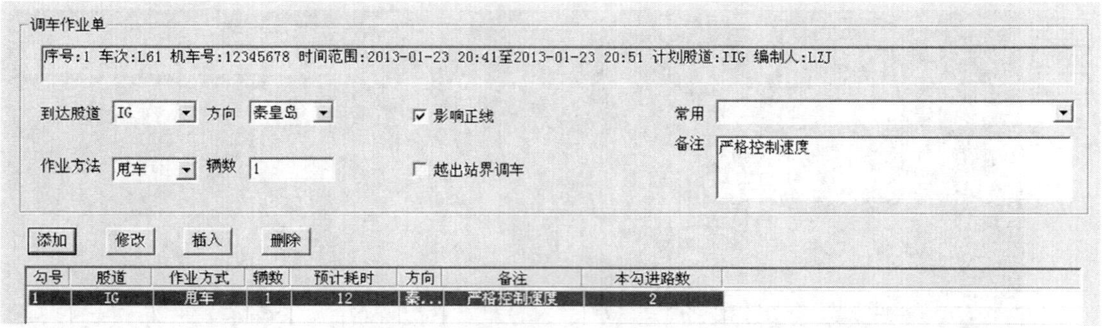

图 6-12　调车作业单编辑页面

选择作业股道、方向、作业方法，输入辆数、备注等信息，然后点击“添加”按钮，如果没有什么错误信息，将添加该勾作业计划到中间的勾作业列表中。

如果有多种可选择的进路，系统会搜索出完成该勾作业的所有可能的进路供人工选择，如图 6-13 所示；如果只有一条，则直接写入调车进路列表。

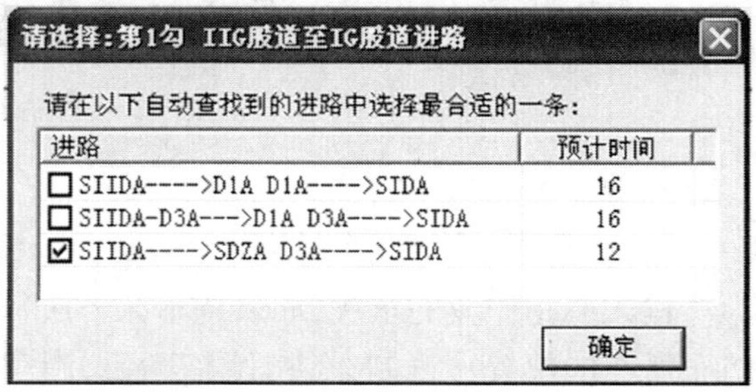

图 6-13　调车进路选择

选中已经编制成功的勾作业计划，点击“删除”按钮可以删除该勾作业；选中已经编制成功的勾作业计划，在左面的编辑框中编辑内容，点击“修改”按钮可以将新编辑的内容修改为该勾作业；选中已经编制成功的勾作业计划，在左面的编辑框中编辑内容，点击“插入”按钮可以在该勾作业之前插入编辑的勾作业。

已经编制完成的调车作业单，有对应的进路表。双击调车进路表中的某一条进路，可以在弹出的对话框中修改这条进路需要的时间（这个时间是指从进路排列完成到进路解锁完成需要的时间）。

只有编制成功了勾作业计划，才可以发送到系统，并由系统发送到机车。

（3）步骤三：查看调车进路

根据调车计划已经建立的调车进路仍可以重新建立，点击重新建立调车进路按钮，如图 6-14所示，将再次弹出图 6-13 调车进路选择框可以重新选择调车进路。

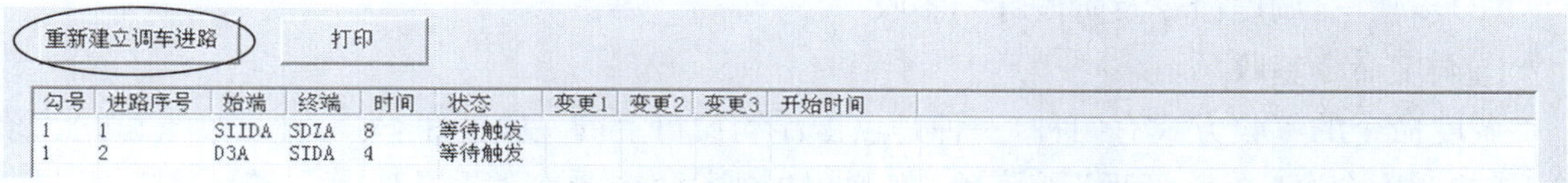

勾号	进路序号	始端	终端	时间	状态	变更1	变更2	变更3	开始时间
1	1	SIIDA	SDZA	8	等待触发				
1	2	D3A	SIDA	4	等待触发				

图 6-14　重新建立调车进路

重新选择调车进路后，可以单击选择相同勾号的不同进路，查看控制工作站站场图。当单击 1 勾号进路序号为 1 的进路时，控制工作站站场图显示当前进路信息如图 6-15 所示，同理可查看 1 勾号进路序号为 2 的进路信息。

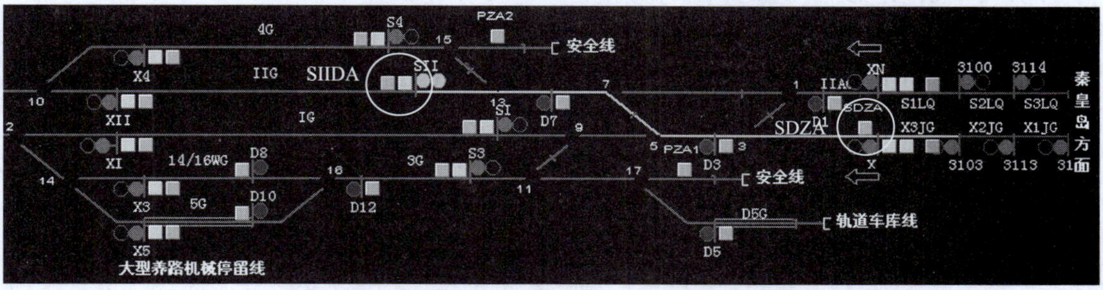

图 6-15　1 勾号进路序号为 1 的进路信息

（三）车站车务终端

1. 浮动菜单及窗口操作

浮动菜单分为标题栏和菜单栏，标题栏显示程序型号、站名、本机类型信息。如图 6-16 所示，“FZj-CTC 型”表示程序型号，“迁西”表示站名，“（A 机）”表示本机类型。菜单栏包括站场图、计划图、行车日志、功能及系统等。

图 6-16　浮动菜单

浮动窗口分为三部分：时间显示、状态灯、签收按钮，如图 6-17 所示。

(1)步骤一：本站与临站及区间图查看

单击“站场图”右面的小三角箭头，在下拉菜单中选择“本站站场图”，或直接点击“站场图”，可以本站的站场信息和列车进路信息/调车作业；在下拉菜单中选择“邻站与区间图”，可以显示邻站站场及区间信息。

图 6-17　浮动窗口

(2)步骤二：计划图及行车日志查看

单击“计划图”右面的小三角箭头，显示向中心申请的基本图、调整图以及列车时刻表等。单击“行车日志”右面的小三角箭头，行车日志是本站列车接发车信息以及报点信息的记录。

(3)步骤三：调度命令及阶段计划签收

①调度命令签收

调度命令的签收方式有两种，一种是点击浮动窗口上的签收按钮，另一种是点击“功能”菜单下的“调度命令_受令管理”子菜单，都弹出“调度命令受令管理”对话框，签收、打印调度命令。

调度命令其他操作如：受令管理、发令请求、发送机车、查询管理、数据恢复等操作见浮动菜单下的“功能”菜单项。

②阶段计划签收

车务终端收到调度中心下发的阶段计划时，系统自动返回机器回执，人工未签收时，浮动窗口的签收按钮呈红色并闪烁，显示文字为“阶段计划”，点击该签收按钮；另一种签收方式是点击“功能”菜单下的“签收阶段计划”子菜单，两种方式都会弹出“阶段计划签收”对话框，签收、打印阶段计划。

点击“阶段计划签收”对话框中的“查看详情”按钮，可以查看最后一次下发的阶段计划的详细内容，如图 6-18 所示。

序	标志	列车车次(接...	股道	运行...	计划...	计划...	上行车站	下行车站
10	未变化	87152/87152	IG/IG	通过	17:08	17:08	阳原	湖东一场
11	未变化	W60584/W60584	IG/IG	通过	17:09	17:09	阳原	湖东一场
12	未变化	TD72538/TD72538	IG/IG	通过	17:24	17:24	阳原	湖东一场
13	未变化	872022/872022	IG/IG	通过	17:33	17:33	阳原	湖东一场
14	未变化	DG82/DG82	IG/IG	通过	17:40	17:40	阳原	湖东一场
15	修改	H19635/H19635	IIG/IIG	通过	17:55	17:55	湖东二场	阳原
16	未变化	51596/51596	IG/IG	通过	18:14	18:14	阳原	湖东一场
17	修改	TD71515/TD71515	IIG/IIG	通过	18:15	18:15	湖东二场	阳原
18	未变化	51598/51598	IG/IG	通过	18:21	18:21	阳原	湖东一场
19	新增	G77119/G77119	IIG/IIG	通过	18:27	18:27	湖东二场	阳原
20	未变化	TG64028/TG64028	IG/IG	通过	18:43	18:43	阳原	湖东一场
21	未变化	51532/51532	IG/IG	通过	19:14	19:14	阳原	湖东一场
22	新增	19526/19526	IG/IG	通过	20:15	20:15	阳原	湖东一场

图 6-18　阶段计划签收详细内容

2. 车务终端站场操作

车务终端站场示例如图 6-19 所示。

(1)步骤一：调车作业操作

具体操作与实验一中任务二(控制工作站中的调车作业)操作相类似。

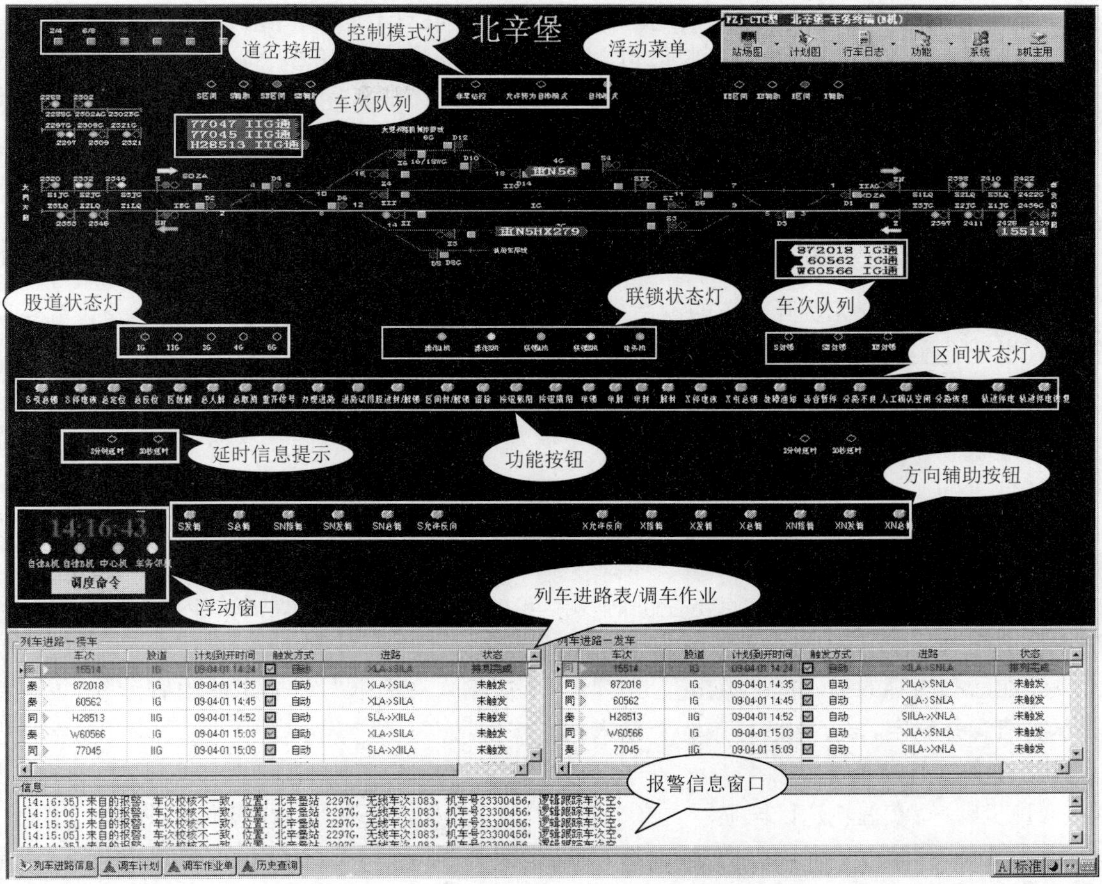

图 6-19　车务终端站场

(2)步骤二:列车进路表操作

①修改股道

点击股道右面的小箭头,可以选择其他的股道,弹出对话框询问是否修改股道,点击“否”放弃修改;点击“是”确定修改,若修改成功,股道、对应的进路会随之改变。

②修改触发方式

点击“自动”前面的方框,询问是否改变触发方式,点击“否”放弃修改,点击“是”确定修改,若修改成功,“√”由有到无或由无到有。

③修改进路

点击进路右面的小箭头,列出接车到该股道或从该股到发车的所有进路,选择想要修改的进路,询问是否改变进路,点击“否”放弃修改,点击“是”确认修改,若修改成功,该处进路变为修改后的进路。该功能不能通过操作站场图上的列车车次完成。

图 6-20　进路右键修改选项

④右键修改

选中某一条进路信息,点击鼠标右键,出现菜单如图 6-20 所示。

①删除:点击“删除”,即可删除此条进路指令。

②人工触发:点击“人工触发”,触发此条进路指令,如该进路办理成

功，此条指令的状态由“未触发”变为“排列完成”。也可以双击该行来触发进路。

③进路续行：对于分段使用的长股道，当列车需要从接车的股道行至另一段股道时，在对应的接车进路上点击“进路续行”，选择需要续行到的股道，排列该续行进路。

④申请进路表：点击“申请进路表”，申请成功后，可在列表中列出最新的进路表。

⑤释放修改权限：申请进路表后，可以释放修改、删除进路表的权限，但人工触发仍是可以使用的。

(3)步骤三：车次增删改操作

由于本实验系统无实际列车的占用与出清，因此车次增删改实验需要车站车务终端与联锁仿真机配合实现。

首先需要车站联锁仿真机工作于非常站控模式，手动添加或删除红光带表示实际列车的占用与出清；然后将车站联锁仿真机置于自律模式，手动添加或删除车次号，车次号具体操作如下：

①将鼠标移到有车次框的区段名称上时，鼠标变为手形，点击左键，弹出“车次输入对话框”，输入车次信息并确定，该车次框中将显示输入的车次内容。

②在已有内容的车次框上点击左键，弹出“车次输入对话框”，将原来的内容清除并确定，该车次被删除。

③在已有内容的车次框上点击左键，弹出“车次输入对话框”，将原来的内容清除，填写新的车次信息并确定，该车次将修改为新输入的车次信息。

3. 车务终端站场显示

(1)步骤一：掌握轨道区段显示含义

轨道区段分为无岔区段和道岔区段。无岔区段是指线路上没有道岔的区段；道岔区段是指包含道岔、由几个绝缘节与其他设备隔开的区段，一个道岔区段可包括一个或多个道岔。

无论是无岔区段还是道岔区段，颜色显示如下：

①轨道区段空闲且在解锁状态时呈青色；

②轨道区段空闲且在锁闭状态时呈白色；

③轨道区段有车或发生故障时呈红色。

(2)步骤二：掌握信号机显示含义

信号机分为列车信号机(如图 6-21 中的 SN 信号机)、调车信号机(如图 6-21 中的 D11 信号机)、区间信号机(如图 6-21 中的 2302 信号机)。

图 6-21 不同的信号机

①信号机在站场图中的位置与信号布置平面图中的位置一致。

②列车信号机、区间信号机画双灯，调车信号机画单灯。

③信号机竖线和灯之间有一小段横线表示高柱信号机，否则表示矮柱信号机。

④信号机名称显示在信号机上方或下方。

信号机颜色显示如下：

①列车信号机在信号关闭时呈红色；开放时其颜色与室外信号机显示一致，有黄色、绿色、绿黄、双黄四种显示；无信息时显示灭灯。

②调车信号机在信号关闭时呈蓝色；开放时呈白色，无信息时显示灭灯。

③区间信号机按实际情况实时显示区间的点灯情况，有红/黄/绿黄和绿四种显示。

(3)步骤三:掌握道岔显示含义

经过道岔的线路以实线连接方向为道岔当前开通方向,开口方向为道岔当前未开通方向。道岔的状态在站场图的相应道岔处和单设的道岔按钮处均有显示。

站场道岔处的显示:

①道岔以实线连接的方向表示当前线路连通的方向,开口方向表示当前线路断开的方向;

②道岔暂时(如正在转换)失去表示时,线路断开;

③道岔挤岔时,线路上挤岔的岔心红闪,并有语音报警;

④道岔单封时,道岔岔心处出现蓝色圆点;

⑤道岔单锁时,道岔岔心处出现红色圆点。

道岔按钮处的显示:

①道岔在定位时,按钮呈绿色;道岔在反位时,按钮呈黄色;

②道岔在转换时,按钮呈灰色;道岔挤岔时,按钮呈红色;

③道岔单封时道岔按钮名呈蓝色;道岔单锁时道岔按钮名呈红色。

(4)步骤四:掌握绝缘节显示含义

一般绝缘节以青色短竖线表示;交叉渡线处绝缘节以青色短横线表示;侵限绝缘节以红圆圈中的青色竖线表示。

4. 车务终端站场按钮操作

大站模式的车站站场上,有列车按钮、调车按钮、功能按钮、专用按钮、其他按钮;中间站模式的车站比大站模式的车站站场上少了列车按钮。

(1)步骤一:列车信号按钮

①列车信号按钮——在每一架列车信号复示器的前方,紧靠复示器处,设置一个绿色列车信号按钮,也称做列车进路按钮。主要供列车进路排列、解锁或重新开放信号使用。

②列车通过按钮——为了简化操作,排列列车通过进路时,把正线直股接车进路和正线直股发车进路视为一条进路,只需按压一个通过进路的始端按钮和一个双线发车口处的列车终端按钮或单线进站口处的列车信号按钮即可。为此在能排列通过进路的进站信号复示器的前方靠近信号按钮处,设一个绿色列车通过按钮。

③引导信号按钮——当进站信号机(或接车进路信号机)因故障不能开放或开放后又因故关闭时,可按引导方式接车。为了办理引导进路和开放引导信号,在每个接车信号复示器的前方设一个蓝色引导信号按钮。

④列车进路终端按钮——当列车进路终端未设有反方向列车信号机时,则需专设一个绿色列车进路终端按钮,只能做列车进路终端按钮。

⑤列车坡道延续进路终端按钮(简称坡道终端按钮)——当接近车站的线路有大于6‰连续长大(列车制动距离内)下坡道时,需要为接车进路设置延续进路。在延续进路终端处设有列车或调车信号按钮时,它们可作为延续进路终端按钮使用;无信号按钮(如安全线处)时,应专设列车坡道终端按钮,供办理延续进路使用。

⑥列车变通进路按钮——当在进路的始端和终端之间有两条或两条以上的进路时,规定其中一条为基本进路;其他几条则为变通进路。为了排列变通进路,在变通进路经由的线路处

设置一个列车变通按钮。若在列车变通进路上已设有调车信号按钮,则该按钮可兼作列车变通进路按钮。

(2)步骤二:调车信号按钮

①调车信号按钮——在调车信号机、列车进路信号机的前方设置一个白色调车信号按钮,也称调车进路按钮。它既可作调车进路的始端按钮,又兼作调车进路的终端按钮或列车进路变通按钮或调车进路变通按钮,由按压按钮的顺序而定。

②调车进路终端按钮——当调车进路的终端处未设置调车信号机(相应的也未设调车信号按钮)时,须在该处设置一个白色按钮作调车进路终端按钮。

③调车变通进路按钮——当调车进路始端和终端之间有两条或两条以上的调车进路时,规定其中只有一条为基本进路,其他皆为变通进路。为了排列调车变通进路,在变通进路必经的线路处需设变通按钮。列车变通按钮可兼作调车变通进路按钮用。若调车变通进路上设有反向单置调车信号机时,该信号机的信号按钮可兼作调车变通进路按钮。

(四)联锁仿真系统

(1)步骤一:多站与单站操作

通过在"单站与多站"下拉框中选择"多站"与"单站"工作模式。

在多站模式下,实验室五个车站联合工作;单站模式下,每个车站独立工作。具体操作如图 6-22 所示。

在多站联合工作时,配置的邻接的联锁仿真机将与本站联合工作,相互邻接的两个仿真系统共同完成区间的走车功能。本站会接收邻站区间发来的列车,并将列车送往下一站。当与邻接的联锁仿真机断开时,会造成列车不能送往下一站而造成阻塞。

图 6-22　多站/单站切换菜单

在单站独立工作时,配置的邻接联锁仿真机无论是否与本系统链接,都将被忽略。因而就不存在接车与送车的处理,列车将走完本站的区间,并在本系统车站的区间末端消失。

(2)步骤二:非常站控与自律模式的操作

系统提供三种不同的模式状态:非常站控状态、非常站控并允许自律状态、自律模式状态。控制模式灯一般位于站名下方,包括"非常站控"、"允许转为自律模式"、"自律模式"三个灯,如图 6-23 所示。

非常站控模式时,"非常站控"灯显示红色;在非常站控模式下,计算机联锁与自律机连接状态良好,允许转为分散自律模式时,"允许转为自律模式"灯显示黄色;转为分散自律模式时,"自律模式"灯显示绿色。具体操作如图 6-24 所示。

图 6-23　控制模式灯

图 6-24　自律模式菜单

①CTC 联锁仿真系统初始化时，“非常站控”灯显示红色，“允许转为自律模式”灯显示黑色，“自律模式”灯显示黑色。

②当与自律机通信后，收到自律机允许转为自律的信号时，“允许转为自律模式”灯显示黄色，这时可以通过点击“当前站申请自律模式”菜单，向自律机申请转为自律模式。自律机允许后，“自律模式”灯将会点亮为绿色。

③“自律模式”灯为绿色时，可以点击“当前站退出自律模式”菜单，退出自律模式。

(3)步骤三：站场数据初始化操作

系统提供站场数据初始化菜单，点击“重新初始化当前站”将出新初始化当前站的站场数据。并主动断开与自律机的网络链接。具体操作如图 6-25 所示。

(4)步骤四：自动走车操作

系统提走车控制菜单。可以分别打开或关闭站内走车或者两站之间的区间走车。点击“自动走车”选择即可。具体操作如图 6-26 所示。

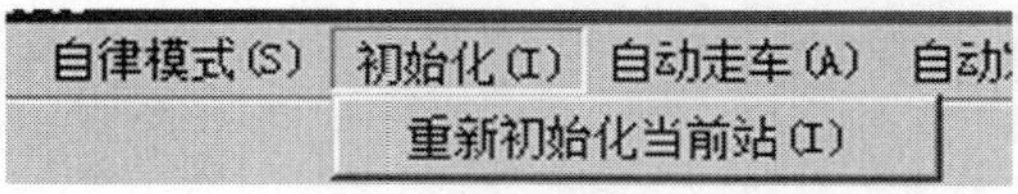

图 6-25　初始化菜单

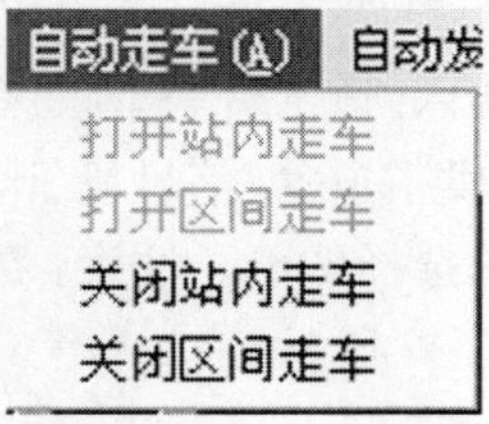

图 6-26　走车控制菜单

在两站之间的区间走车时，每一个红光带表示一个车，站内走车时，连续的红光带不会多于 2 个，如图 6-27、图 6-28 所示。

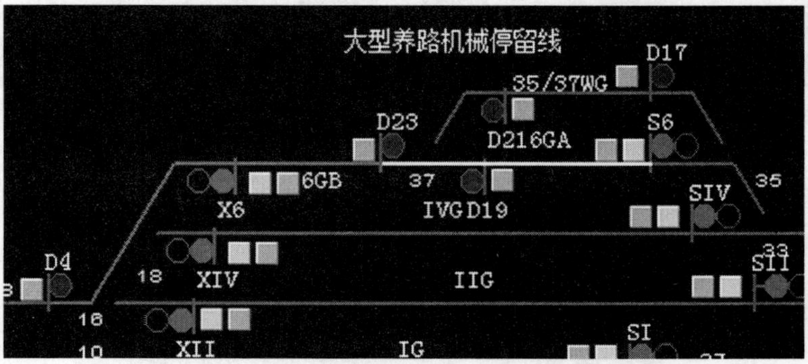

图 6-27　站内走车的红光带

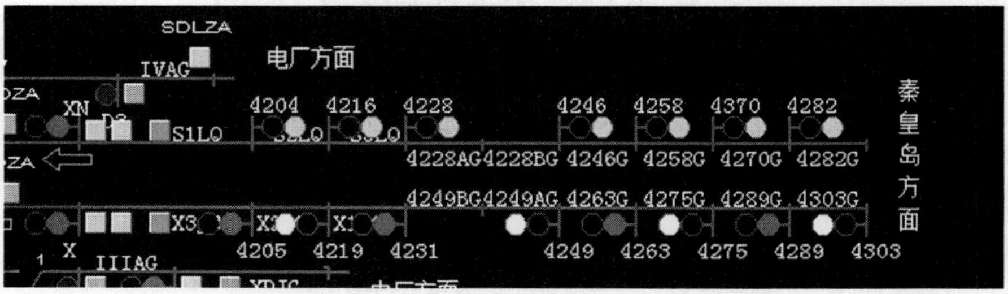

图 6-28　两站间区间走车的红光带

(5)步骤五:自动发车操作

利用自动发车菜单可以设置当前站为线路的第一个始端发车站。对于一条完整的线路只需设置一个上行发车站,一个下行发车站即可。具体操作如图 6-29 所示。

当设置发车站以后,在对应的车站上,每间隔一定的时间,CTC 联锁仿真系统会检测该站的上行(或下行)线路的始点是否有车占用,如果没有车时,系统会在两个连续的区间区段置上红光带,表示一个车,如图 6-30 所示。

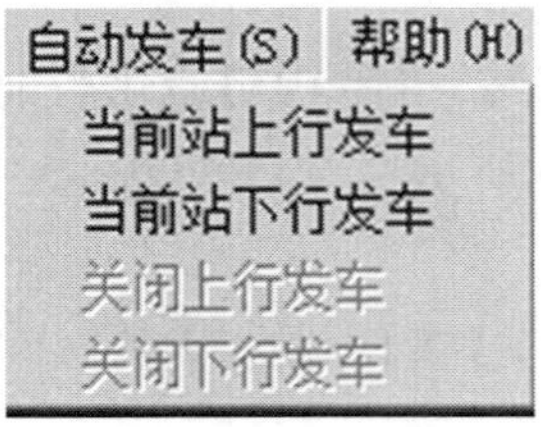

图 6-29 自动发车菜单

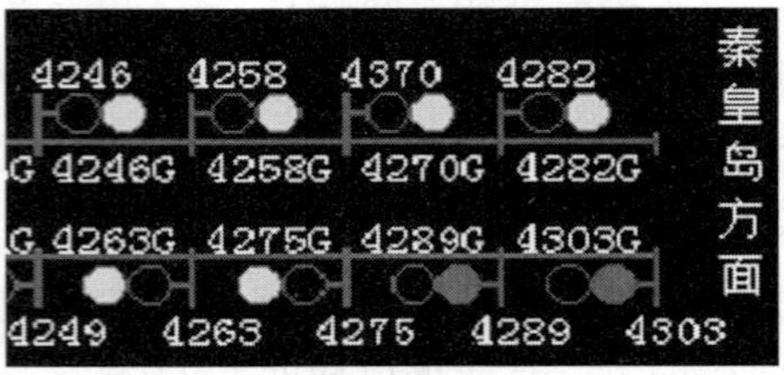

图 6-30 自动发车界面

(6)步骤六:道岔、信号机、区段单操

系统提供了道岔、信号机、区段的单操菜单,在对应的设备上单击右键,弹出设备操作菜单,根据菜单选择即可。注意:要将鼠标放置在对应的设备上方,才会弹出相应的修改菜单,如图 6-31、图 6-32 所示。

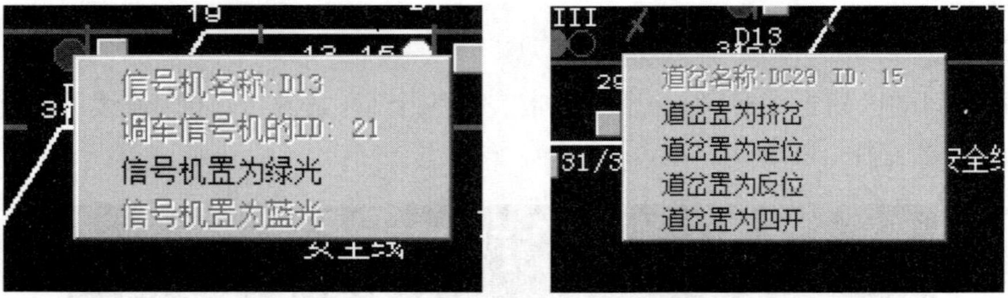

图 6-31 修改信号机状态

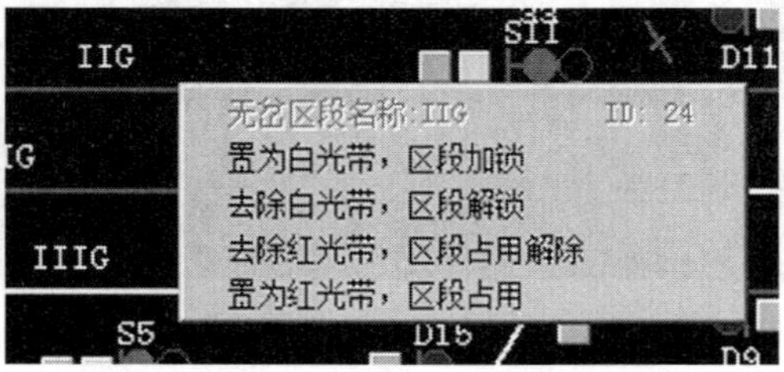

图 6-32 修改区段的状态

第三节 车站接发列车实验

一、实验目的

通过操作分散自律调度集中系统各子系统人机界面,掌握列车始发站发车、终点站接车及列车通过进路的办理。

二、实验原理

接发列车作业是车站办理列车由区间接入、向区间发出和通过所进行的作业，是列车运行不可缺少的重要环节。正确组织接发列车作业，对确保铁路线路畅通无阻，充分发挥铁路运输效能，完成铁路运输生产任务具有重大意义。

准备接、发列车近路列车在车站到达、出发或通过所需占用的一段站内线路，称为列车进路。接车进路是由进站信号机至接车线末端计算该线路有效长的警冲标或出站信号机之间的一段线路；发车进路是由列车前端至相对方向进站信号机（单线区段）或站界标（双线区段）之间的一段线路；通过进路是该列车通过线两段进站信号机或进站信号机至站界标之间的一段线路。

车务终端按照行车调度指挥系统下发的列车运行图阶段计划，办理接发车进路，联锁仿真机操纵、控制和监督道岔、进路和信号机，并实现它们之间联锁关系，配合车务终端完成车站控制模式的转换、模拟列车的始发及终到。

三、实验任务

1. 行车调度指挥系统

绘制并下达列车运行调整计划至各车站：

(1)在当前时间线 10 min 后加开临客 L61 从电信培训站到化稍营、L63 从化稍营到下庄、L65 从下庄到迁西、L67 从迁西到卢龙北共计四列下行列车。

(2)在当前时间线 30 min 后加开临客 L69 从电信培训站发车，L69 经化稍营、下庄、迁西三站均停车 5 min，最后在卢龙北停车。

(3)在当前时间线 30 min 后加开临客 L60 从卢龙北发车，L60 经迁西、下庄、化稍营三站均不停车直接通过，最后在电信培训站停车。

要求绘制运行图时各列车在站间运行时间均为 10 min，调整进路图区各趟列车接发进路均为正线股道。

2. 控制工作站

实时监控各车次列车在各车站接发车运行情况，对全线列车进路进行补充控制，协助调度员指挥各车站接发车顺序，尽量避免晚点现象。

3. 车务终端

按照行车调度指挥系统下发的列车运行图阶段计划，办理接发车进路等，完成列车进站、停站、出站、通过等操作。

要求对所有接发列车均以人工方式手动办理进路。

4. 联锁仿真系统

设置各车站工作于多站联机工作模式、站内自动走车时间间隔为 4 s、区间自动走车时间间隔为 2 s。配合各车务终端，完成车站控车模式的转换、模拟列车的始发及终到。

车站接发列车实验示意图如图 6-33 所示。

四、实验步骤

实验中各个车站工作于多站联机模式并开启自动走车，由行车调度指挥系统下达行车计划和命令。各车站根据本站接收到的行车计划进行接发列车。

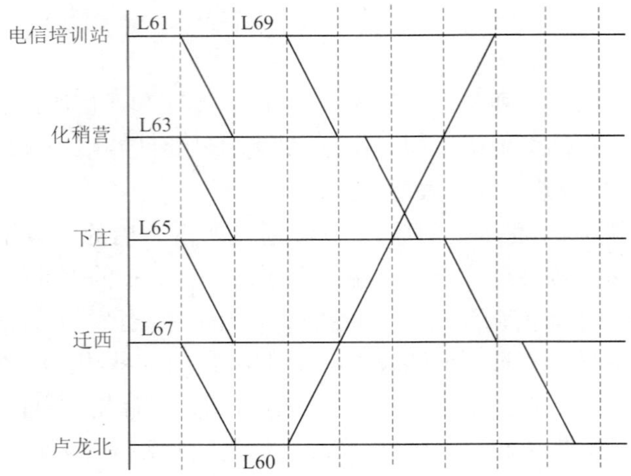

图 6-33 车站接发列车实验运行示意图

1. 任务一:行车调度指挥系统下达列车运行调整计划

运行图如图 6-34 所示。

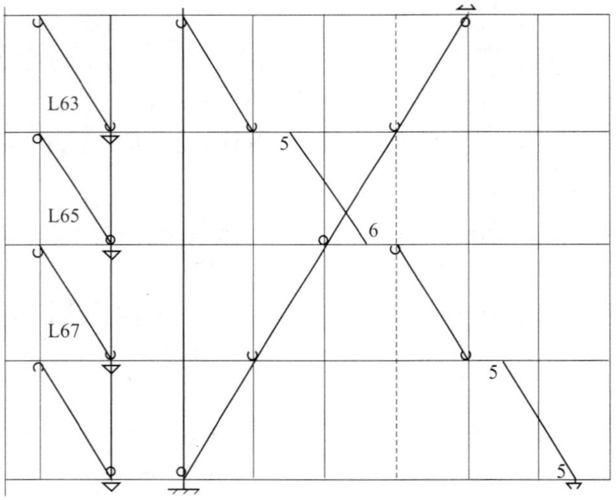

图 6-34 车站接发列车运行图

2. 任务二:各车务终端按照 CTC 下发的列车运行图命令进行相关实验操作

步骤一:设置各车站联锁仿真机相关参数。

通过各联锁仿真机,重新初始化当前站,关闭站内自动走车、关闭区间自动走车,配置多站工作模式、设置站内行车间隔 2 s、站间行车间隔 1 s,如图 6-35 所示。

步骤二:列车车次添加及发车进路办理。电信培训站加开临客 L61,化稍营站加开临客 L63,下庄站加开临客 L65,迁西站加开临客 L67。

(1)电信培训站接到列车运行计划后,参考联锁实验一取消自动排列进路模式,改为手动办理,设置联锁仿真为自动走车模式;在非常站控模式下由联锁仿真系统添加红光带于ⅡG,自律模式下添加车次实现加开 L61 次列车,顺序按压按钮 1(进路始端按钮)、按钮 2(进路终端按钮)、按钮 3(办理进路按钮)办理ⅡG 正线发车进路,如图 6-36 所示。

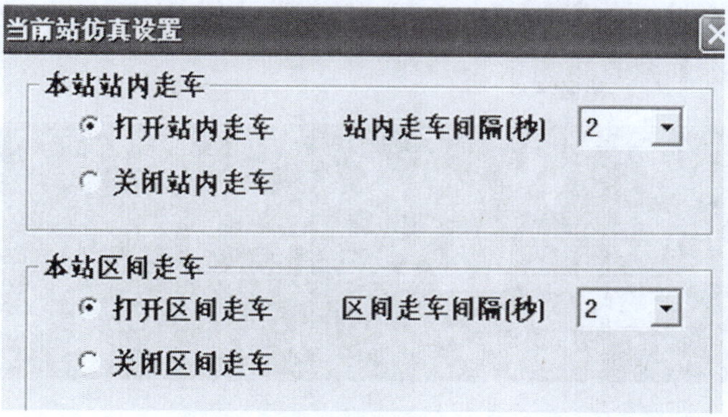

图 6-35　站间及站行车时间间隔配置

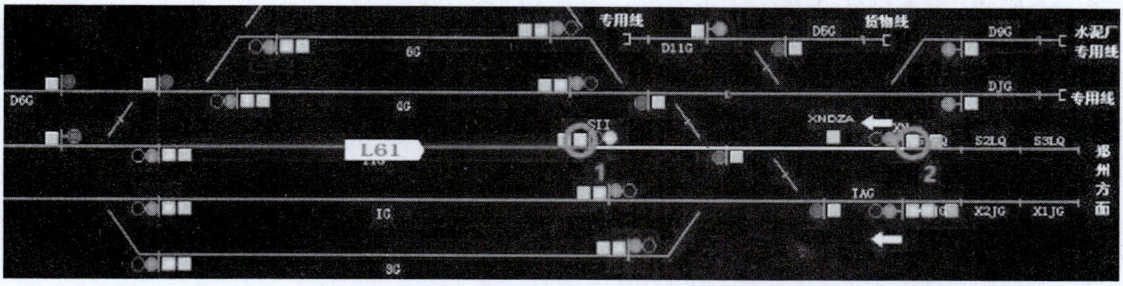

图 6-36　电信培训站发送列车

(2)相同方式在化稍营站ⅡGA 股道加开列车 L63，办理 L63 发车进路；在下庄站ⅡG 股道加开列车 L65，办理 L65 发车进路；在迁西站ⅡGB 股道加开列车 L67，办理 L66 发车进路。

步骤三：列车接车进路的办理。待各车次列车行驶至目标车站后(其中列车在化稍营与电信培训站间以驶出本站区间为依据，以告知方式通知对方可以进行接站实验)，在化稍营站办理 L61 次列车接车进路，在下庄站办理 L63 次列车接车进路，在迁西站办理 L65 次列车接车进路，在卢龙北站办理 L67 次列车接车进路。

(1)化稍营站需等待电信培训站通知可以进行接车后方可进行此步骤。在化稍营站的电信培训站来车方向自行添加 L61 次列车，顺序按压按钮 1(进路始端按钮)、按钮 2(进路终端按钮)、按钮 3(办理进路按钮)办理ⅡGA 正线接车进路，如图 6-37 所示。

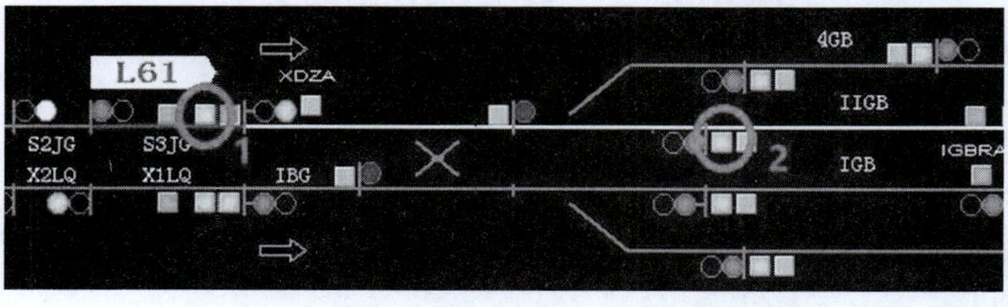

图 6-37　化稍营站接车进路办理

(2)在下庄站，顺序按压按钮 1(接车进路始端按钮)、按钮 2(接车进路终端按钮)、按钮 3

(延续进路终端按钮)、按钮 4(办理进路按钮)办理 L63 次列车ⅡG 正线接车进路,等待 L63 次列车从化稍营站开来,如图 6-38 所示。

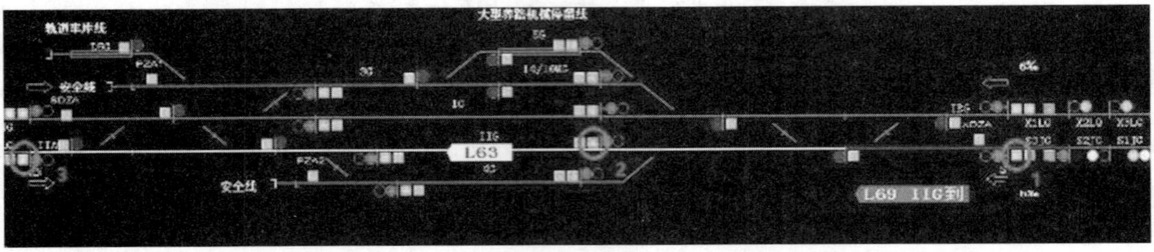

图 6-38 下庄站接车进路办理

(3)在迁西站、卢龙北站,参考下庄站,依次实现 L65、L67 次列车的正线接车进路的办理。

步骤四:L69 次列车接发车及停车实验

(1)在电信培训站ⅡG 股道实现 L69 次列车的正线发车。

(2)在化稍营站ⅡGB 实现 L69 次列车的正线接车,停车 5 min。在下庄站ⅡG实现 L68 次列车的正线接车,停车 5 min;在迁西站ⅡGA 实现 L69 次列车的正线接车,停车 5 min;在卢龙北站ⅡG 实现 L69 次列车的正线接车。

步骤五:L60 次列车接发车及直接通过实验

(1)在卢龙北站ⅡG 股道实现 L60 次列车的正线发车,在电信培训站实现 L60 次列车的正线接车。

(2)在迁西站顺序按压按钮 1(通过进路按钮)、按钮 2(正线发车进路终端信号按钮)、按钮 3(办理进路按钮)办理 L60 次列车直接通过进路,如图 6-39 所示。以相同的方式在下庄站、化稍营站办理列车直接通过进路。

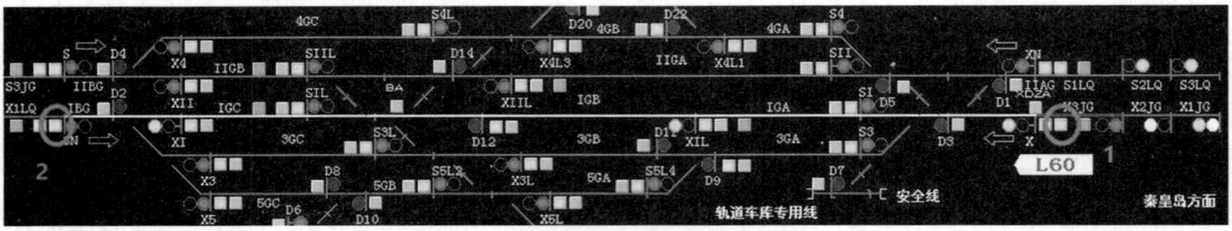

图 6-39 迁西站直接通过进路办理

第四节 站内调车作业实验

一、实验目的

通过操作 FZJ-CTC 型调度集中系统各子系统人机界面,实现调车作业实验,模拟学习有人站调车作业、无人站调车作业。

二、实验原理

调车作业除列车运行以外,机车车辆在站线或其他线路上进行一切有目的的移动。它是车站特别是技术站的重要生产活动。

调车作业按其目的可分为：

(1)解体调车：将到达或从作业地点取回的车列或车组按车辆的去向、车种、所装货物的性质(如有调中转车按列车编组计划组号、到卸重车按货物作业地点、不良车按检修地点、空车按车种等)分解到各制定线路内。

(2)编组调车：将车辆编成符合有关规定的车列。

(3)摘挂调车：为列车补轴、减轴、换挂车组或摘挂车辆。

(4)取送调车：为装卸货物、检修车辆、车辆洗刷消毒、罐车清洗、冷藏车加冰加盐、牲畜车上水上料等目的向作业地点送车和从作业地点取回车辆。

(5)其他调车：以上 4 项作业以外的调车，如机车出、入段，车辆或车组转场，货车检衡，整理车场等。调车作业按作业范围又分为站内调车和越出站界调车。按调车所用设备分为牵引出线调车和驼峰调车。

站内调车作业属于编组调车，根据运行计划将列车调至相应股道，修改车次号。

三、实验任务

(一)行车调度指挥系统

绘制并下达列车运行调整计划至各车站，在绘制运行图时列车在站间运行时间、站内调停车时间均为 10 min：

1. 电信培训站←→化稍营(正线ⅡGB→X3JG→ⅠGA)

要求在当前时间线 10 min 后加开临客 L1061 从电信培训站到化稍营，L1061 在电信培训站正线发车，到达化稍营后，接车入ⅡGB，由化稍营车务终端办理调车作业，将 L1061 由ⅡGB 牵出至 X3JG，然后再接入至ⅠGA，将车次号 L1061 改为 L1062 由化稍营正线发车至电信培训站，最终 L1062 在电信培训站正线停车。

2. 化稍营←→下庄(正线 6‰→ⅡA→ⅠG 正线发车)

要求在当前时间线 10 min 后加开临客 L1063 从化稍营到下庄，L1063 在化稍营正线发车，到达下庄后，接车入带有延续进路的ⅡG，由下庄车务终端办理调车作业，将 L1063 由ⅡG 牵出至ⅡA，然后再牵入至ⅠG，将车次号 L1063 改为 L1064 由下庄正线发车至化稍营，最终 L1064 在化稍营正线停车。

3. 下庄←→迁西(4G 侧线→D4G→ⅠGB)

要求在当前时间线 10 min 后加开临客 L1065 从下庄到迁西，L1065 在下庄正线发车，到达迁西后，侧线接车入 4GB，由迁西车务终端办理调车作业，将 L1065 由 4GB 牵出至 D4G，然后再牵入至ⅠGB，将车次号 L1065 改为 L1066 由迁西正线发车至下庄站，最终 L1066 在下庄站正线停车。

4. 迁西←→卢龙北(正线ⅡG→ⅡAG→ⅠG)

要求在当前时间线 10 min 后加开临客 L67 从迁西到卢龙北，L67 在迁西正线发车，到达卢龙北后，正线接车入ⅡG，由助调控制工作站办理调车作业，将 L67 由ⅡG 牵出至ⅡAG，然后再牵入至ⅠG，将车次号 L67 改为 L68 由卢龙北正线发车至迁西，最终 L68 在迁西正线停车。

（二）控制工作站

实时监控各车次列车在各车站运行情况，对全线列车进路进行补充控制。负责办理卢龙北 L67 次列车的调车作业。

（三）车务终端

按照列车运行图阶段计划，办理接发车进路、调车作业等，完成列车进出站、调车作业等操作。要求所有操作均以人工方式手动办理进路。

（四）联锁仿真系统

设置各车站工作于多站联机工作模式、站内自动走车时间间隔为 4 s、区间自动走车时间间隔为 2 s。配合各车务终端，完成车站控车模式的转换、模拟列车的始发及终到。

站内调车作业实验示意图如图 6-40所示。

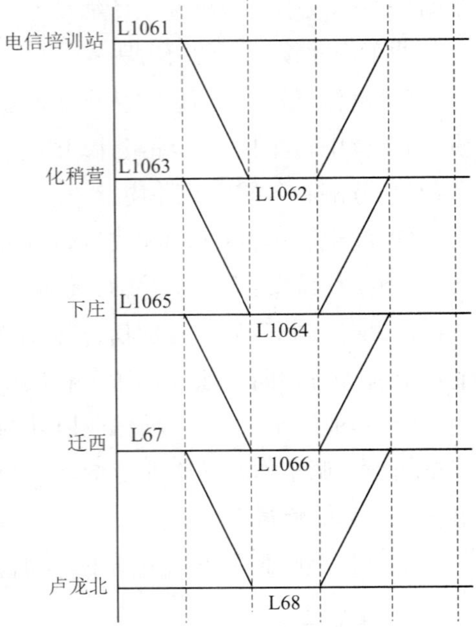

图 6-40　站内调车作业实验示意图

四、实验步骤

实验中各个车站工作于多站联机模式并开启自动走车，由行车调度指挥系统下达行车计划和命令。各车站根据本站接受到的行车计划进行接发列车。

（一）任务一：行车调度指挥系统下达列车运行调整计划

运行图如图 6-41 所示。

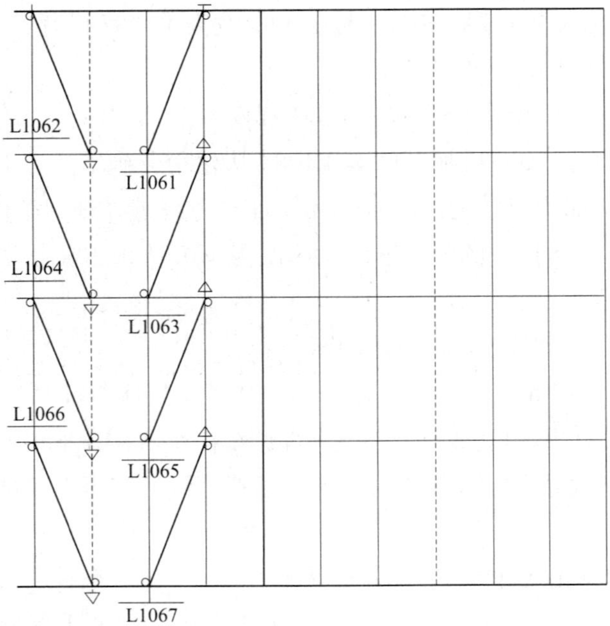

图 6-41　站内调车作业运行图

(二)任务二:各车务终端按照 CTC 下发的列车运行图进行调车作业实验

步骤一:电信培训站加开临客 L1061 办理正线发车进路,化稍营站加开临客 L1063 办理正线发车进路,下庄站加开临客 L1064 办理正线发车进路,迁西站加开临客 L67 办理正线发车进路。

步骤二:化稍营站接车进路、调车进路与发车进路的办理

1. 自律模式下,在化稍营站车务终端顺序按压按钮 1(进路始端按钮)、按钮 2(进路终端按钮)、按钮 3(办理进路按钮)手动办理 L1061 次列车在化稍营站ⅡGB 接车进路,如图 6-42 所示。

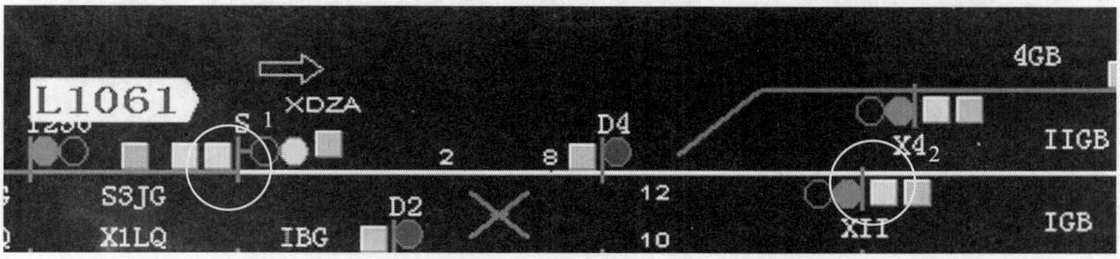

图 6-42　化稍营站ⅡGB 接车进路办理

2. 在化稍营站车务终端顺序按压按钮 1(调车进路始端信号按钮)、按钮 2(调车进路终端信号按钮)、按钮 3(办理进路按钮)将 L1061 由ⅡGB 牵出至 X3JG,如图 6-43 所示;

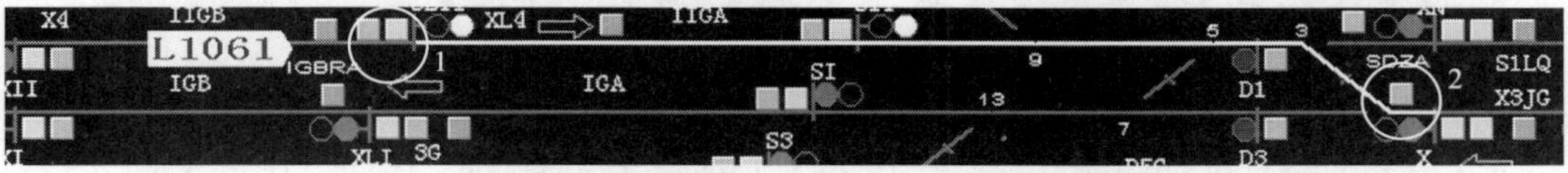

图 6-43　化稍营站ⅡGB 调车牵出进路办理

3. 在化稍营站车务终端顺序按压按钮 1(列车进路始端信号按钮)、按钮 2(列车进路终端信号按钮)、按钮 3(办理进路按钮)将 L1061 由 X3JG 接入至ⅠGA,如图 6-44 所示。

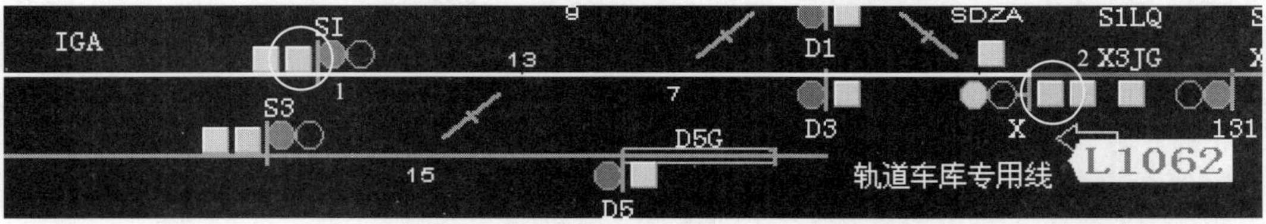

图 6-44　化稍营站ⅠGA 列车接入进路办理

4. 在化稍营站车务终端更改 L1061 次车次号为 L1062,顺序按压按钮 1(进路始端按钮)、按钮 2(进路终端按钮)、按钮 3(办理进路按钮)手动办理 L1062 次列车在化稍营站ⅠGA 正线发车进路,如图 6-45 所示。

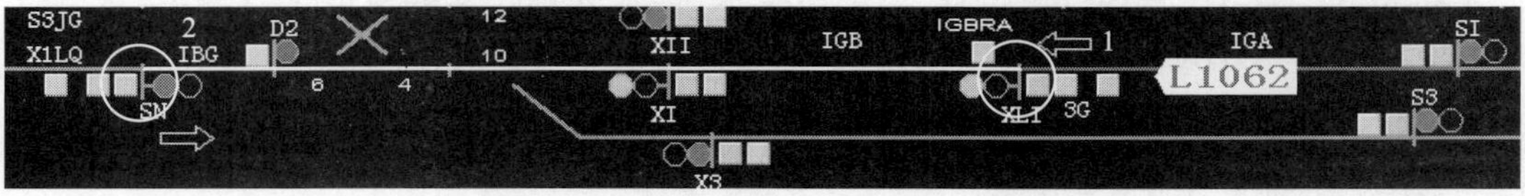

图 6-45　化稍营站ⅠGA 正线发车进路办理

步骤三:参考化稍营站接车进路、调车进路与发车进路的办理,按照实验要求实现下庄站、迁西站接车进路、调车进路与发车进路的办理。

步骤四:卢龙北站接车进路、调车进路与发车进路的办理

1. 自律模式下,在卢龙北站车务终端手动办理 L67 次列车在ⅡG 正线接车进路。

2. 参考实验一,通过中心控制工作站,编辑调车作业单、调车作业计划,查看调车作业进路,将 L67 由ⅡG 牵出至ⅡAG,然后再牵入至ⅠG,通过中心控制工作站手动实现调车作业进路的办理,如图 6-46 所示。

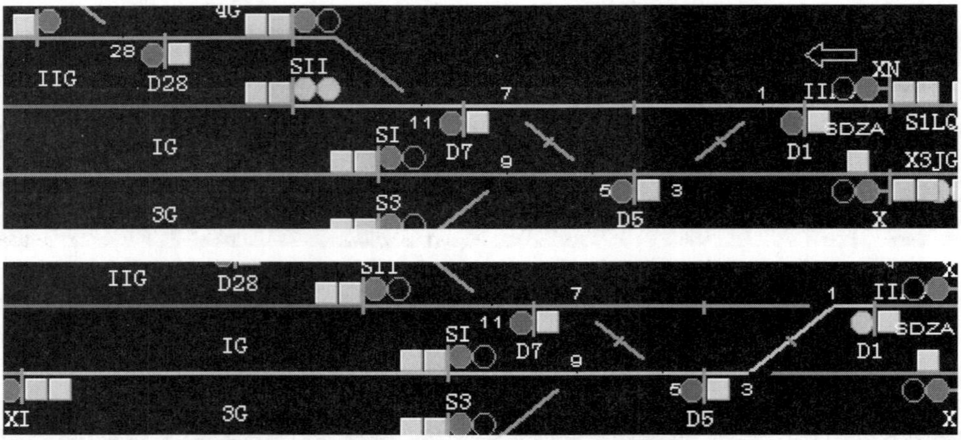

图 6-46 控制工作站调车作业进路预览

3. 在卢龙北站车务终端改 L67 次车次号为 L68,手动办理 L68 次列车在卢龙北站ⅠG 正线发车进路。

步骤五:在迁西站实现 L68 次列车终到侧线接车、在下庄站实现 L1066 次列车终到侧线接车、在化稍营站实现 L1064 次列车终到侧线接车,在电信培训站实现 L1062 次列车终到侧线接车。

第五节 列车超车实验

一、实验目的

通过操作 FZJ-CTC 型调度集中系统各子系统人机界面,实现列车在各站间交替超车与交会实验。

二、实验原理

分散自律就是基于现代计算机技术、网络技术、信息处理技术和智能化软件,实现以日班计划、列车运行调整计划为主轴和框架,将列车运行调整计划下传到各个车站自律机中自主执行;在列车运行调整计划的基础上,解决列车作业与调车作业在时间和空间上的冲突,实现列车和调车作业的统一控制。

列车超车就是根据超车计划绘制运行图,通过列车是否停站实现超车。

三、实验任务

（一）行车调度指挥系统

绘制并下达列车运行调整计划至各车站：

1. 要求在当前时间线 10 min 后加开临客 L61、20 min 后加开临客 L63，两列车均从电信培训站发车，L61 到化稍营后侧线停车 15 min，L63 在化稍营不停车直接通过；待 L63 到下庄后侧线停车 15 min，L61 在下庄不停车直接通过；待 L61 到迁西后侧线停车 15 min，L63 在迁西不停车直接通过；最终 L63 侧线停车于卢龙北，L61 正线停车于卢龙北。列车在各站间运行时间均为 10 min。

2. 要求在当前时间线 10 min 后加开临客 L62、20 min 后加开临客 L64，两列车均从卢龙北发车，L62 到迁西后侧线停车 15 min，L64 在迁西不停车直接通过；待 L64 到下庄后侧线停车 15 min，L62 在下庄不停车直接通过；待 L62 到化稍营后侧线停车 15 min，L64 在化稍营不停车直接通过；最终 L64 侧线停车于电信培训站，L62 正线停车于电信培训站。列车在各站间运行时间均为 10 min。

（二）控制工作站

实时监控各车次列车在各车站运行情况，对全线列车进路进行补充控制。

（三）车务终端

按照列车运行图阶段计划，办理接发车进路、调车作业等，完成列车进出站、调车作业等操作。要求所有操作均以人工方式手动办理进路。

（四）联锁仿真系统

设置各车站工作于多站联机工作模式、站内自动走车时间间隔为 4 s、区间自动走车时间间隔为 2 s。配合各车务终端，完成车站控车模式的转换、模拟列车的始发及终到。

四、实验步骤

实验中各个车站工作于多站联机模式并开启自动走车，由行车调度指挥系统下达行车计划和命令。各车站根据本站接受到的行车计划进行接发列车。

（一）任务一：行车调度指挥系统下达列车运行调整计划

运行图如图 6-47 所示。

（二）任务二：各车务终端按照 CTC 下发的列车运行图进行超车作业实验

步骤一：电信培训站加开临客 L61 办理正线发车进路，10 min 后再加开临客 L63 办理正线发车进路；卢龙北站加开临客 L62 办理正线发车进路，10 min 后再加开临客 L64 办理正线发车进路。

步骤二：化稍营站办理超车作业

1. 自律模式下，在化稍营站车务终端顺序按压按钮 1（进路始端按钮）、按钮 2（进路终端按钮）、按钮 3（办理进路按钮）手动办理 L61 次列车在 4GA 侧线接车进路，如图 6-48 所示。

2. 在化稍营站顺序按压按钮 1（通过进路按钮）、按钮 2（正线发车进路终端信号按钮）、按钮 3（办理进路按钮）办理 L63 次列车直接通过进路，如图 6-49 所示。

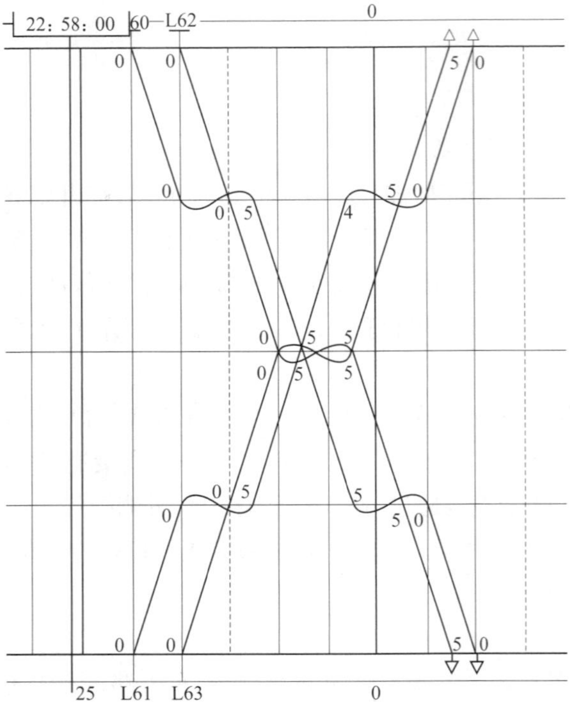

图 6-47 列车超车运行图

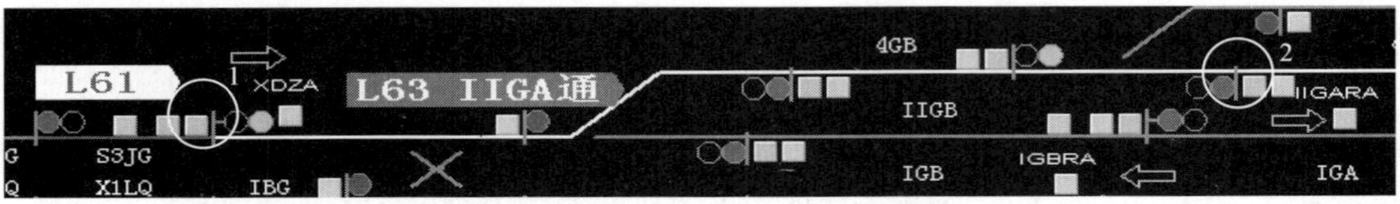

图 6-48 化稍营侧线接车进路办理

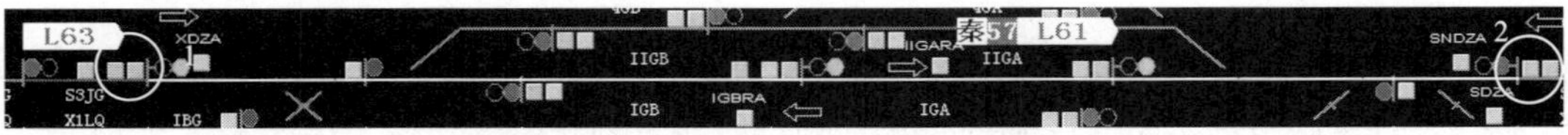

图 6-49 化稍营站列车直接通过进路办理

3. 待 L63 次列车进入区间后,顺序按压按钮 1(进路始端按钮)、按钮 2(进路终端按钮)、按钮 3(办理进路按钮)手动办理 L61 次列车在 4GA 侧线发车进路,如图 6-50 所示。

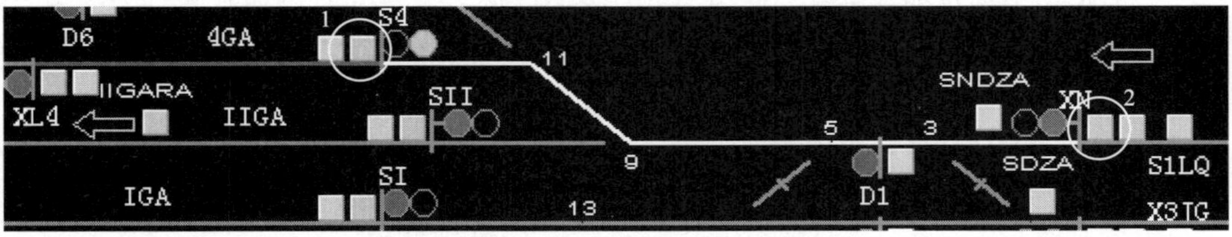

图 6-50 化稍营侧线发车进路办理

步骤三:迁西站办理超车作业,具体步骤参考步骤二进行。

步骤四:在下庄站办理 L61 次列车上行超过 L63 次列车,在下庄站办理 L62 次列车下行超过 L64 次列车,具体步骤参考步骤二进行。

步骤五:在迁西站办理 L63 次列车上行超过 L61 次列车,在化稍营站办理 L64 次列车下行超过 L62 次列车,具体步骤参考步骤二进行。

步骤六:卢龙北站依次办理 L63 次列车正线接车进路、L61 次列车侧线接车进路;电信培训站依次办理 L64 次列车正线接车进路、L62 次列车侧线接车进路。

第六节　列车组合与分解实验

一、实验目的

通过操作 FZJ-CTC 型调度集中系统各子系统人机界面,实现列车在不同车站的组合与分解实验。

二、实验原理

分散自律就是基于现代计算机技术、网络技术、信息处理技术和智能化软件,实现以日班计划、列车运行调整计划为主轴和框架,将列车运行调整计划下传到各个车站自律机中自主执行;在列车运行调整计划的基础上,解决列车作业与调车作业在时间和空间上的冲突,实现列车和调车作业的统一控制。

列车组合与分解就是将一条运行计划分解成两条或者将两条运行计划组合成一条。

三、实验任务

(一)行车调度指挥系统

绘制并下达列车运行调整计划至各车站:

1. 要求在当前时间线 10 min 后加开临客 L61、20 min 后加开临客 L63,两列车从电信培训站发车,L61 到化稍营后正线停车 10 min,等 L63 到达化稍营后组合成 L65 次列车再停车 5 min后从化稍营发车;待 L65 到下庄后正线停车分解成 L67、L69 次列车,5 min 后 L67 从下庄发车,15 min 后 L69 从下庄发车;待 L67 到迁西后正线停车 10 min,等 L69 到达迁西后组合成 L71 次列车再停车 5 min 后从迁西发车;最终 L71 正线停车于卢龙北。列车在各站间运行时间均为 10 min。

2. 要求在当前时间线 10 min 后加开临客 L62、20 min 后加开临客 L64,两列车从卢龙北发车,L62 到迁西后正线停车 10 min,等 L64 到达迁西后组合成 L66 次列车再停车 5 min 后从迁西发车;待 L66 到下庄后正线停车分解成 L68、L70 次列车,5 min 后 L68 从下庄发车,15 min后 L70 从下庄发车;待 L68 到化稍营后正线停车 10 min,等 L70 到达化稍营后组合成 L72 次列车再停车 5 min 后从化稍营发车;最终 L72 正线停车于电信培训站。列车在各站间运行时间均为 10 min。

(二)控制工作站

实时监控各车次列车在各车站运行情况,对全线列车进路进行补充控制。

(三)车务终端

按照列车运行图阶段计划,办理接发车进路、调车作业等,完成列车进出站、调车作业等操作。要求所有操作均以人工方式手动办理进路。

（四）联锁仿真系统

设置各车站工作于多站联机工作模式、站内自动走车时间间隔为 4 s、区间自动走车时间间隔为 2 s。配合各车务终端，完成车站控车模式的转换、模拟列车的始发及终到。

四、实验步骤

实验中各个车站工作于多站联机模式并开启自动走车，由行车调度指挥系统下达行车计划和命令。各车站根据本站接收到的行车计划进行接发列车。

（一）任务一：行车调度指挥系统下达列车运行调整计划

运行图如图 6-51 所示。

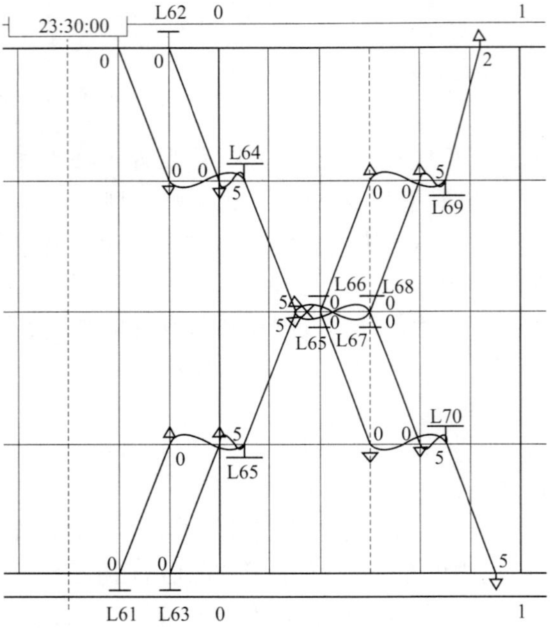

图 6-51 列车组合与分解运行图

（二）任务二：各车务终端按照 CTC 下发的列车运行图进行组合与分解作业实验

步骤一：电信培训站加开临客 L61 办理正线发车进路，10 min 后再加开临客 L63 办理正线发车进路；卢龙北站加开临客 L62 办理正线发车进路，10 min 后再加开临客 L64 办理正线发车进路。

步骤二：化稍营站先后排出 L61、L63 的接车进路，并将两车组合成 L65 次列车，稍后从化稍营发车。同时迁西站先后接 L62、L64 次列车，并在站内组合成 L66 次列车，稍后从迁西站发车。

1. 在化稍营站车务终端顺序按压按钮 1（进路始端按钮）、按钮 2（进路终端按钮）、按钮 3（办理进路按钮）办理 L61 次列车侧线接车进路，如图 6-52 所示。

2. 在化稍营站车务终端顺序按压按钮 1（进路始端按钮）、按钮 2（进路终端按钮）、按钮 3（办理进路按钮）办理 L63 次列车正线接车进路，如图 6-53 所示。

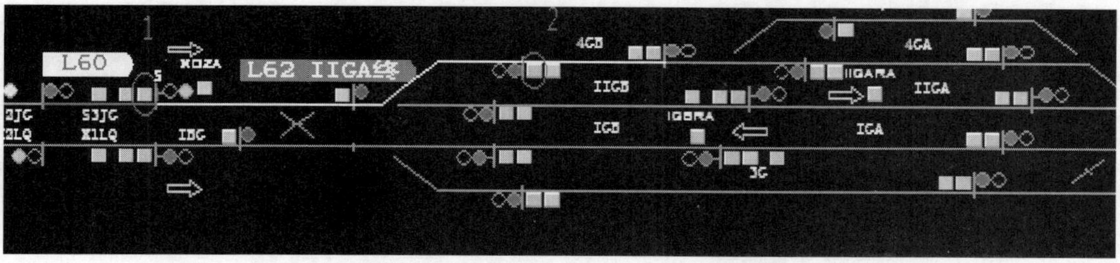

图 6-52　L61 次列车侧线接车进路

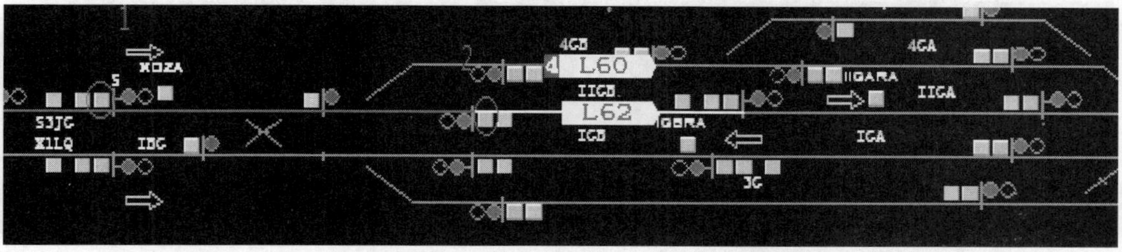

图 6-53　L63 次列车正线接车进路

3. 模拟列车组合过程；通过化稍营站联锁仿真机将车站子系统转换成非常站控模式，在联锁仿真机上取消 L61、L63 次列车车次号及轨道占用状态。并在正线ⅡGA 上设置轨道占用红光带，自律模式下添加车次号 L65，顺序按压按钮 1(进路始端按钮)、按钮 2(进路终端按钮)、按钮 3(办理进路按钮)办理 L65 次列车正线发车进路，如图 6-54 所示。

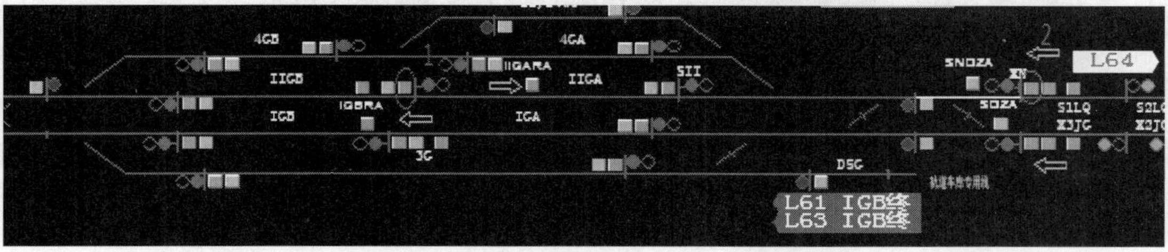

图 6-54　L65 次列车正线发车进路

4. 在迁西站以同样的办法将 L62 接入侧线停车，将 L64 接入正线停车。并取消 L62 和 L64 次列车车次号及轨道占用状态后，设置轨道占用红光带并输入车次号 L66，最后办理 L66 次列车正线发车进路。

步骤三：下庄站上行接车 L65，并将 L65 分解为 L67、L69 分别从正线和侧线上行方向发车；下行接车 L66，并将 L66 分解为 L68、L70 分别从正线和侧向下行方向发车。

1. 在下庄站车务终端顺序按压按钮 1(进路始端按钮)、按钮 2(进路终端按钮)、按钮 3(办理进路按钮)办理 L66 次列车ⅠG 正线接车进路，如图 6-55 所示。

2. 模拟 L66 次列车分解过程；通过化稍营站联锁仿真机将车站子系统转换成非常站控模式，在联锁仿真机上取消 L66 次列车车次号及轨道占用状态。并在正线ⅠG、3G 处分别设置轨道占用红光带，自律模式下依次添加车次号 L68、L70，即模拟将 L66 次列车分解为 L68 次、L70 次两趟列车，如图 6-56 所示。

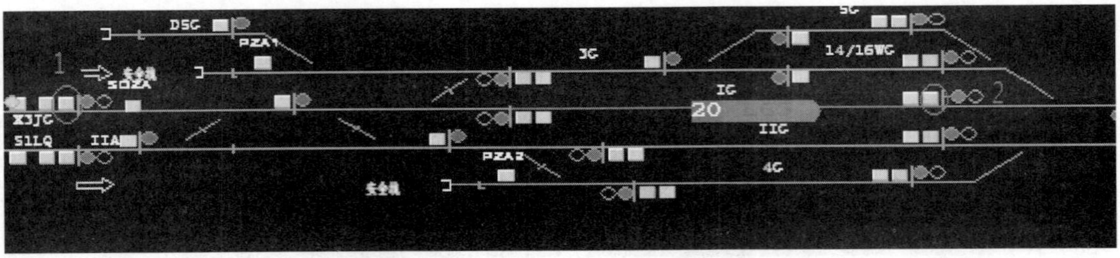

图 6-55　L66 次列车正线接车进路

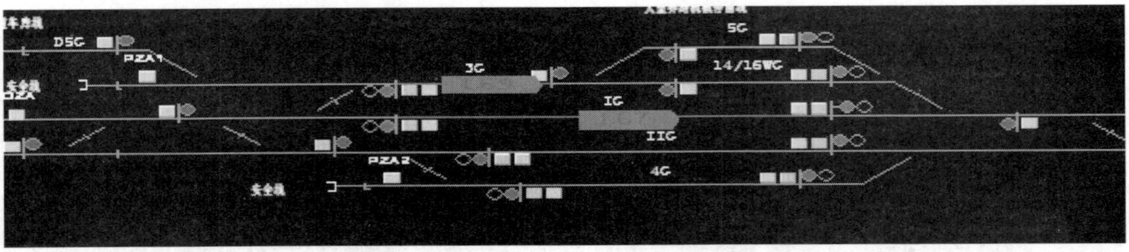

图 6-56　L66 次列车分解

3. 在下庄站车务终端顺序按压按钮 1（进路始端按钮）、按钮 2（进路终端按钮）、按钮 3（办理进路按钮）办理 L65 次列车ⅡG 正线接车进路，如图 6-57 所示。

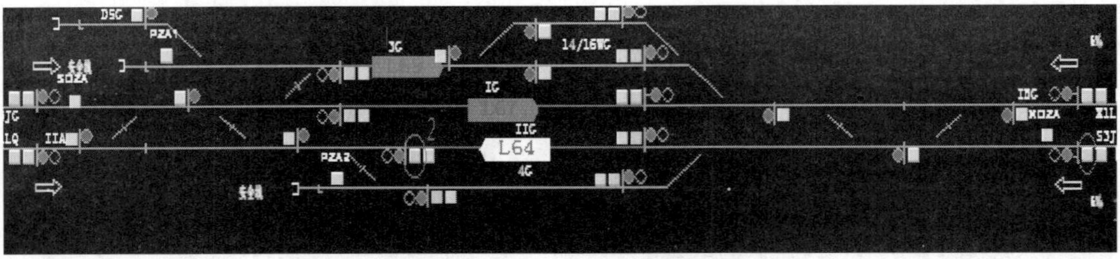

图 6-57　L65 次列车正线接车进路

4. 模拟 L65 次列车分解过程；通过化稍营站联锁仿真机将车站子系统转换成非常站控模式，在联锁仿真机上取消 L65 次列车车次号及轨道占用状态。并在正线ⅡG、4G 处分别设置轨道占用红光带，自律模式下依次添加车次号 L67、L69，即模拟将 L65 次列车分解为 L67 次、L69 次两趟列车，如图 6-58 所示。

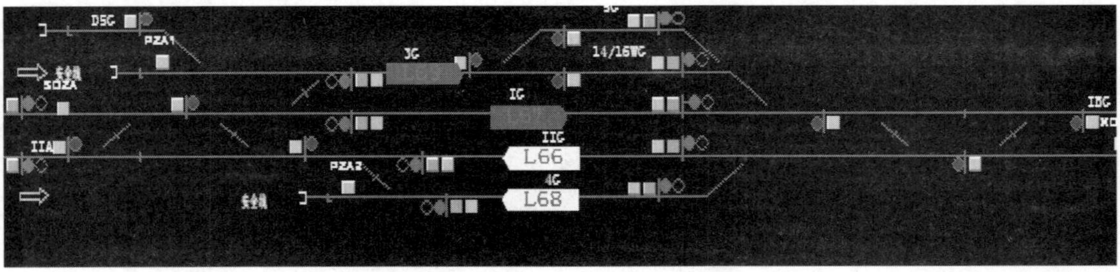

图 6-58　L65 次列车分解

5. 下庄站首先办理 L67 次列车正线上行发车进路、L68 次列车正线下行发车进路；待上下行正线发车进路解锁后，即 L67、L68 次列车已经驶入区间后，办理 L69 次列车侧线上行发车进路、L70 次列车侧线下行发车进路。

步骤四：化稍营站先后排出 L68、L70 的接车进路，并将两车组合成 L72 次列车，稍后从化稍营发车。同时迁西站先后接 L67、L69 次列车，并在站内组合成 L71 次列车，稍后从迁西站发车，具体步骤步骤二进行。

步骤五：卢龙北站办理 L71 次列车正线接车进路；电信培训站办理 L72 次列车正线接车进路。

第七章　计算机联锁实验

第一节　计算机联锁系统概述

计算机联锁系统以色灯信号机、动力转辙机和轨道电路作为室外三大基础设备，以电气和电子设备采集轨道区段、信号及道岔等设备的状态并控制信号机点灯和道岔转辙机转换位置。本章的实验将通过JD-1A型计算机联锁仿真系统让读者了解掌握计算机联锁的工作方式。

区间：为保证行车安全和铁路线路必要的通过能力，把铁路线路分成若干个长度不等的段落，每一段线路叫做一个区间。

闭塞：闭塞就是用信号或凭证，保证列车按照空间间隔制运行的技术方法。分为站间闭塞和自动闭塞两大类。从闭塞制式的角度来看，装备列车运行控制的自动闭塞可以分为三类：固定闭塞、准移动闭塞、移动闭塞。

信号系统室外三大设备：信号机、转辙机、轨道电路。

信号机：信号机按用途可以分为进站、出站、通过、进路、预告、接近、遮断、驼峰、驼峰辅助、复示、调车信号机。在城际铁路系统中，一般安装在线路左侧。

转辙机：依据供电的不同，电动转辙机可分为直流转辙机和交流转辙机两大类。常见的直流转辙机主要是ZD6系列；交流转辙机一般采用三相电源，有S700K、ZYJ9。

轨道电路：常见的有移频轨道电路及相敏轨道电路两大类。ZPW-2000系列设备是移频轨道电路的代表。25 Hz相敏轨道电路是一种适应铁路电气化抗干扰要求的轨道电路。

一、计算机联锁实验系统构成

北京交大车站计算机联锁控制实验系统是由交大微联科技有限公司研制的JD-1A，属于分布式计算机控制系统，其特点是分散控制、集中信息管理。系统包括人机对话层（也称操作表示层），联锁运算层、执行层。体系结构如图7-1所示。

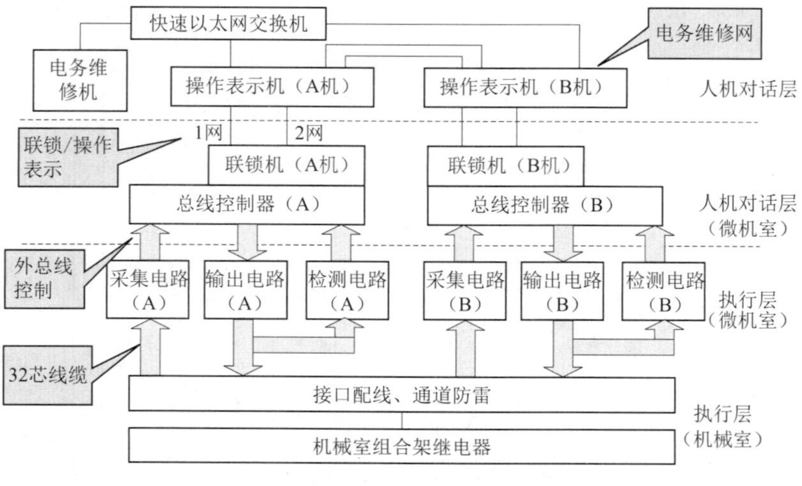

图7-1　JD-1A型计算机联锁系统体系结构图

(1)操作表示机。主要用于实现办理进路、站场信息显示和信息转发的功能。

(2)联锁机。主要用于接收操作表示机下发的操作命令、通过输入接口采集站场状态、进行联锁运算、根据运算结果,通过输出接口电路控制组合架继电器动作、将站场状态信息、提示信息、故障信息等传送给操作表示机等。

(3)接口电路用于采集组合架继电器状态,驱动组合架继电器动作。

(4)接口配线、通道防雷。从组合架室内分线盘到计算机联锁电路间通过 32 芯电缆相连,在连接之间加装有通道防雷器件。

(5)电务维修机。维修机通过电务维修网与操表机相连。

二、计算机联锁实验系统开启与关闭说明

1. 系统开启步骤

(1)开启各联锁机柜后面的 AC 220 V 空气开关。

(2)顺序打开 A、B 电源箱的 5 V、12 V、32 V 电源开关。

(3)打开运转室设备电源。

(4)打开 A、B 各计算机电源。

(5)打开操作表示切换单元 24 V 电源开关。

2. 系统关闭步骤

(1)关闭维修机电源。

(2)关闭 A、B 各计算机电源。

(3)关闭 A/B 电源箱的 5 V、12 V、32 V 电源开关。

(4)关闭各联锁机柜内 AC 220 V 电源开关。

(5)关闭操作表示切换机单元 24 V 的电源。

(6)关闭运转室设备电源。

3. 操表机运行前提

登录维修机运行仿真界面,输入密码。用鼠标单击某个区段可实现轨道区段占用和空闲。如果操表机上已办理出进路,可在维修机上点击自动走车,观察列车的运行情况以及进路解锁情况。

三、实验设备

实验设备有:计算机联锁 A/B 机 JD-1A、继电器采集板 JD-1A、直流转辙机 ZD6、计算机联锁维修机、计算机联锁操作机、计算机联锁仿真机,实验系统如图 7-2 所示。

图 7-2　计算机联锁实验系统

四、实验报告要求

1. 按照实验指导书的格式简述实验目的、实验原理、实验任务。
2. 详细列表、图示记录并分析每一项实验任务的具体实验结果。

第二节　系统基本操作实验

一、实验目的

通过操作车站计算机联锁实验系统操表机、电务维修机、实验教学演示机，了解车站计算机联锁系统基本构成、掌握操表机站场图操作界面、掌握电务维修机站场仿真系统与实验教学演示机站场仿真系统的切换。

二、实验原理

本实验所使用的计算机联锁系统是由交大微联公司研制生产 JD-1 型计算机联锁系统。此系统无论是操作按钮还是选取菜单框，都是通过操纵鼠标实现的。当要操作某一按钮时，首先移动桌面上的鼠标，将屏幕上的箭头形光标移动到所要操作的按钮上。当按钮作用区内出现手形符号时，再点击鼠标左键，即相当于按压了该按钮。根据相关技术条件，本系统遵循顺序按压两个或两个以上的按钮才能形成操作命令的原则。如果操作不符合本手册规定的操作顺序(不会引起联锁失效)，屏幕上将给出相应的提示，提醒操作者及时取消错误或无效的操作。

屏幕上的信息显示方式大致分为两大类：一类是自动显示的，另一类是人工检索的。有关进路、道岔和信号的信息能直观、及时和形象化地显现出来，例如站场图中的许多信息。有些不经常发生或不经常变化的信息则在信息柜(屏幕最下一列的信息提示框)中自动显示出来。为了使屏幕简明清晰起见，有些信息，如道岔名、轨道区段名等，需以鼠标点击相应的菜单框才能显示出来。

三、实验任务

1. 掌握车站计算机联锁实验系统设备构成及开关机顺序(讲解)；
2. 掌握车站计算机联锁实验系统初次上电后区故解操作；
3. 掌握电务维修机仿真系统的启动及车站控制模式的转换；
4. 掌握轨道区段占用、出清及车次号添加；
5. 观察并掌握 19 号道岔的定位、反位、单锁、单解、单封、解封操作及现象；

四、实验步骤

1. 实验教学演示机站场模拟系统的运行

学生通过运行车站计算机联锁系统实验教学演示机站场模拟系统，模拟室外站场环境，进而掌握联锁系统室内外设备构成及系统工作原理。

为了保证系统安全，系统初次上电或系统故障重启后再上电后，全站所有轨道区段均处于锁闭状态，学生需要对锁闭的轨道区段进行区故解，进而了解安全的理念。

步骤一：运行实验教学演示机站场模拟系统。

(1)将计算机联锁系统 A、B 机柜的钥匙选择“联锁”模式，如图 7-3 所示。

(2)运行实验教学演示机站场模拟系统，选择 XGDJ、SNFJ-H选择框，如图 7-4 所示。

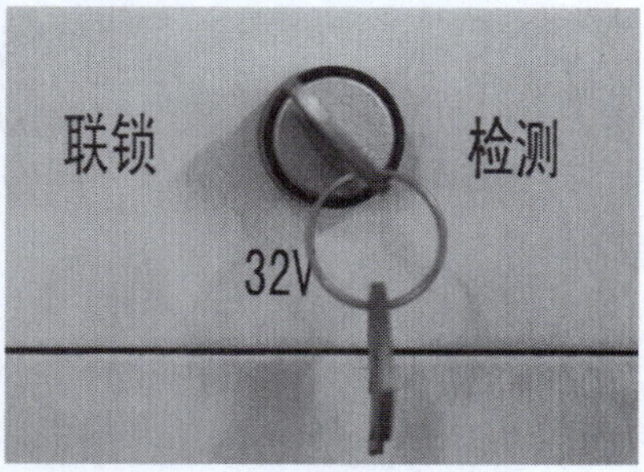

图 7-3　“联锁”模式选择

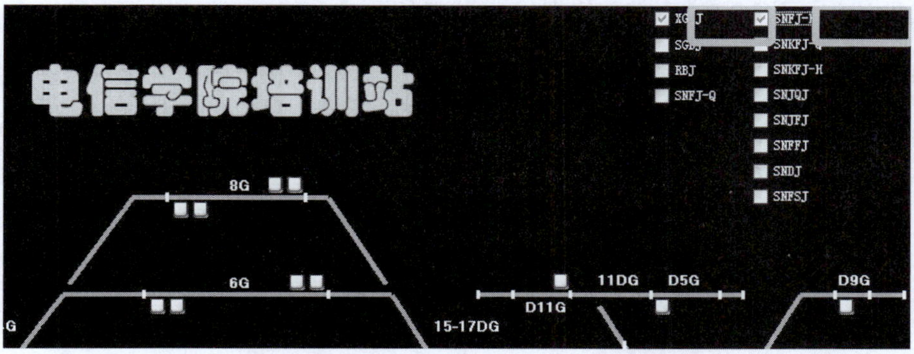

图 7-4　实验教学演示机站场模拟系统

步骤二：系统初次上电后轨道区段锁闭解锁。

操作：区故解按钮＋输入口令(123)＋待解锁的区段按钮，如图 7-5 所示为 1-19DG 区故解的过程。

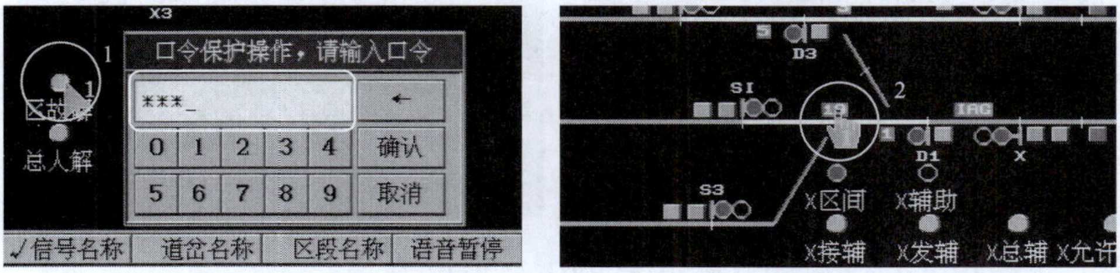

图 7-5　系统初次上电 19DG 区故解过程

备注：在连续解锁多个区段的情况下，除了解除第一个区段时需按上述操作外，解锁其他区段只需点击“区故解”和“区段名”按钮，而不需输入口令码，以便提高操作效率。

步骤三：除 19 号道岔外将所有道岔置于定位状态，如图 7-6 所示为 15 号道岔的定位操作过程，其他道岔定位操作参考本步骤。

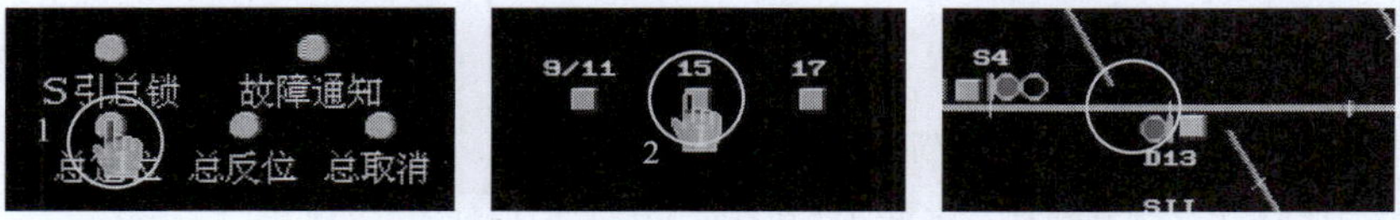

图 7-6　15 号道岔的定位操作过程

备注:实验教学演示机仅能模拟站场环境中的轨道占用与出清信息,暂不能模拟道岔的定反位信息,因此系统启动后,联锁机除了采集到19号真实道岔信息外,采集不到其他道岔状态信息,因此操表机上的道岔出现闪烁状态,通过将除所有道岔置于定位状态来改变道岔闪烁的情况。

2. 车站控制模式的转换

通过操作车站自律模式与非常站控模式两种控制模式的转换,学生可以了解车站在不同控制模式下列车作业与调车作业控制权的归属及不同模式的应用场景。

步骤一:操作计算机联锁系统操作表示机,在允许转为自控的情况下,选择自律模式,输入口令123,此后作业控制权交由车务终端,如图7-7所示。

图7-7　车站选择自律模式

步骤二:选择非常站控模式,作业控制权交由联锁机。

3. 轨道区段占用、出清及车次号添加

通过实验教学演示机、联锁操表机、车务终端的配合,模拟实现轨道区段占用、出清及车次号添加,了解车站各系统协同工作的过程。

步骤一:通过实验教学演示机模拟系统在相应轨道上单击股道号实现添加和清除红光带,来模拟列车在轨道区段的占用与出清,如图7-8所示。

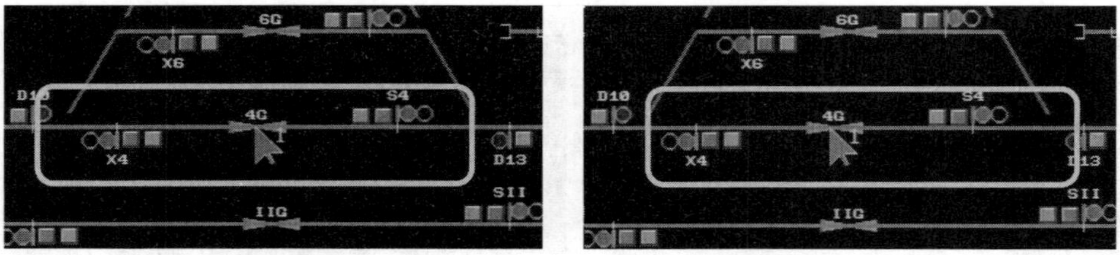

图7-8　轨道区段占用与出清

步骤二:车次号添加。

(1)操作实验教学演示机模拟系统,在站内4G模拟列车占用。

(2)电信培训站联锁机申请自律模式。

(3)点击电信培训站车务终端站内4G股道号,弹出车次号添加对话框,如图7-9所示,输入相应车次号,按"确认"键即可;同理可删除车次号并出清列车。

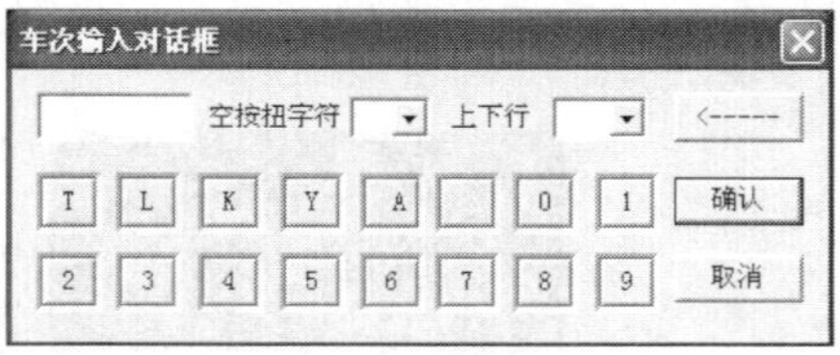

图7-9　车次号输入对话框

4. 道岔操作

通过操作实验教学演示机与联锁机,实现道岔定反位、单封、单锁、解封、解锁的操作,掌握道岔的常见操作及道岔转换过程中继电器的动作过程。

步骤一:运行实验教学演示机站场模拟系统。

步骤二:道岔的定位与反位操作,注意观察转辙机动作过程。

(1)19 号道岔的定位操作

操作:总定位按钮+道岔按钮,如图 7-10 所示。

显示:按压总定位按钮后,该按钮闪绿色。道岔转换到指定位置后,总定位按钮恢复暗灰色,道岔按钮呈绿色。

(2)19 号道岔的反位操作

操作:总反位按钮+道岔按钮,参考道岔定位操作。

备注:观察并记录 19 号道岔反位操作过程中按钮的颜色变化。

步骤三:19 号道岔的单锁及单解操作。

(1)19 号道岔的单锁

操作:单锁按钮+道岔按钮,如图 7-11 所示。

显示:按压单锁按钮后该按钮呈绿闪,线路上相应道岔处出现红圆点,道岔名称呈红色,单锁按钮恢复原色。

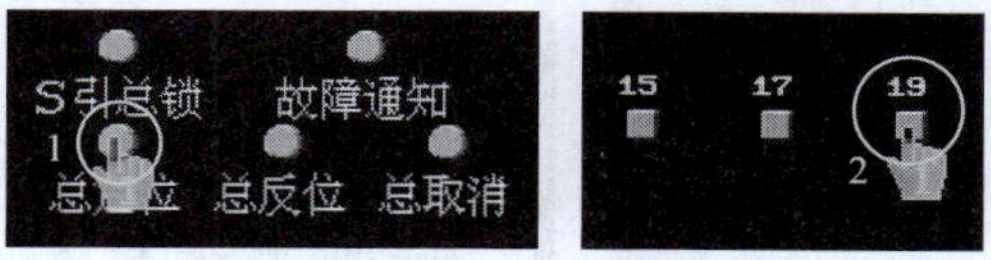

图 7-10 19 号道岔定(反)位操作

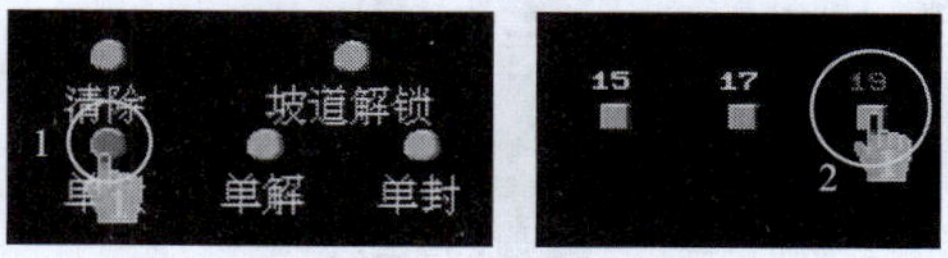

图 7-11 19 号道岔单锁操作

(2)19 号道岔的单解

操作:单解按钮+道岔按钮,参考道岔单锁操作。

备注:观察并记录 19 号道岔单解操作过程中按钮的颜色变化。

步骤四:19 号道岔的单封及解封操作

(1)19 号道岔的单封

操作:单封按钮+道岔按钮,如图 7-12 所示。

显示:按压单封按钮后,该按钮闪蓝色。按压道岔按钮及线路中相应道岔处出现蓝色圆点后,道岔名称呈蓝色,单封按钮恢复原色。

(2)19 号道岔的解封

操作:解封按钮+道岔按钮,参考道岔单锁操作。

备注:观察并记录 19 号道岔解封操作过程中按钮的颜色变化。

5. 电务维修机仿真系统的运行

电务维修机仿真系统用于计算机联锁系统实验室研发阶段,用于测试联锁逻辑,保证联锁软件的正常工作。

步骤一:选择电务维修机站场仿真系统。

(1)将计算机联锁系统 A、B 机柜的钥匙选择“检测”模式,如图 7-13 所示。

(2)由于电务维修机站场仿真系统与实验教学演示机站场模拟系统不支持在线切换,此处需要重新启动联锁 A 与联锁 B 机,使系统进入电务维修机站场仿真环境。

图 7-12 19 号道岔单封操作

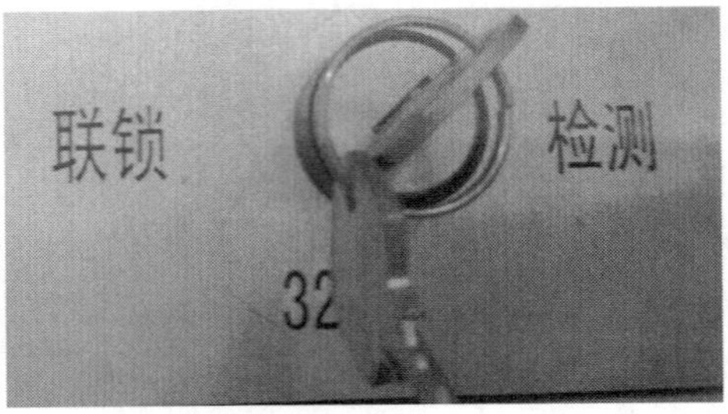

图 7-13 “检测”模式选择

(3)运行电务维修机站场仿真系统,输入密码 2002,如图 7-14 所示。

(4)设置仿真系统自动走车模式,如图 7-15 所示。

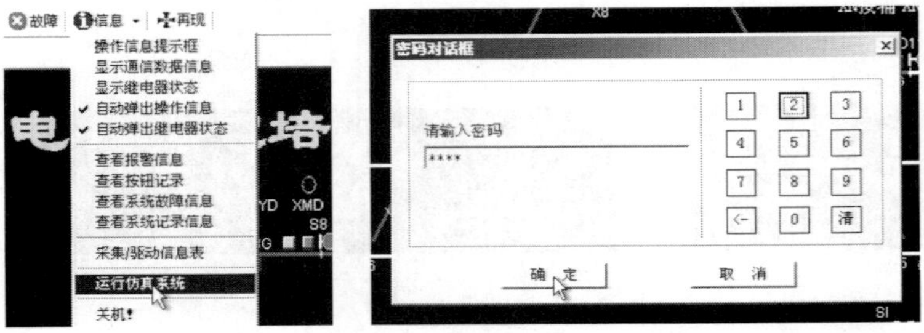

图 7-14 电务维修机站场仿真系统

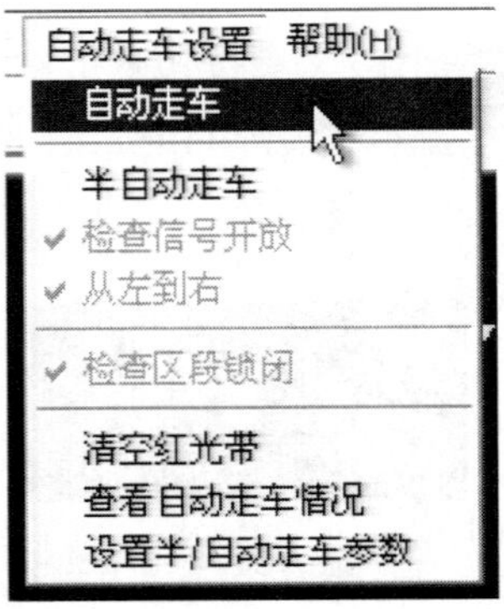

图 7-15 仿真系统自动走车设置

步骤二:系统初次上电后轨道区段锁闭解锁。

步骤三:重复实验任务 3 与实验任务 4,体验两种仿真与模拟环境的区别。

第三节 列车进路办理实验

一、实验目的

通过操作车站计算机联锁实验系统操表机、电务维修机,通过车站计算机联锁系统自律模式与非常站控模式的切换,配合分散自律调度集中系统完成接发车实验任务,同时掌握非常站控模式下列车进路的办理。

二、实验原理

1. 接发车基本进路的办理原则

(1)操作:进路始端信号按钮+进路终端信号按钮(对于接车进路来说,进路终端信号按钮实际上是接车股道反向出站信号复示器处的信号按钮)或专设的进路终端按钮。

(2)条件:符合联锁表要求。

(3)显示:按压始端按钮后,信号机名闪烁,进路建立过程中,屏幕显示出有关道岔的动作情况。进路建立成功，进路呈白色光带，信号名呈白稳。信号开放后，复示器给出相应显示。信号名消失，进路建立失败，屏幕提供相应的信息。

2. 通过进路的办理原则

(1)操作：通过进路按钮(在通过进路的始端)＋正线发车进路终端信号按钮或专设的进路终端按钮。

(2)条件：符合联锁表要求。

(3)显示：相当于同时排列接车进路和发车进路时的表示。

3. 带有延续进路的接车进路的办理原则

(1)操作：接车进路始端按钮＋接车进路终端按钮＋延续进路终端按钮(延续进路终端的列车、调车信号按钮，或专设的延续进路终端按钮)。

(2)条件：符合联锁表要求。

(3)显示：接车进路和延续进路的建立过程类似于基本进路。

4. 重复开放信号原则

(1)操作：进路始端信号按钮

(2)主要条件：信号因故关闭，但开放条件仍然满足。

(3)显示：信号复示器显示开放信号。

三、实验任务

1. 按照列调中心下达的接发车计划，完成 L61 次与 L69 次列车的发车任务。
2. 按照列调中心下达的接发车计划，完成 L60 次列车的接车任务。
3. 下行列车通过进路的办理。
4. 带有延续进路的下行列车接车进路的办理。
5. 重复开放信号的办理。

四、实验步骤

1. 接发车基本进路的办理

步骤一：L61 次列车的发车进路。

(1)在电信培训站ⅡG 添加 L61 次列车及其车次号，如图 7-16所示。

(2)取消列车进路—发车表中 L61 次列车自动触发方式，改为手动办理，如图 7-17 所示。

图 7-16　L61 次列车及车次号添加

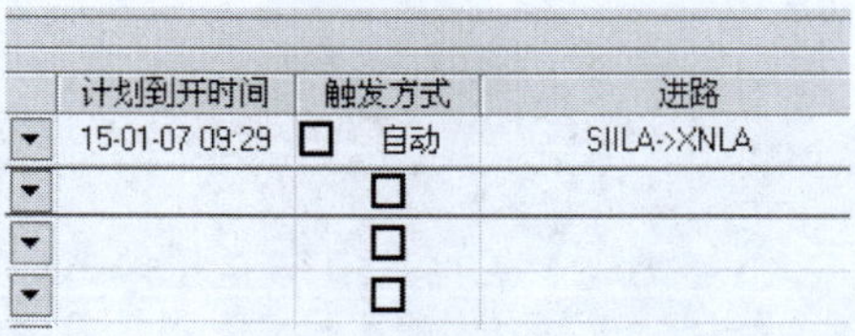

图 7-17　L61 次列车手动触发发车进路办理

(3)自律模式下，顺序按压电信培训站车务终端按钮 1(进路始端信号按钮)、按钮 2(进路终端信号按钮)，再点击办理进路按键，完成 L61 次列车基本发车进路的办理，如图 7-18 所示。

(4)设置电务维修机站场仿真系统为自动走车模式，观察列车发车过程，待列车驶入电信培训站区间后，人工通知化稍营站，可以进行 L61 次列车的接车工作。

步骤二：L69 次列车的发车进路。

参考 L61 次列车发车进路办理步骤，实现 L69 次列车发车进路的办理。

步骤三：L60 次列车的接车进路。

(1)取消列车进路—接车表中 L60 次列车自动触发方式，改为手动办理。

(2)待化稍营站人工通知进行 L60 次列车接车后，通过电务维修机仿真系统在 X3JG 添加 L60 次列车及其车次号。

(3)自律模式下，顺序按压电信培训站车务终端按钮 1(进路始端信号按钮)、按钮 2(进路终端信号按钮)，再点击办理进路按键，完成 L60 次列车基本接车进路的办理，如图 7-19 所示。

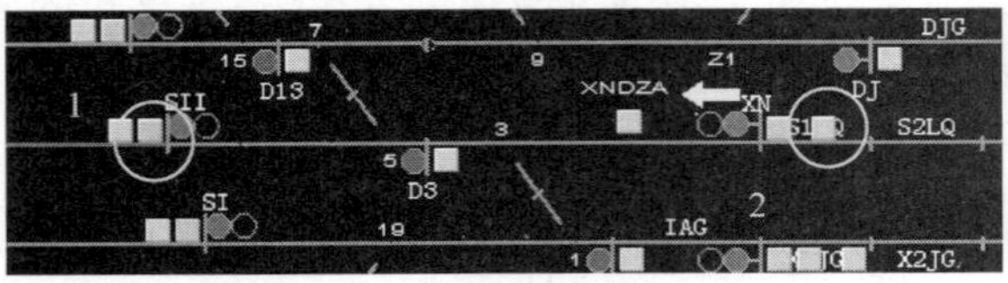

图 7-18 L61 次列车发车进路的办理

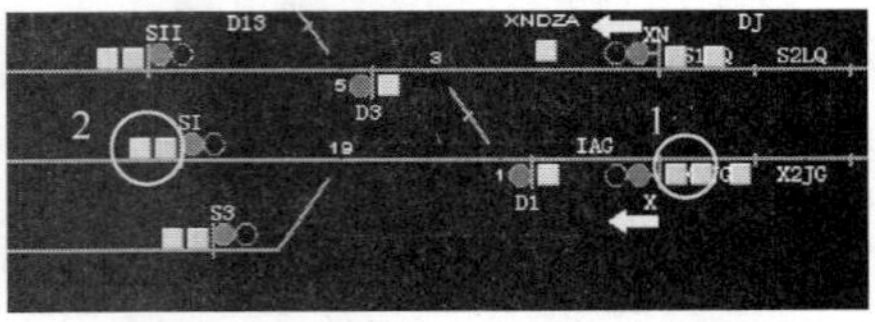

图 7-19 L60 次列车接车进路的办理

2. 通过进路的办理

步骤一：在 X3JG 添加红光带(模拟 L81 次下行列车)；

步骤二：非常站控模式下，顺序按压电信培训站联锁操表机按钮 1(通过进路按钮)、按钮 2(正线发车进路终端信号按钮)，办理 L81 次下行列车通过进路，如图 7-20 所示。

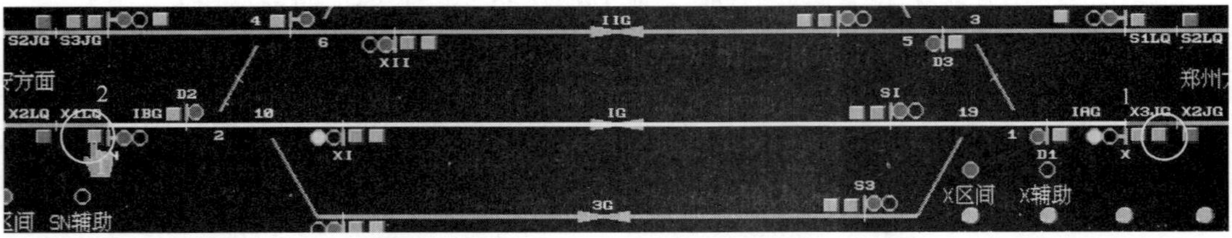

图 7-20 L81 次列车下行通过进路的办理

3. 带有延续进路的接车进路的办理

步骤一：在 S3JG 添加红光带(模拟 L80 次上行列车)。

步骤二：非常站控模式下，顺序按压电信培训站联锁操表机按钮 1(接车进路始端按钮)、按钮 2(接车进路终端按钮)、按钮 3(延续进路终端按钮)，办理 L80 次上行列车接车进路，如图 7-21所示。

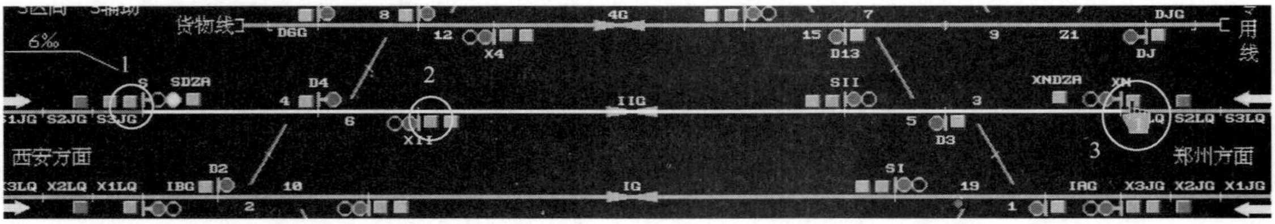

图 7-21 L80 次列车上行接车进路的办理

(4)注意观察列车进站过程，出现 SⅡ 坡道延时 180 s，如图 7-22 所示。在延时时间内，思考上行进路是否可以办理接车进路、通过进路及调车进路？

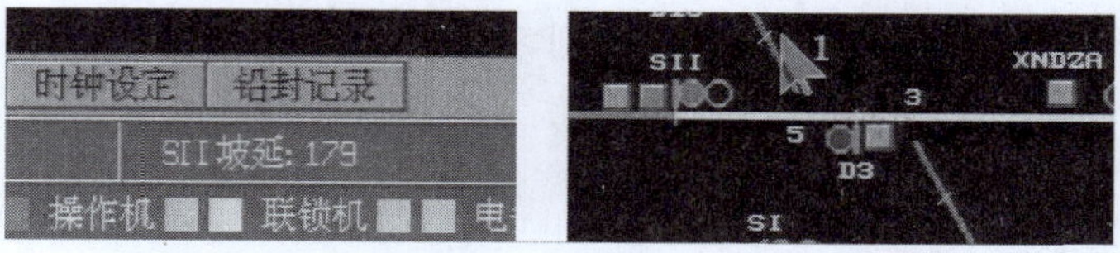

图 7-22　SⅡ坡道延时信息

4. 重复开放信号

步骤一：非常站控模式下，取消自动走车，在 X3JG 添加红光带模拟列车占用，办理从 X3JG 到 1G 的下行接车进路。

步骤二：通过电务维修机站场仿真系统模拟 IAG 轨道区段红光带故障，观察 X 行进站信号机颜色变化，如图 7-23 所示。

步骤三：取消ⅠAG 轨道区段红光带故障，观察 X 行进站信号机颜色变化情况，单击按钮 1(进路始端信号按钮)实现重复开放接车进路信号，如图 7-24 所示，开启自动走车。

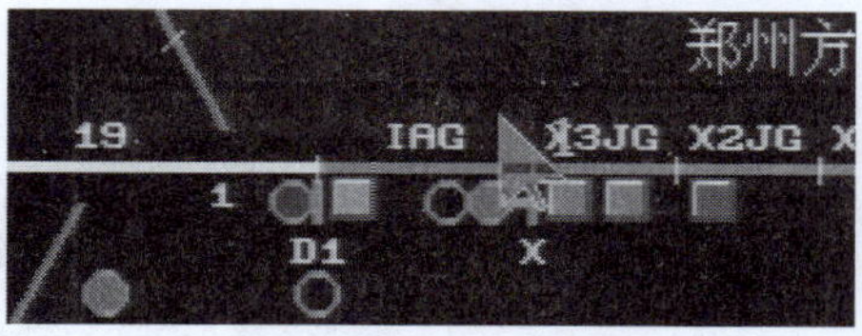

图 7-23　信号因故关闭故障模拟

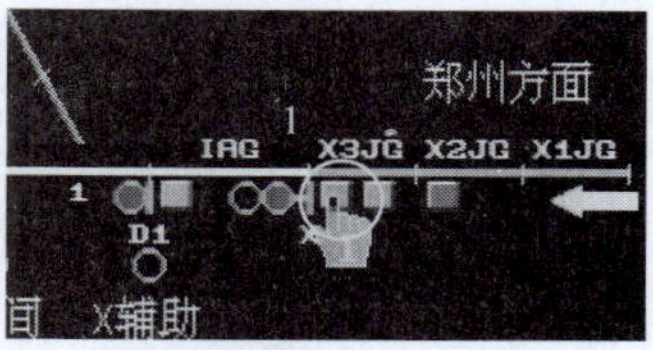

图 7-24　接车进路信号重复开放

第四节　调车进路办理实验

一、实验目的

通过操作车站计算机联锁实验系统操表机、电务维修机，配合分散自律调度集中系统完成接发车实验任务，掌握非常站控模式下电信培训站调车进路的办理。

二、实验原理

1. 接发车基本进路的办理原则

(1)操作：进路始端信号按钮＋进路终端信号按钮(对于接车进路来说，进路终端信号按钮实际上是接车股道反向出站信号复示器处的信号按钮)或专设的进路终端按钮。

(2)条件：符合联锁表要求。

(3)显示：按压始端按钮后，信号机名闪烁，进路建立过程中，屏幕显示出有关道岔的动作情况。进路建立成功，进路呈白色光带，信号名呈白稳。信号开放后，复示器给出相应显示。信号名消失，进路建立失败，屏幕提供相应的信息。

2. 基本调车进路的办理原则

(1)操作：调车进路始端信号按钮＋调车进路终端信号按钮(顺向单置信号机的信号按钮、并置或差置反向信号机的信号按钮、尽头线反向信号机按钮或专设的调车进路终端按钮)。

(2)条件：符合联锁表要求。

(3)显示：类似于列车基本进路。

3. 组合调车进路(长调车进路)的办理原则

(1)操作:组合进路始端按钮+组合进路的终端按钮(当组合进路包括变通进路时,在按压始端按钮之后,需按压变通进路的变通按钮)。

(2)条件:符合联锁表要求。

(3)显示:组合进路的调车信号由远及近地开放。

三、实验任务

1. 按照列调中心下达的接发车计划,完成L1061次列车的发车任务。
2. 按照列调中心下达的接发车计划,完成L1062次列车的接车任务。
3. 基本调车进路的办理。
4. 组合调车进路(长调车进路)的办理。

四、实验步骤

1. 接发车基本进路的办理

步骤一:办理L1061次列车发车进路。

步骤二:办理L1062次列车接车进路。

2. 基本调车进路的办理

子任务一:D6G到8DG的基本调车进路的办理。

步骤一:在D6G添加红光带(模拟L80次列车),如图7-25所示。

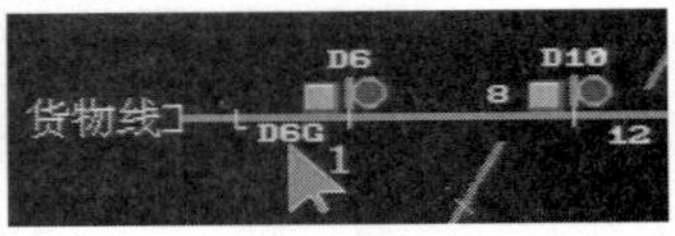

图7-25 添加L80次列车

步骤二:非常站控模式下,自动走车模式,顺序按压电信培训站联锁操表机按钮1(调车进路始端信号按钮)、按钮2(顺向单置信号机的信号按钮)办理D6G到8DG的基本调车进路,如图7-26所示。观察调车过程中调车信号机的颜色变化。

子任务二:D6G到4G的基本调车进路的办理。

步骤一:在D6G添加红光带(模拟L80次列车)。

步骤二:非常站控模式下,自动走车模式,顺序按压电信培训站联锁操表机按钮1(调车进路始端信号按钮)、按钮2(差置反向信号机的信号按钮)办理D6G到4G的正线基本调车进路,如图7-27所示。

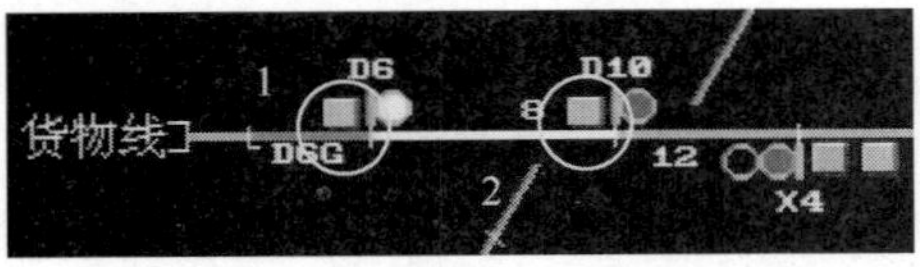

图7-26 D6G到8DG的调车进路的办理

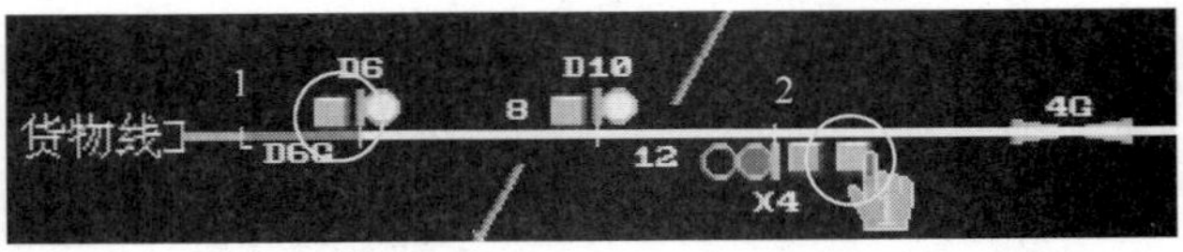

图7-27 D6G到4G的调车进路的办理

子任务三:D6G到6G的基本调车进路的办理

步骤一:在D6G添加红光带(模拟L80次列车)。

步骤二:非常站控模式下,自动走车模式,顺序按压电信培训站联锁操表机按钮1(调车进路始端信号按钮)、按钮2(差置反向信号机的信号按钮)办理D6G到6G的侧线基本调车进路,如图7-28所示。

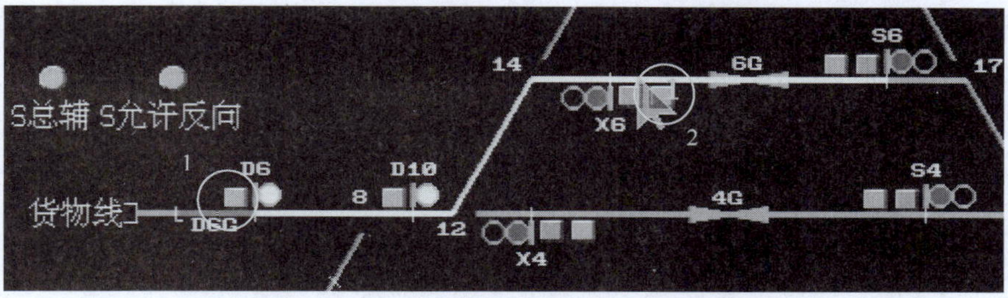

图 7-28　D6G 到 6G 的调车进路的办理

子任务四：D9G 到 D11G 的基本调车进路的办理。

步骤一：在 D9G 添加红光带（模拟 L81 次列车），确保 7DG 无车占用。

步骤二：非常站控模式下，自动走车模式，顺序按压电信培训站联锁操表机按钮 1（调车进路始端信号按钮）、按钮 2（尽头线反向信号机按钮）办理 D9G 到 D11G 的组合调车进路，如图 7-29所示。

步骤三：当 7DG 有车占用时，尝试办理 D9G 到 D11G 或 D11G 到 D9G 的基本调车进路，思考原因，如图 7-30 所示。

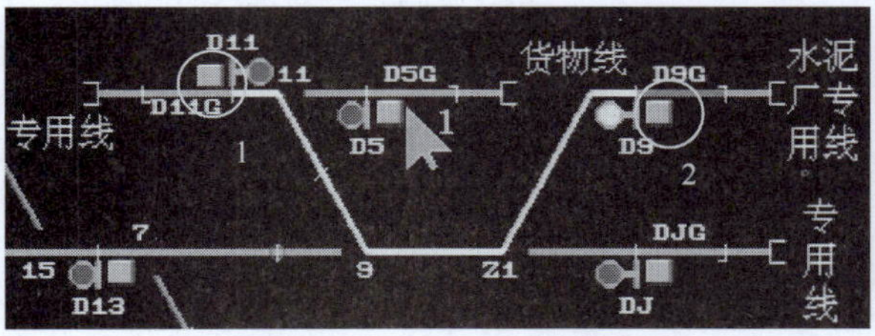

图 7-29　D9G 到 D11G 的调车进路的办理

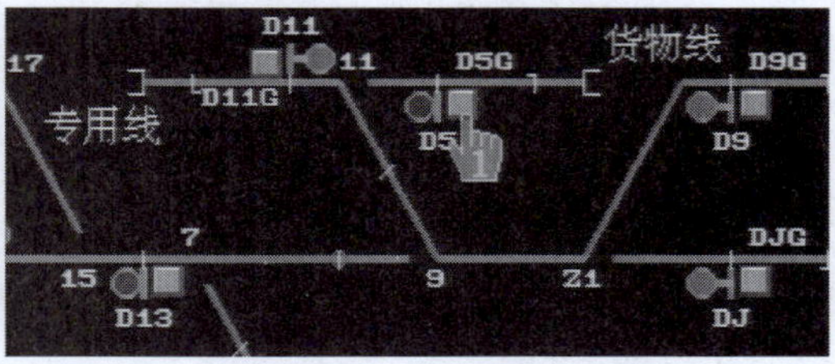

图 7-30　7DG 有车占用时调车进路的办理

3. 组合调车进路（长调车进路）的办理

子任务一：ⅡG 迎面调车进路的办理。

步骤一：非常站控模式下，在 4DG 添加红光带（模拟 L80 次列车），将 2/4 道岔置于定位，顺序按压电信培训站联锁操表机按钮 1（调车进路始端信号按钮）、按钮 2（差置反向信号机的信号按钮）办理 4DG 到ⅡG 的调车进路，如图 7-31所示。

步骤二：非常站控模式下，在 3DG 添加红光带（模拟 L81 次列车），将 1/3 道岔置于定位，顺序按压电信培训站联锁操表机按钮 1（调车进路始端信号按钮）、按钮 2（差置反向信号机的信号按钮）办理 3DG 到ⅡG 的调车进路，如图 7-32 所示。

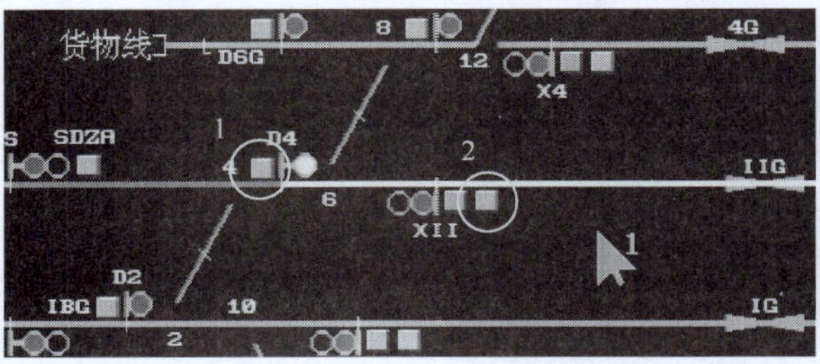

图 7-31　4DG 到ⅡG 调车进路的办理

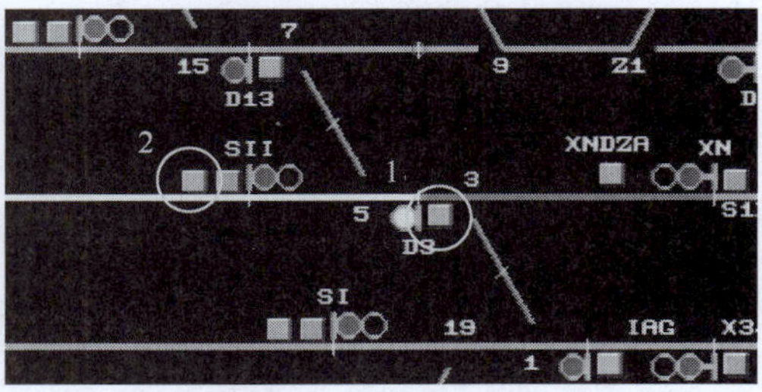

图 7-32　3DG 到ⅡG 调车进路的办理

步骤三：选择自动走车模式，注意观察两列车的行车过程及信号机颜色变化过程。

子任务二：接车—调车—发车进路办理。

步骤一：非常站控模式下，手动走车，在 X3JG 添加红光带（模拟 L81 次列车），顺序按压按钮 1（进路始端信号按钮）、按钮 2（进路终端信号按钮）办理 X3JG 到 3G 的侧线接车进路，如图 7-33所示；手动点击进路股道模拟走车过程完成进路，下同。

步骤二：顺序按压按钮 1（调车进路始端信号按钮）、按钮 2（专设的调车进路终端按钮）办理 3G 到ⅠBG 的调车进路，如图 7-34 所示。

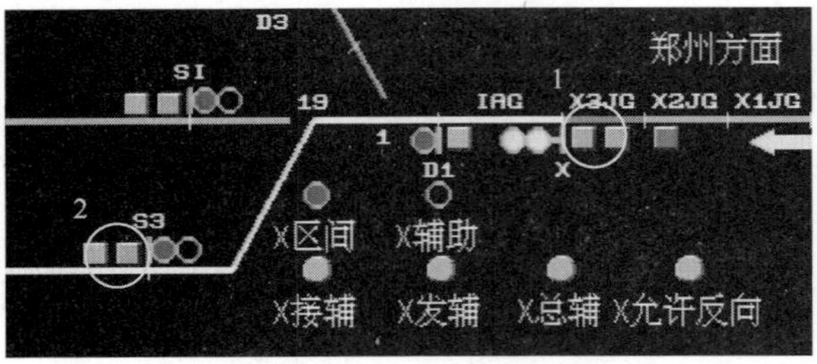

图 7-33　X3JG 到 3G 侧线接车进路的办理

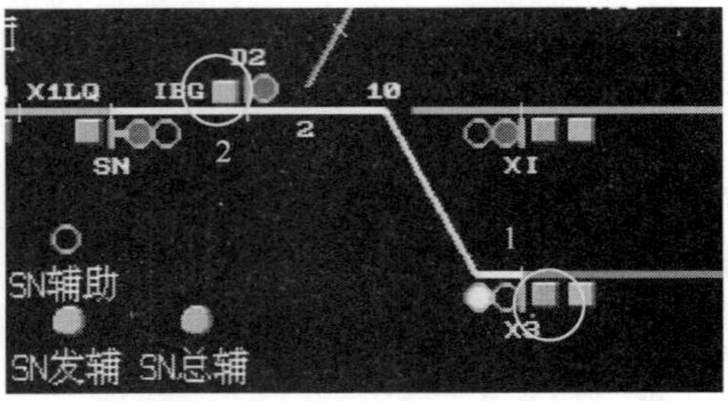

图 7-34　3G 到ⅠBG 调车进路的办理

步骤三：顺序按压按钮 1（调车进路始端信号按钮）、按钮 2（顺向单置信号机的信号按钮）办理ⅠBG 到ⅡG 的调车进路，如图 7-35 所示。

步骤四：顺序按压按钮 1（进路始端信号按钮）、按钮 2（进路终端信号按钮）办理ⅡG 的正线发车进路，如图 7-36 所示。

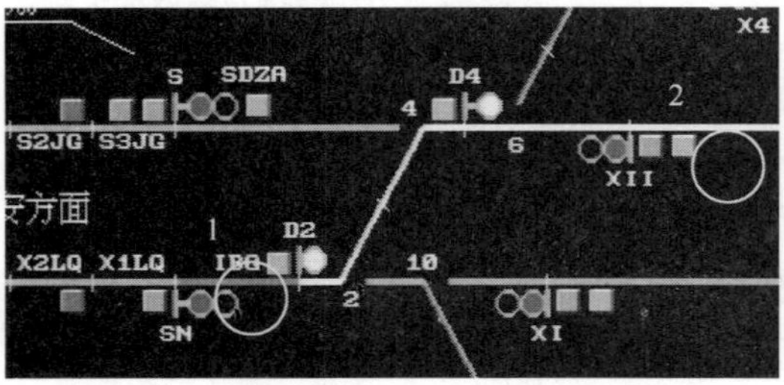

图 7-35　ⅠBG 到ⅡG 调车进路的办理

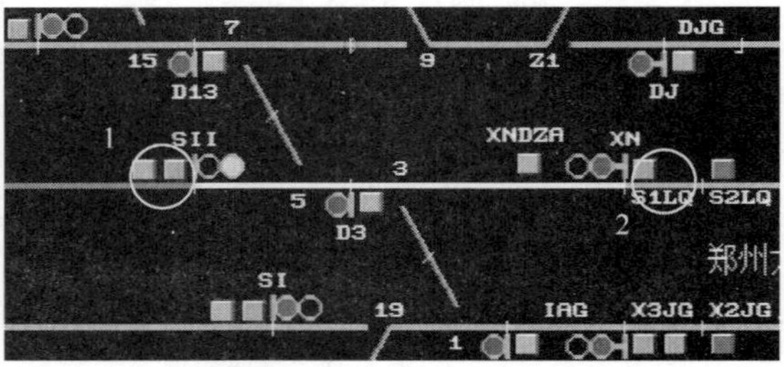

图 7-36　ⅡG 的正线发车进路的办理

第五节　进路或轨道区段解锁实验

一、实验目的

通过操作车站计算机联锁实验系统操表机、电务维修机，配合分散自律调度集中系统完成接发车实验任务，掌握非常站控模式下进路或轨道区段的解锁的原则和方法。

二、实验原理

1. 接发车基本进路的办理原则

(1)操作：进路始端信号按钮＋进路终端信号按钮（对于接车进路来说，进路终端信号按钮实际上是接车股道反向出站信号复示器处的信号按钮)或专设的进路终端按钮。

(2)条件:符合联锁表要求。

(3)显示:按压始端按钮后,信号机名闪烁,进路建立过程中,屏幕显示出有关道岔的动作情况。进路建立成功,进路呈白色光带,信号名呈白稳。信号开放后,复示器给出相应显示。信号名消失,进路建立失败,屏幕提供相应的信息。

2. 取消进路的办理原则

(1)操作:总取消按钮+进路始端信号按钮。

(2)主要条件:进路处于预先锁闭状态,进路空闲,轨道电路无故障,道岔位置正确。

(3)显示:信号关闭,进路白光带消失。

3. 人工解锁的办理原则

(1)操作:总人解+输入口令+进路始端按钮。

(2)条件:进路处于接近锁闭状态,进路空闲,道岔表示正确。

(3)显示:自信号关闭后,延迟到规定的时间(屏幕上有延时提示),进路白光带消失。

4. 轨道区段故障解锁的办理原则。

(1)操作:区故解按钮+输入口令+待解锁的区段按钮。

(2)条件:被解锁的区段不在列车或车列运行的前方而且该区段轨道电路无故障。

(3)显示:在按压"区故解"按钮并输入口令后,该按钮呈红色,同时所有需要解锁的区段处呈红色区段名,该区段名就是区段按钮。点击区段按钮,相应区段的白光带消失。

5. 延续进路提前解锁的办理原则

(1)操作:坡道解按钮+输入口令。

(2)条件:人工确认列车已在股道上停稳。

(3)显示:延时进路立即解锁。

6. 调车组合进路解锁的办理原则

调车组合进路是由若干条单元进路(基本进路或变通进路)组合而成。组合进路的解锁需按单元进路分别办理。

三、实验任务

1. 按照列调中心下达的接发车计划,完成 L61、L63 次列车的发车任务。
2. 按照列调中心下达的接发车计划,完成 L62、L64 次列车的接车任务。
3. 取消进路、人工解锁、轨道区段故障解锁的办理。
4. 延续进路提前解锁的办理。
5. 调车组合进路解锁的办理。

四、实验步骤

1. 接发车基本进路的办理

步骤一:办理 L61、L63 次列车发车进路。

步骤二:办理 L62、L64 次列车接车进路。

2. 取消进路的办理

步骤一:非常站控模式下,不添加任何列车,顺序按压按钮 1(进路始端信号按钮)、按钮 2

（进路终端信号按钮）办理 X3JG 到ⅠG 的正线接车进路，如图 7-37 所示。

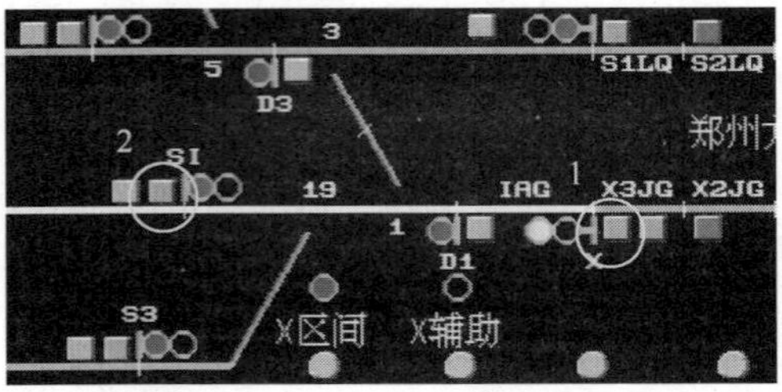

图 7-37　下行正线接车进路的办理

步骤二：在 X3JG 接近区段空闲无车占用时，顺序按压按钮 1（总取消按钮）、按钮 2（进路始端信号按钮）取消下行正线接车进路，如图 7-38 所示。

3. 人工解锁的办理

步骤一：非常站控模式下，非自动走车模式，在 X3JG 添加红光带（模拟 L81 次列车），顺序按压按钮 1（进路始端信号按钮）、按钮 2（进路终端信号按钮）办理 X3JG 到ⅠG 的正线接车进路，如图 7-39 所示。

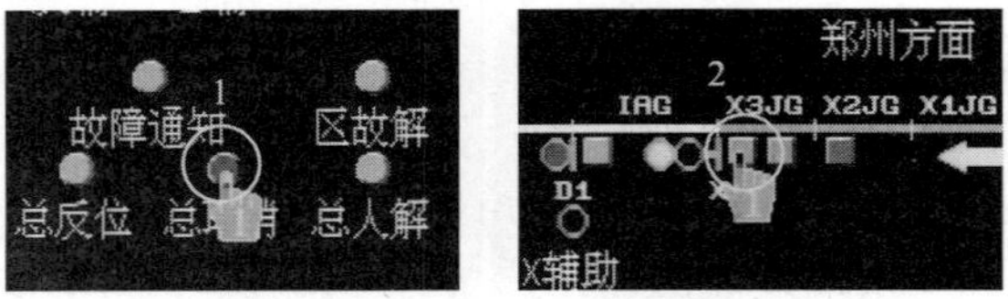

图 7-38　取消下行正线接车进路的办理

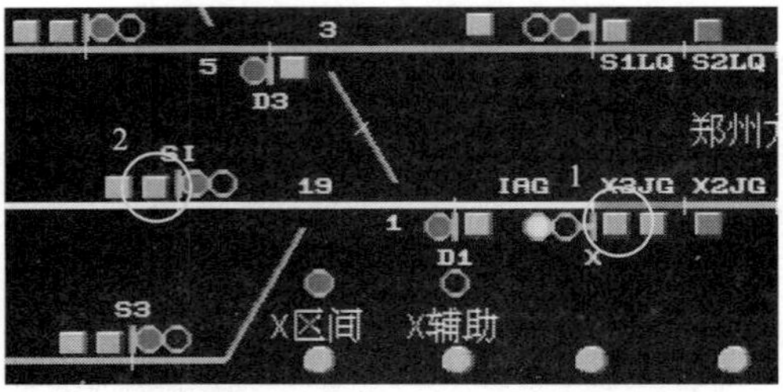

图 7-39　下行列车临近时正线接车进路的办理

步骤二：顺序按压按钮 1（总人解按钮）、按钮 2（进路始端信号按钮）人工解没下行正线接车进路，X 人解延时 180 s，如图 7-40 所示。

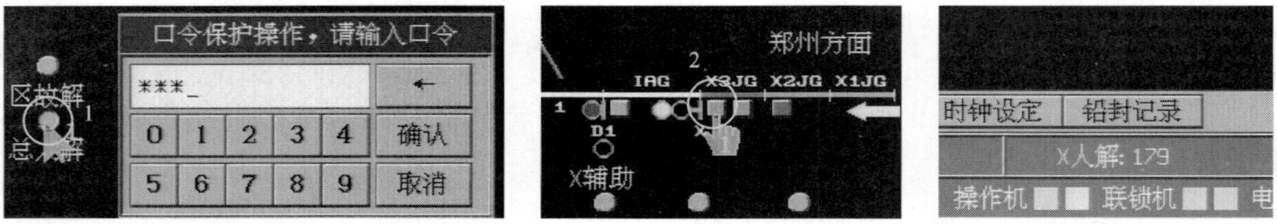

图 7-40　人工解锁下行正线接车进路的办理

4. 轨道区段故障解锁的办理

步骤一：非常站控模式下，不添加任何列车，顺序按压进路始端信号按钮、进路终端信号按钮办理 X3JG 到 3G 的下行侧线接车进路。

步骤二：模拟故障状态，通过电务维修机仿真系统单击ⅠAG模拟红光带故障，使下行进站信号机双黄信号关闭转入红色禁止信号，再次单击ⅠAG 实现红光带故障恢复，此时下行进站信号机保持红色禁止信号，如图 7-41 所示。

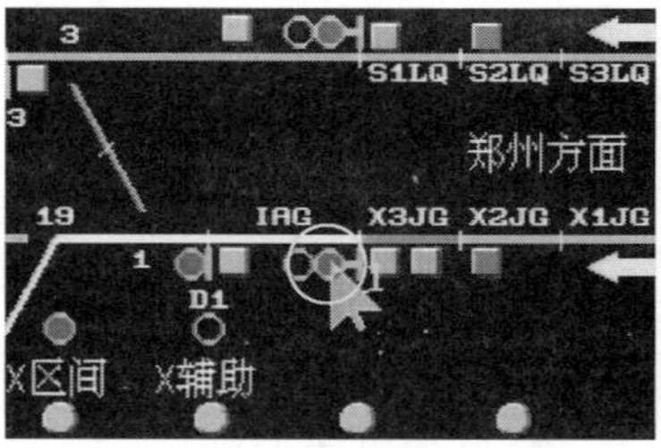

图 7-41　故障模拟结果

步骤三：顺序按压按钮 1（区故解按钮，输入口令 123）、按钮 2（待解锁的ⅠAG 区段按钮）区故解下行正线接车进路的轨道区段，如图 7-42 所示。ⅠAG 解锁延时之后，使用同样步骤解锁 1-19DG 区段。

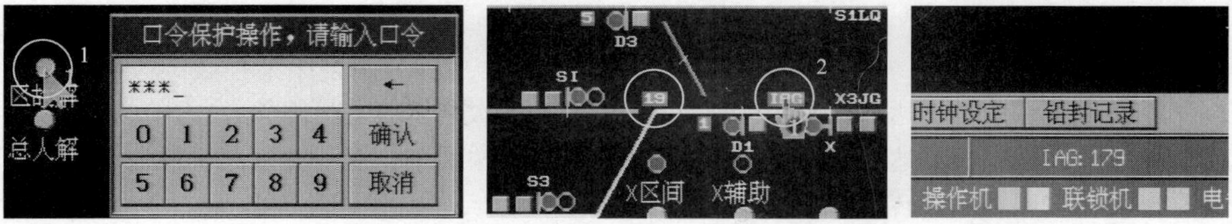

图 7-42　区故解锁过程

5. 延续进路提前解锁的办理

步骤一：自动走车模式，在ⅡG 接近区段 S3JG 添加红光带（模拟 L80 次列车），办理ⅡG 上行正线接车进路。

步骤二：当列车自动行车完毕后，出现延时信息，顺序按压按钮 1（坡道解按钮，输入口令 123）、按钮 2（待解锁的区段列车按钮）提前解锁延续进路，如图 7-43 所示。

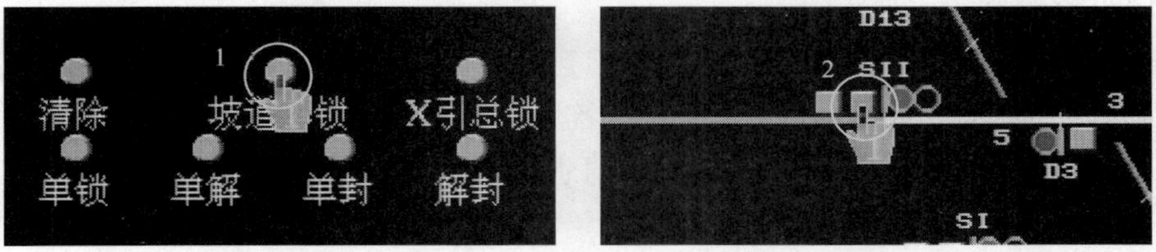

图 7-43　正线接车延续进路提前解锁

6. 调车组合进路解锁的办理

步骤一：非常站控模式下，非自动走车模式，在保证 D6G 无车占用情况下，办理 D6G 到 4G 的基本调车进路。

步骤二：顺序按压总取消按钮及 D6 按钮，解锁 D6G 到 8DG 的调车进路，顺序按压总取消按钮及 D10 按钮，解锁 8DG 到 4G 的调车进路。

步骤三：非常站控模式下，非自动走车模式，在 D6G 有车占用情况下，思考办理 D6G 到 4G 基本调车进路的解锁过程，观察调车延续进路延时解锁时长。

第六节　引导进路办理与解锁实验

一、实验目的

通过操作车站计算机联锁实验系统操表机、电务维修机，配合分散自律调度集中系统完成接发车实验任务，掌握非常站控模式下引导进路的办理与解锁的原则和方法。

二、实验原理

引导进路的办理与解锁分为三种方式：一是接车进路已锁闭后转为引导方式。在这种方式下，本系统对进路实施了双重锁闭，即进路锁和引导锁。在解除锁闭时，需先解除引导锁，后解除进路锁；二是接车进路不能锁闭时，办理引导进路方式。该方式对引导进路仅实施了引导锁；三是全咽喉道岔引导总锁闭方式，该方式对引导进路实施了引导总锁。

三、实验任务

1. 按照列调中心下达的接发车计划,完成 L61、L63 次列车的发车任务。
2. 按照列调中心下达的接发车计划,完成 L62、L64 次列车的接车任务。
3. 接车进路锁闭后转引导方式的办理与解锁。
4. 接车进路不能锁闭时引导进路方式的办理与解锁。
5. 全咽喉区道岔总锁方式的办理与解锁。

四、实验步骤

1. 接发车基本进路的办理

(1)操作:进路始端信号按钮+进路终端信号按钮(对于接车进路来说,进路终端信号按钮实际上是接车股道反向出站信号复示器处的信号按钮)或专设的进路终端按钮。

(2)条件:符合联锁表要求。

(3)显示:按压始端按钮后,信号机名闪烁,进路建立过程中,屏幕显示出有关道岔的动作情况。进路建立成功,进路呈白色光带,信号名呈白稳。信号开放后,复示器给出相应显示。信号名消失,进路建立失败,屏幕提供相应的信息。

步骤一:办理 L61、L63 次列车发车进路。

步骤二:办理 L62、L64 次列车接车进路。

2. 信号机内方非第一轨道区段电路故障时,接车进路锁闭后转引导方式的办理与解锁

(1)信号机内方非第一轨道区段电路故障时,接车进路锁闭后转引导方式的办理接车进路锁闭后转引导方式:接车进路已经锁闭。由于某种故障不能开放允许信号时,需按本方式办理引导进路。当信号机内方非第一轨道区段电路故障时的操作为:引导按钮+输入口令。引导信号开放后保持到列车驶入信号机内方或人工关闭时为止。

步骤一:办理ⅠG 下行正线接车进路的办理。

步骤二:通过电务维修机仿真系统设置ⅠG 红光带故障,观察下行进站信号机变化,如图 7-44所示。

步骤三:非常站控模式,非自动走车模式,按压下行接车进路引导信号按钮 1,输入口令 123 后,实现接车进路锁闭后转引导方式的办理,观察下行进站信号机变化,如图 7-45 所示。

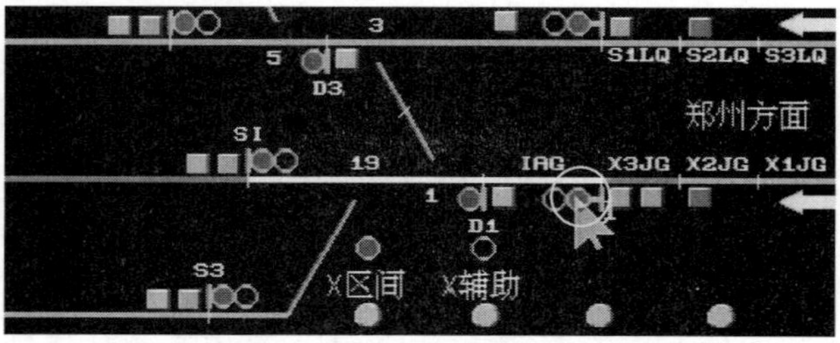

图 7-44 下行正线接车ⅠG 故障

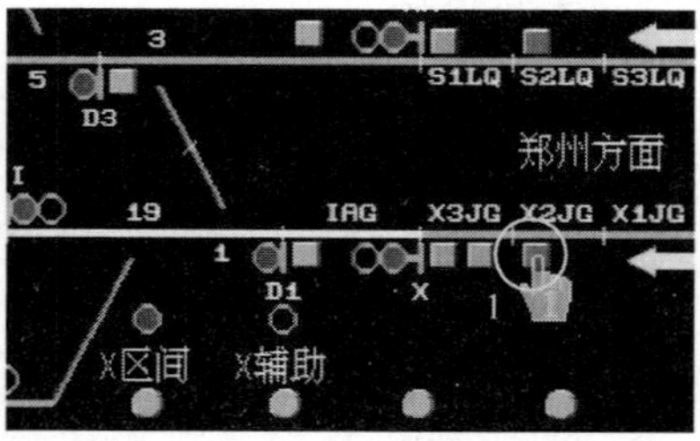

图 7-45 接车进路锁闭后ⅠG 故障转引导方式的办理

(2)信号机内方非第一轨道电路区段(其他区段)故障情况下的解锁

①列车尚未驶入接近区段(X3JG 无列车占用),或先办理引导进路然后列车驶入接近区段的解锁操作:

步骤一:取消引导锁的操作:总人解＋输入口令＋列车信号按钮,顺序按压按钮 1(总人解＋输入口令 123)、按钮 2(列车信号按钮)实现取消引导锁,观察观察下行进站信号机变化,如图 7-46 所示。

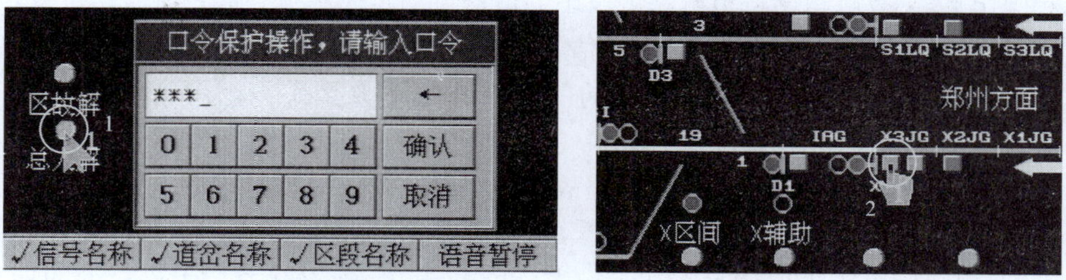

图 7-46　取消下行接车进路引导锁的办理

步骤二:人工确认ⅠG 无故障,手动取消红光带,按“区故解”方式即可解除下行正线接车进路锁。

②列车已驶入接近区段(X3JG 有列车占用),而后办理引导进路的解锁操作:

步骤一:取消引导锁的操作:总人解＋输入口令＋列车信号按钮。

步骤二:参考实验四,按“区故解”方式即可解除接车进路锁,但在点击第一个区段名后需延时 3 min 后才能解锁,其他区段解锁不再延时。

备注:改为下行侧线接车进路锁闭后转引导方式重复任务 2 的办理与解锁过程。

3. 信号机内方第一轨道区段电路故障时,接车进路锁闭后转引导方式的办理与解锁

(1)信号机内方第一轨道电路区段故障时,接车进路锁闭后转引导方式的办理

步骤一:参考实验一,办理 3G 下行侧线接车进路的办理。

步骤二:通过电务维修机仿真系统设置ⅠAG 红光带故障,观察下行进站信号机变化,如图 7-47 所示。

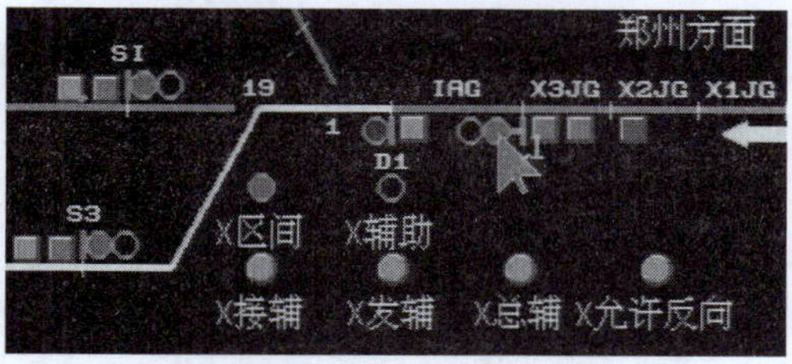

图 7-47　接车进路锁闭后ⅠAG 故障转引导方式的办理

步骤三:非常站控模式,非自动走车模式,接近区段无列车接近时(X3JG 无列车占用),顺序按压下行接车进路引导信号按钮 1,输入口令 123 后,实现接车进路锁闭后转引导方式的办理,此后必须断续地点击引导信号按钮。重复点击的间隔时间不应超过 14 s,否则引导信号自动关闭,观察下行进站信号机及延时信息的变化。

(2)信号机内方第一轨道电路区段(以下简称第一区段)故障情况下的解锁

①列车尚未驶入接近区段(X3JG 无列车占用)时的解锁操作:

步骤一:取消引导锁的操作:总人解＋输入口令＋列车信号按钮。

步骤二:参考实验四,按“区故解”方式即可解除下行正线接车进路锁。

②列车驶入接近区段(X3JG 有列车占用)则必须在列车到达股道后才能进行解锁操作:

第一步:取消引导锁的操作:总人解＋输入口令＋列车信号按钮。

第二步：参考实验四，按“区故解”方式即可解除下行正线接车进路锁。

备注：尝试在列车已经驶入进站接近区段后办理引导信号，注意观察延时信息变化。

4. 接车进路不能锁闭时引导进路的办理与解锁

接车进路因轨道电路区段故障不能建立，在此情况下，需按本方式办理引导进路。

操作：引导按钮＋输入口令＋接车股道入口处的列车信号（或终端）按钮。

在此操作下，无故障道岔轨道电路区段中的道岔自动转换到引导进路所需的位置，并实现引导锁，非故障轨道区段显示白光带，引导信号开放。若引导信号内方第一轨道区段故障，则需断续地点击引导信号按钮。重复点击的间隔时间应不大于 14 s。否则引导信号将自动关闭。

(1)当信号机内方非第一轨道区段电路故障时引导进路的办理与解锁

步骤一：非常站控模式下，非自动走车模式，设置ⅡG 故障，此时无法直接办理ⅡG 上行正线接车进路，顺序按压按钮 1(引导按钮＋输入口令 123)、按钮 2(接车股道入口处的列车信号按钮)办理引导进路，如图 7-48 所示。

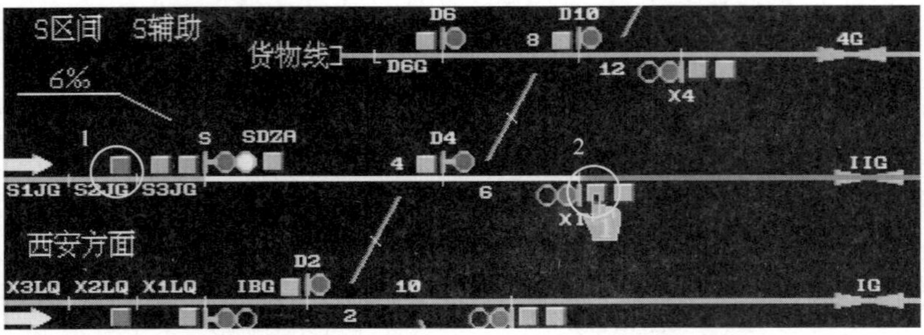

图 7-48 上行ⅡG 故障正线引导进路的办理

步骤二：引导锁的解锁操作：总人解＋输入口令＋列车信号按钮，顺序按压按钮 1(总人解＋输入口令 123)、按钮 2(列车信号按钮)完成引导锁的解锁，如图 7-49 所示。

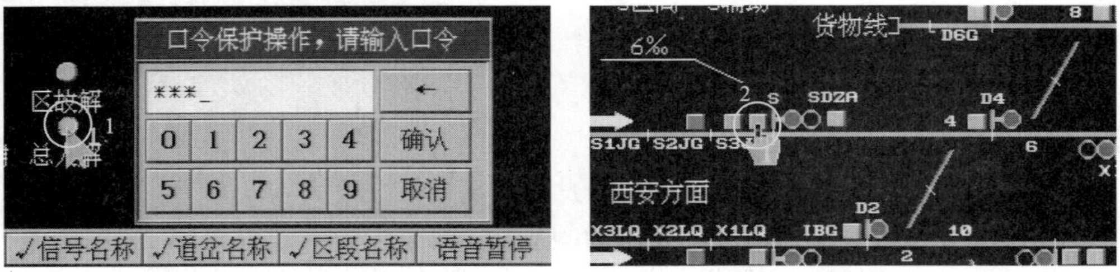

图 7-49 上行ⅡG 故障引导进路的解锁

(2)当信号机内方第一轨道区段电路故障时引导进路的办理与解锁

步骤一：非常站控模式下，非自动走车模式，设置 4DG 故障，此时无法直接办理 4G 上行侧线接车进路，顺序按压按钮 1(引导按钮＋输入口令)、按钮 2(接车股道入口处的列车信号按钮)办理引导进路，如图 7-50 所示；同时需断续地点击引导信号按钮。重复点击的间隔时间应不大于 14 s。否则引导信号将自动关闭。

步骤二：无论列车是否驶入接近区段解锁操作：总人解＋输入口令＋列车信号按钮，但列车已驶入接近区段时，必须在列车到达股道后，才能办理解锁。

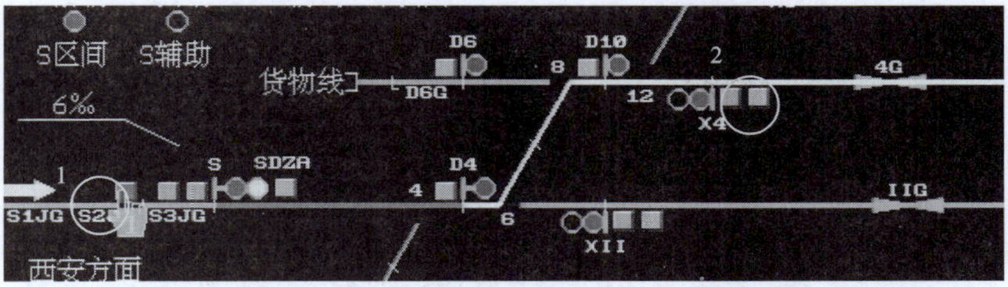

图 7-50　上行 4DG 故障侧线引导进路的办理

5. 全咽喉区道岔总锁方式的办理与解锁

全咽喉区道岔总锁方式：引导进路中的道岔失去表示时采用该方式。

(1)办理操作：值班人员须确认道岔位置正确、进路空闲、未建立敌对进路(敌对信号未开放)后，采取如下操作：引导总锁按钮＋输入口令＋引导按钮＋输入口令 123。

(2)引导总锁解除操作：再次单 X 引导总锁即可

操作如下：引导总锁＋输入口令。

步骤一：通过道岔总反位、单锁来确保 19 号道岔处于反位而无表示，参考实验一来完成 19 号道岔的总反位操作与单锁操作，操作后如图 7-51 所示。

步骤二：顺序按压按钮 1(X 引导总锁按钮＋输入口令 123)、按钮 2(引导按钮＋输入口令 123)，如图 7-52 所示，注意观察进站信号机变化情况。

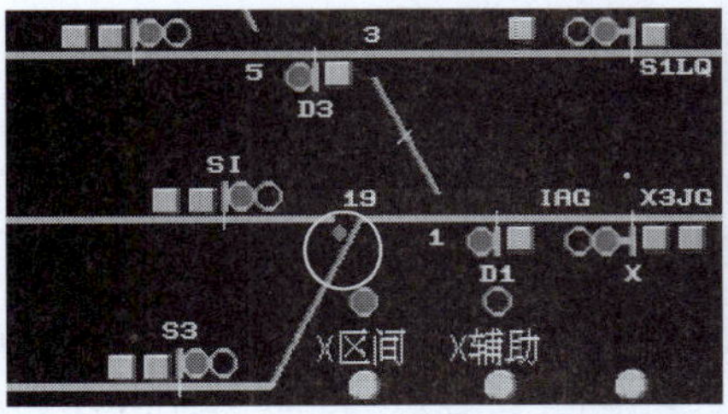

图 7-51　19 号道岔处于反位但无表示

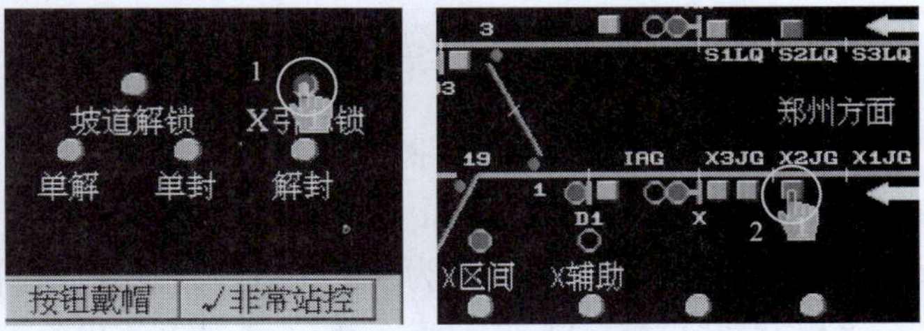

图 7-52　19 号道岔处于反位但无表示

备注：经过以上操作，对全咽喉道岔实现引导总锁闭，引导信号开放。若进站信号机内方第一轨道区段电路故障，值班员必须断续点击引导信号按钮。点击间隔时间不应大于 14 s，直到列车驶入信号机内方为止。

步骤三：按压 X 引导总锁按钮＋输入口令(123)即可实现对引导总锁的解除。

第八章　信号集中监测实验

第一节　信号集中监测系统概述

信号集中监测系统是重要的行车设备，是保证行车安全、加强信号设备结合部管理、监测信号设备状态、发现信号设备隐患、分析信号设备故障原因、辅助故障处理、指导现场维修、反映设备运用质量、提高电务部门维护水平和维护效率的重要行车设备，做到统一规划，统一实施，与联锁、闭塞、列控、TDCS/CTC、驼峰等系统同步设计、施工、调试、验收及开通。

信号集中监测系统主要对信号设备的开关量及模拟量进行动态实时监测，由此监测行车作业和列车运行状态、实现进路追踪；通过对采集数据进行处理，能生成各种报表、曲线，实现状态信息的存储、回放、查询功能。开关量主要监测控制台的各种按钮、表示光带以及某些关键继电器动作状态和动作次数；模拟量主要监测电源屏输入输出电压、电动转辙机动作电流、轨道电路接收电压、电源屏对地漏流、电源断相错序、电缆绝缘等信号。

一、信号集中监测实验系统构成

TJWX-2006-JD 型集中监测系统是由交大微联科技有限公司研制的，采用“客户/服务器”结构，是基于 TCP/IP 协议之上的广域网络模式。站机软件和终端以客户端的方式与服务器建立连接，并进行数据交互。为了简化软件开发和数据管理、控制网络信息流量，“终端—服务器”采用“瘦客户机—肥服务器”策略。终端软件只负责提供人机交互操作界面，完成数据制表、图形的显示和打印，一般不自动保存信息（人工保存除外），监测信息全部存储在监测服务器和车站站机上。用户查询时，只需向监测服务器发出请求。由监测服务器负责完成全部监测信息的自动收集、存储、历史数据查询等功能，实时数据则直接转发到对应的终端。如果由于某种故障导致终端无法通过网络连接服务器时，终端回自动从车站站机获得相同的数据并显示。

1. 信号集中监测实验系统的整体结构

系统由车站部分、车间部分、终端部分和服务器部分组成。其中车站部分由站机、采集机等构成。各车站与服务器、终端、车间机之间通过专用广域网络环形连接，然后以抽头的方式与电务段维护中心连接。整个系统以电务段维护中心为微机控制中心，各个车站构成监控系统的基层信息基础。监测系统的整体结构如图 8-1 所示。

2. 信号集中监测实验系统的网络结构

监测系统的网络结构分为车站、车间（工区）与电务段之间的通信基层网和电务段对铁路局、铁道部的上层网。基层网和上层网之间应互联互通，确保新建线路车站监测信息接入既有电务段、铁路局监测系统中，如图 8-2 所示。

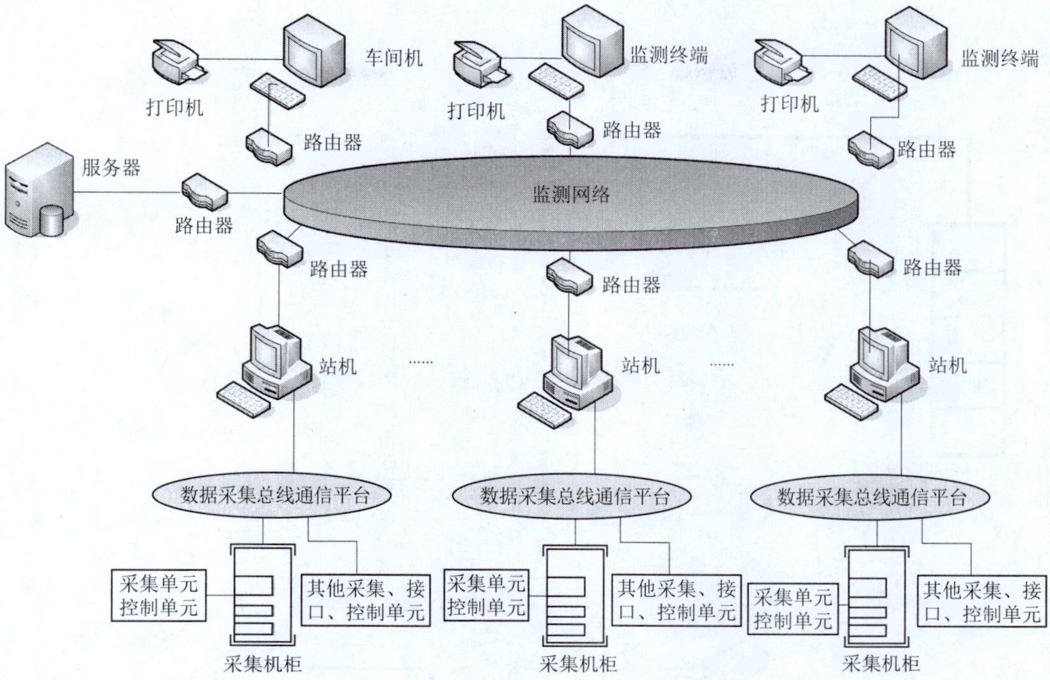

图 8-1　集中监测系统的整体结构

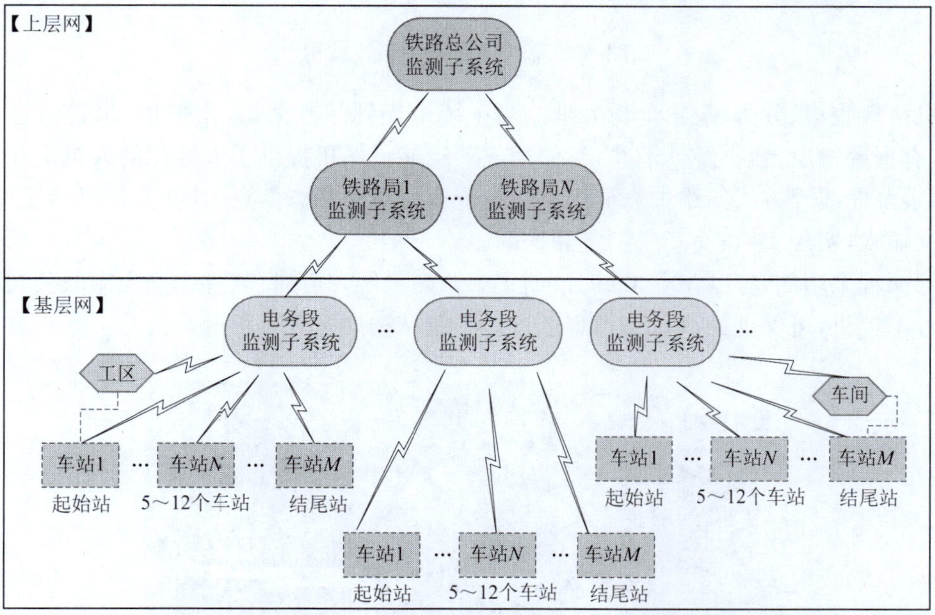

图 8-2　监测系统网络结构图

车站系统结构主要包括：采集及控制单元、站机、网络设备、电源设备、防雷设备、接口设备、打印机等。各传感及采集设备将采集到的数据通过 RS485 总线将数据传输到通信 CPU 板、通信 CPU 板经过处理将数据经过 CAN 总线传输到站机，站机实时显示、存储，并通过网络设备将其中一部分数据传给服务器、终端、车间机。

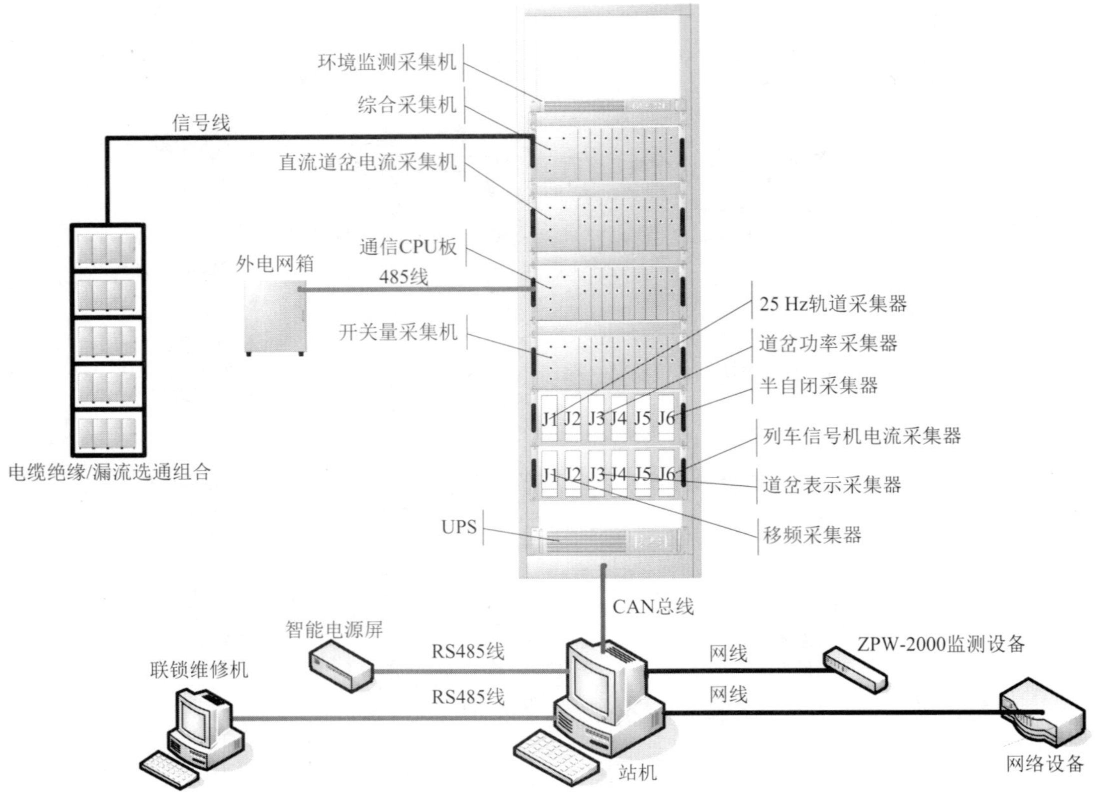

图 8-3 监测系统车站系统结构

站机负责收集、分类、逻辑分析处理监测系统采集到的开关量、模拟量、报警信息、环境数据等,具有报警输出、数据统计汇总、存储回放等功能。站机提供了人性化的人机交互界面,以图形、列表及曲线等方式给维护人员提供最有价值的维修状态信息。同时,站机接受用户数据和指令的输入,实现实时、交互式浏览和查询。

本门课程采用的是 TJWX-2006-JD 型集中监测系统,其站机软件由交大微联公司研发,采用高配置工控机,可保证站机长期稳定运行。系统结构如图 8-4 所示。

图 8-4 信号集中监测实验系统

站机的主要功能有：

(1)显示及存储；

(2)报警及事件管理；

(3)系统管理；

(4)数据处理及控制；

(5)其他功能。

二、信号集中监测实验系统开启与关闭说明

1. 系统开启步骤

(1)长按 UPS 启动按钮，开启 UPS。

(2)开启采集器电源箱各个电源开关。

(3)顺序开启综合采集机、开关量采集机、集成采集机电源。

(4)开启站机，运行集中监测站机程序。

(5)开启终端，运行集中监测终端程序。

2. 系统关闭步骤

(1)关闭站机，关闭终端。

(2)顺序关闭综合采集机、开关量采集机、集成采集机电源。

(3)关闭采集器电源箱各个电源开关。

(4)长按 UPS 关闭按钮，关闭 UPS。

三、实验报告要求

1. 按照实验指导书的格式简述实验目的、实验原理、实验任务。

2. 详细列表、图示记录并分析每一项实验任务的具体实验结果。

第二节　信号机回路电流监测实验

一、实验目的

通过操作集中监测系统站机、集中监测信号模拟系统，学习信号集中监测系统的基本组成及其基本原理，了解信号机点灯工作原理及回路电流监测原理与范围。通过学习集中监测硬件平台，了解信号集中监测的监测流程。

二、实验原理

1. 信号机点灯电路工作原理

220 V 交流电压经过变压器转换为 12 V 交流电，点亮 12 V 25 W 信号灯。如图 8-5 所示。

2. 信号机回路电流监测

(1)监测点

由灯丝继电器(DJ、2DJ)后端引出回线穿过电流互感器后，连接到室外电路。

(2)采样模块

列车信号机回路电流采样使用 CT1504 灯丝电流 CT 采样模块。采样模块可以同时测量

4 路 0～450 mA 的 50 Hz 交流电流，输出 4 路 0～75 mV 的 50 Hz 交流电压，输出电压与输入电流呈线性对应关系。

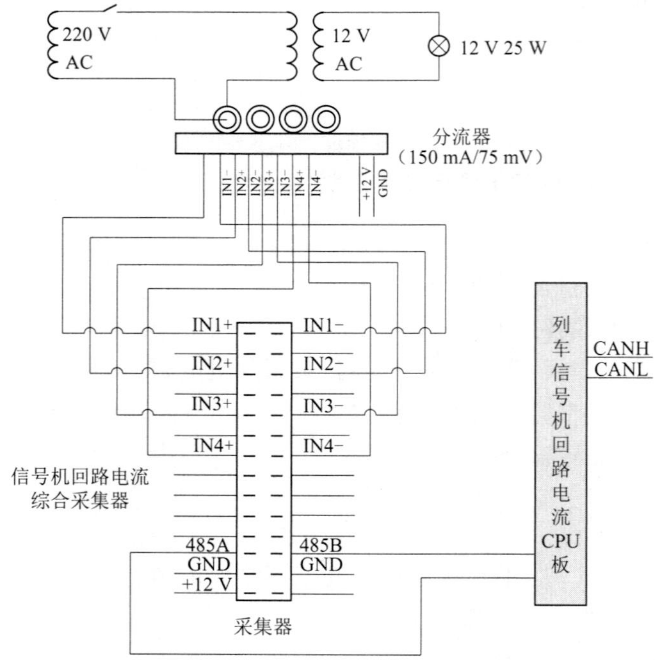

图 8-5 信号机回路电流工作及采集原理

(3)智能传感器

采样模块输出的交流电压连接到智能传感器，由智能传感器完成测量。

智能传感器选用型号为 TC6A4-J 的信号机回路电流综合采集器，可分别对通过分流器取样的 4 路输入电流量进行幅度测量，输出通过 RS485 通信接口传送，可以与其他采集器直接组网。智能传感器监测量程：0～200 mA，能够测量 0～75 mV 的交流电压。测试方式：站机周期巡测(周期≤2 s)；变化测。

(4)监测原理

电流互感器安装在点灯组合中，输出由电缆送至智能传感器进行测量，转换成数字量。智能传感器安装在监测机柜中，使用 RS485 总线与采集机 CPU 板进行通信。

每个信号机回路电流采集器采集 2 架信号机回路电流，4 路点灯电流，可根据各站具体情况选用多个采集器，一个信号机回路电流采集分机最多可连接 30 个采集器。

三、实验任务

1. 掌握集中监测信号模拟系统信号机回路电流监测原理。
2. 熟悉信号集中监测站机对灯丝电流的查看步骤。
3. 灯丝电流的监测(X_U、X_L、X_H 等)。

四、实验设备

实验设备如表 8-1 所示。

表 8-1　信号机回路电流监测实验设备

设备或板卡	功　能	数量
集中监测信号模拟系统	模拟集中监测信号的输出	1
集中监测信号控制板	输出相应的监测信号	1
集中监测采集机柜	采集监测信号并将信号发送给集中监测站机系统	1
集中监测站机系统	显示采集到的信号状态与大小	1
灯丝电流智能传感器	采集列车信号机回路电流	1

1. 集中监测信号模拟系统

集中监测信号模拟系统是一个利用软件发出 CAN 数据包，模拟采集机柜中的 CPU 传输给站机的各个采集信号。模拟系统控制界面如图 8-6 所示。

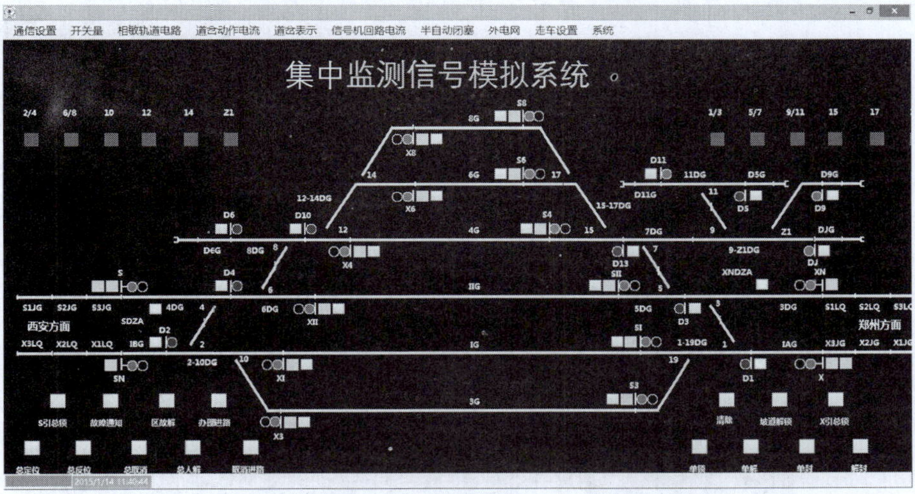

图 8-6　集中监测信号模拟系统控制界面

2. 集中监测信号控制板

集中监测信号控制板由一个主控板和五个信号板组成，如图 8-7 所示，主控板接收上位机发送来的信号命令并控制相应的信号板产生相应的电压或电流信号。

图 8-7　集中监测信号控制板构成

3. 集中监测采集机柜

采集机柜(图 8-8)通过各种智能传感器将采集到的电压或电流信号转换为数字信号,然后通过 485 总线将数据传输到各自 CPU 通信板,CPU 通信板经过处理将数据经过 CAN 总线传输到站机。

图 8-8　集中监测采集机柜

4. 集中监测站机

监测站机能实时显示监测信号的各参数值,如图 8-9 所示,如电压大小,相位值等。站机可通过网络设备将其中一部分数据传给服务器、终端、车间机。

5. 列车信号机回路电流传感器(图 8-10)

可分别对通过分流器取样的 4 路输入电流量进行幅度测量,输出通过 RS485 通信接口传送,可以与列车信号回路电流采集 CPU 板直接组网。

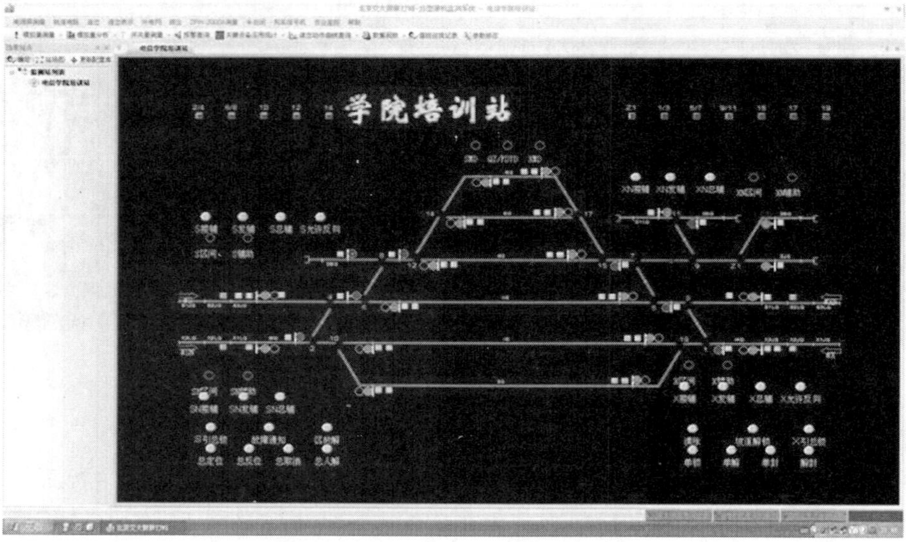

图 8-9　集中监测站机

五、实验步骤

1. 调节并记录列车信号机的灯丝继电器工作交流电流的变化,并记录正常工作电流的范围

(1)观察信号机回路电流监测中监测系统的各部分实物相连情况。

(2)登录集中监测信号模拟系统,打开通信端口。

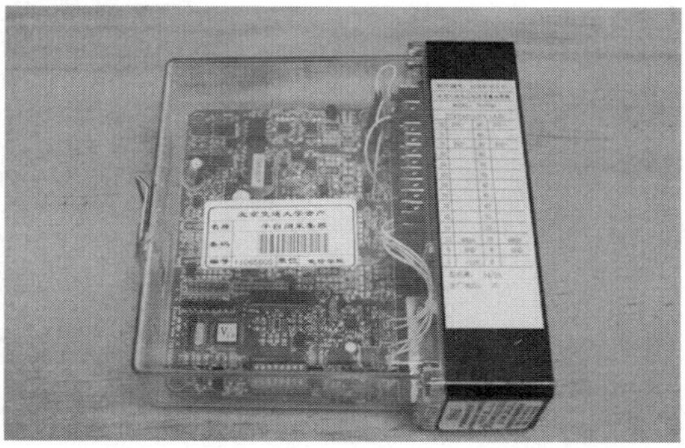

图 8-10　列车信号机回路电流传感器

(3)打开监测站机。在站机中打开"集中监

测数据采集监控”，观察各采集机的连接状态。

(4)打开站机采集软件中的“列车信号机”→“信号机回路电流”→“实时值”，打开信号机回路电流实时值监测窗口。

(5)在集中监测信号模拟系统中点击“信号机”按钮，改变各信号机的回路电流的大小，在监测站机的监测界面中观察对应各回路电流大小的改变。观察回路电流的报警范围，记录并截图，如图 8-11 所示。

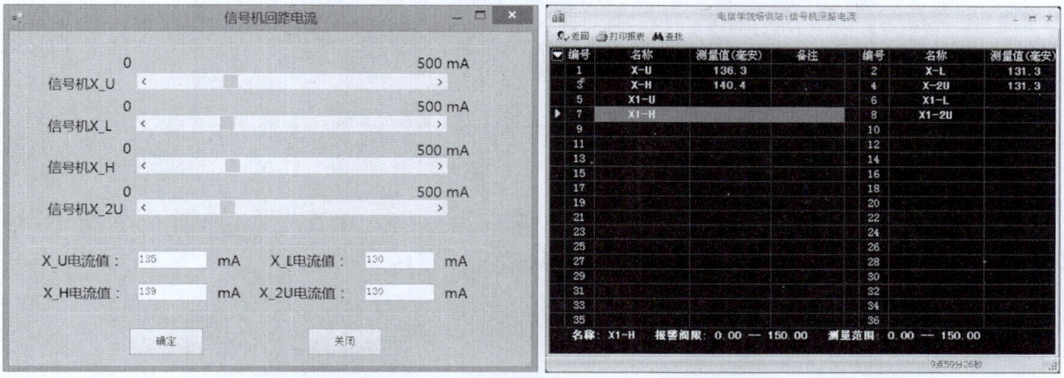

图 8-11　信号机回路电流记录

(6)在监测站机的监测软件中点击“模拟量分析”→“日曲线”，选择数据类型中选择“信号机回路电流”，观察各信号机回路电流的日曲线图，截图记录，如图 8-12 所示。

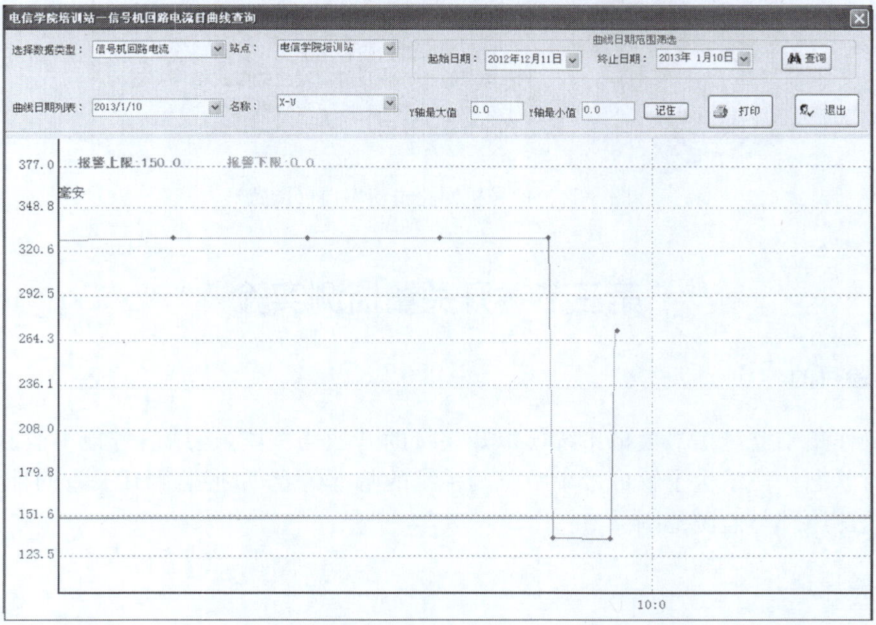

图 8-12　信号机回路电流日曲线

2. 串口屏配置信号机回路电流，观察并记录信号板数码管显示信息

(1)打开串口屏即进入串口屏程序“集中监测信号模拟系统”登录界面，如图 8-13 所示。

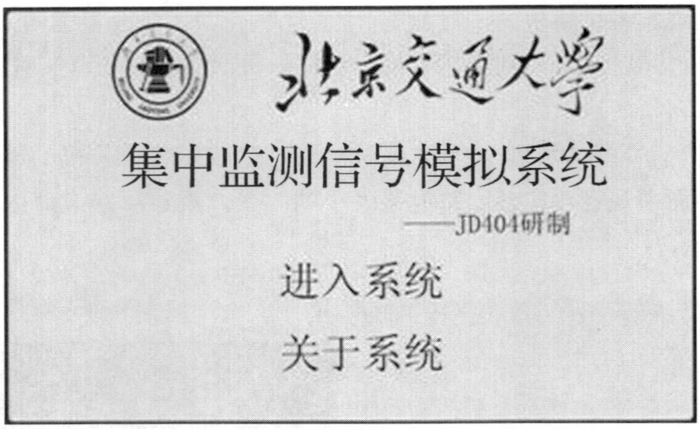

图 8-13 串口屏操作界面

(2)触摸点击“进入系统”,选择“信号机回路电流”,进入配置界面,如图 8-14 所示,修改“X-U”和“X-L”,观察并记录信号板数码管变化情况。

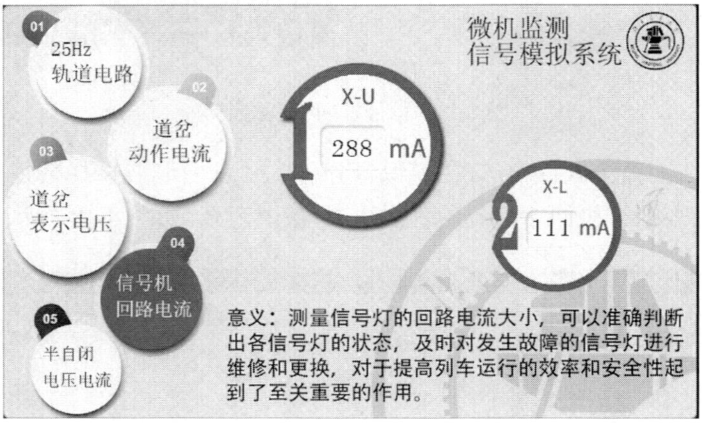

图 8-14 信号机回路电流串口屏配置

第三节 开关量监测实验

一、实验目的

通过操作集中监测信号模拟系统模拟开关量的开通与关闭,运用信号集中监测站机监测开关量实时状态。使学生了解信号集中监测系统的基本构成,掌握监测开关量的种类,以及各开关量的监测原理与监测范围。

二、实验原理

1. 开关量信息获取途径

(1)通过联锁维修机获得:进路排列、铅封按钮动作等站场图信息;

(2)通过开关量和综合采集机获得:信号机主灯丝点灯状态、断路器状态、关键继电器动作。

2. 开关量监测类型

按钮状态、控制台表示状态、关键继电器状态。

3. 开关量监测内容

开关量实时状态变化。

4. 开关量测试方法

站机周期循测(周期≤1 s)。下位机采样周期小于等于 150 ms,变化信息存储并自主上发。

5. 开关监测点

(1)列、调车按钮状态原则上采集按钮的空接点。无空接点时,可从按钮表示灯电路采集;对于列调车按钮继电器有空接点的,可从该空接点采集;有半组空接点的,可用开关量采集器采集。

(2)其他按钮状态原则上从按钮表示灯电路采集,无表示灯电路时,可从按钮空接点采集。

(3)控制台所有表示灯状态从表示灯电路采集;微机式自动闭塞的区间信号机点灯和区间轨道电路占用状态,从移频接口电路采集。

(4)根据系统软件实现监测功能的需要,具体选定功能性关键继电器进行采集。原则上从关键继电器空接点采集;只有半组空接点的,可采用开关量采集器采集;无法从空接点进行采集的关键性继电器,可采用安全、可靠的电流采样方案进行采集。

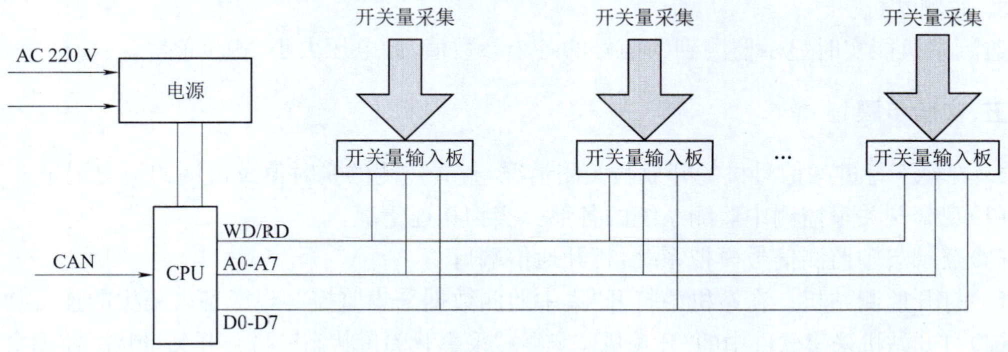

图 8-15 开关量采集机结构

开关量采集机应向站机发送两种信息:一是传送全部开关量的目前状态;二是传送开关量的变化状态信息。CPU 采集的数据暂存在存储器中,开关量有变化时,自主发送变化开关量。站机每 1 s 向开关量采集机索取数据一次,当 CPU 接收到站机命令时,将全部开关量状态发送给站机。

三、实验任务

1. 熟悉集中监测信号模拟系统的使用。
2. 熟悉信号集中监测站机开关量的查看。
3. 信号机的开放监测(X_U、X_L、X_2U 等);
4. 轨道区段的占用监测(1G、3G 等);
5. 道岔定、反位的监测(DC1、DC19 等)。

四、实验设备

实验所需设备如表 8-2 所示。

表 8-2 开关量监测实验设备

设备或板卡	功　　能	数量
集中监测信号模拟系统	模拟集中监测信号的输出	1
开关量采集板	采集相应的开关量信号	1
CPU 通信板	将 485 总线数据转换为站机可用的 CAN 总线数据	1
集中监测站机系统	显示采集到的信号状态与大小	1

1. 开关量采集机

开关量采集机用于实时监督显示行车作业的开关量信息。监测的信号主要包括:进、出站信号机的开放,关闭;排列进路的锁闭、占用、解锁;股道、接近、离去、区间的占用、空闲;区间信号机的显示;半自动使用情况等。这些信息一般是从组合架零层的端子处取样,经整流、滤波、高阻、光电隔离后接入开关量取样板。

2. 集中监测信号模拟系统

集中监测信号模拟系统是一个利用软件发出 CAN 数据包,模拟采集机柜中的 CPU 传输给站机的各个采集信号。

3. 监测站机

监测站机能实时显示监测到的信号的各个参数值,如电压大小,相位值等。

五、实验步骤

1. 观察下行进站信号机的开放与关闭情况,查看监测的实时值及监测的历史记录

(1)观察开关量监测中监测系统的各部分实物相连情况。

(2)登录集中监测信号模拟系统,打开通信端口。

(3)打开监测站机。在站机中打开“集中监测数据采集监控”,观察各采集机的连接状态。

(4)打开站机采集软件中的“开关量监测”→“采集开关量状态”,打开开关量状态监测窗口。

(5)集中监测信号模拟系统中点击“开关量”按钮,改变信号机的状态,在模拟系统和监测站机的监测界面中观察对应各量的改变状态,如图 8-16 所示。

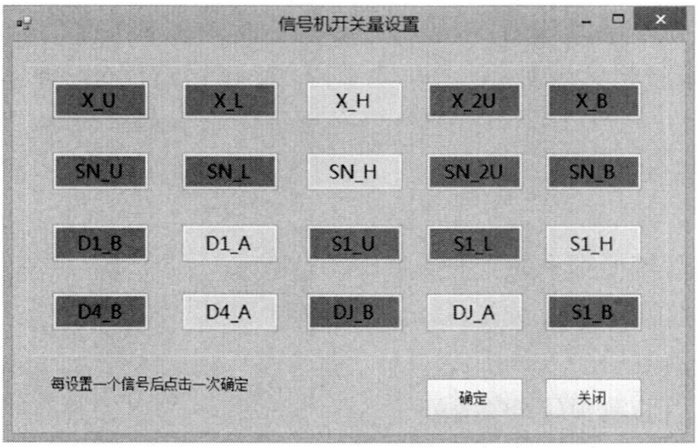

图 8-16　信号机开关量设置界面

(6)在监测站机的监测软件中点击“数据回放”→“采集机开关量再现”观察操作回放,如图 8-17所示。

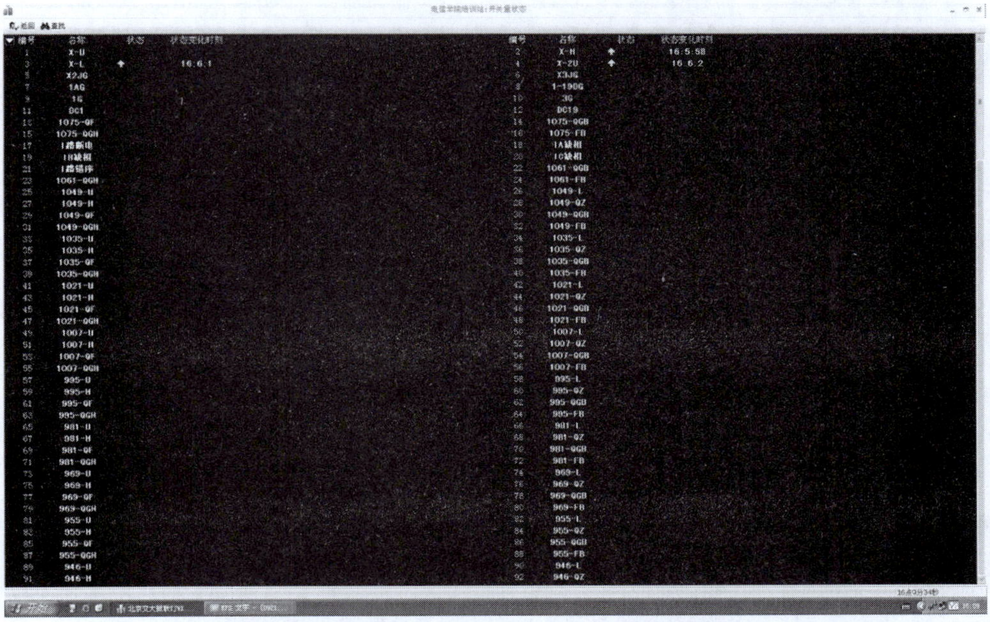

图 8-17　信号机开关量采集界面

2. 对各个区间的占用、空闲情况进行相应的操作，观察并记录结果

(1)集中监测信号模拟系统中点击“开关量”按钮，改变轨道区段的状态，在模拟系统和监测站机的监测界面中观察对应各量的改变状态。对两个界面分别截图，如图 8-18 所示。

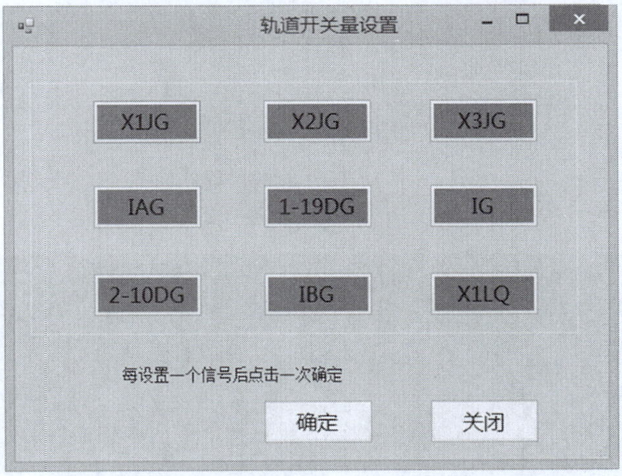

图 8-18　轨道开关量设置界面

(2)在监测站机的监测软件中点击“数据回放”→“采集机开关量再现”观察操作回放，并截图，如图 8-19 所示。

3. 观察记录道岔的状态

(1)集中监测信号模拟系统中点击“开关量”按钮，改变道岔的状态，在模拟系统和监测站机的监测界面中观察对应各量的改变状态，如图 8-20 所示。

(2)在监测站机的监测软件中点击“数据回放”→“采集机开关量再现”观察操作回放，如图 8-21所示。

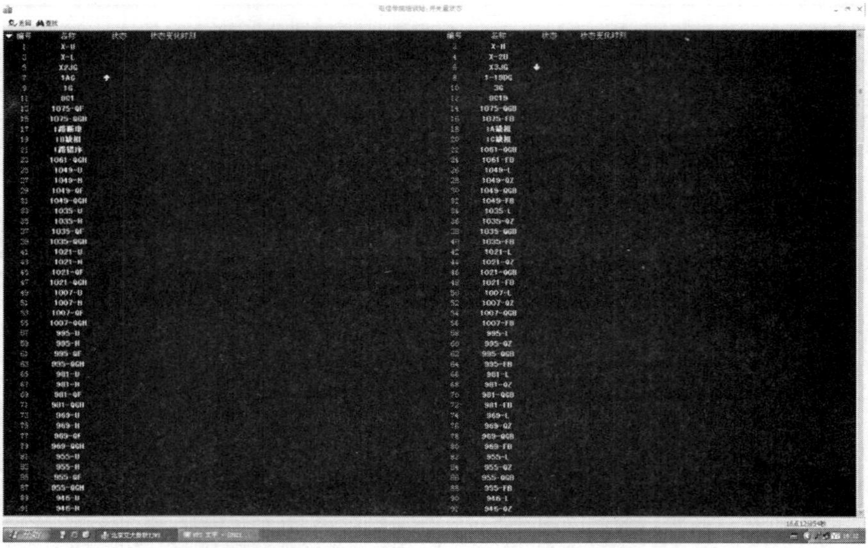

图 8-19　轨道开关量采集界面

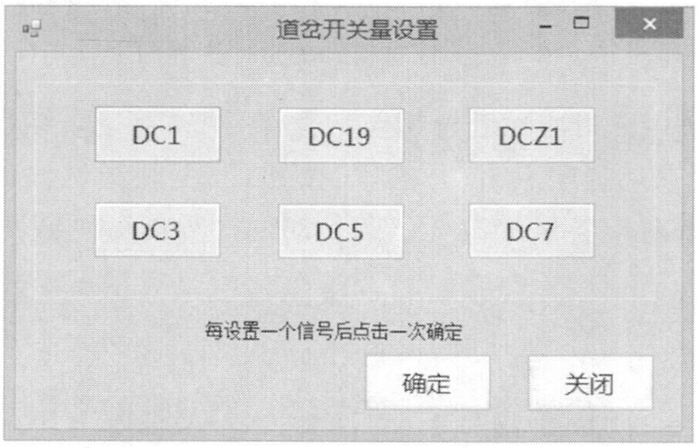

图 8-20　道岔开关量设置界面

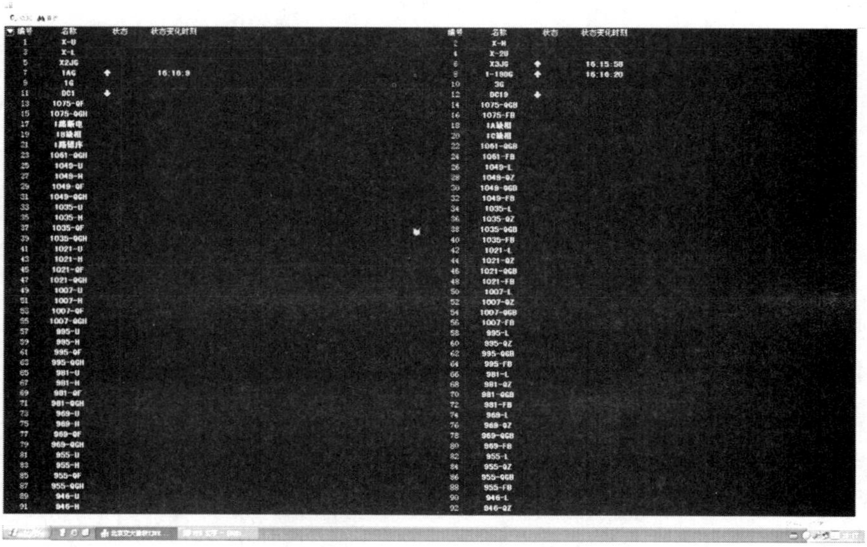

图 8-21　道岔开关量采集界面

第四节　外电网及半自动闭塞监测实验

一、实验目的

通过操作集中监测信号模拟系统改变外电网及半自动闭塞电压、电流信号的变化，运用信号集中监测站机查看监测信号的实时状态。使学生了解信号集中监测系统的基本构成，掌握监测外电网电压、电流、相位等信号，以及半自动闭塞电压、电流等信号的监测原理与监测范围。

二、实验原理

1. 外电网的监测原理

外电网监测用于实时监测信号设备外电网输入电源的质量，发现异常及时报警，对保证铁路系统的安全运行，预防事故发生以及分析事故原因有着重要的意义。

外电网电压的采样点在配电箱闸刀外侧。一路外电有四个采样点，分别为 380 V 三相四线的四个点，两路电源共 8 根线，线径采用 4 mm^2 以上的多股阻燃软线。进入外电网采集智能传感器之前，经过了防雷模块及 1 A 的熔断器。

外电网电流监测是通过在电源箱闸刀下方穿三个电流互感器，电流互感器的输入线接入到外电网监测单元。

外电网监测接线图如图 8-22 所示。

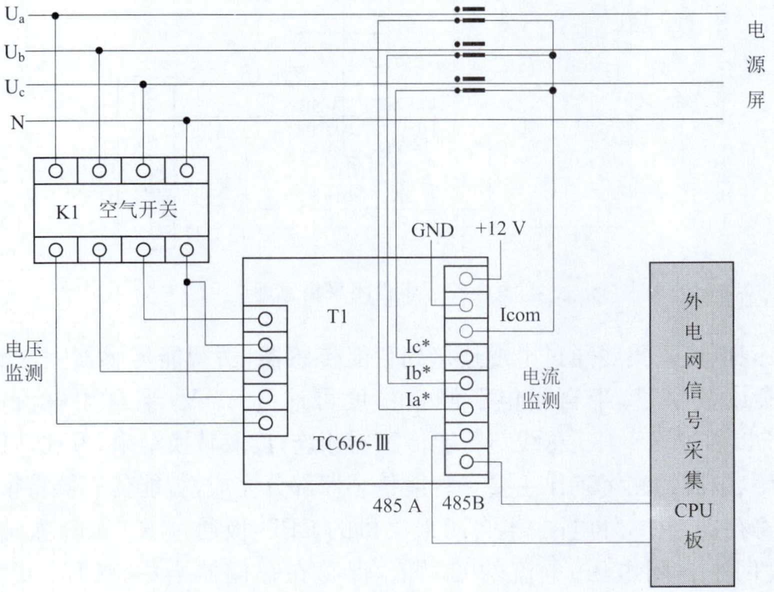

图 8-22　外电网监测接线原理

外电网监测单元采集到数据后，通过计算得到外电质量数据包括：三相相电压、线电压、电流有效值、功率、功率因素、相位角、频率等，并通过 CAN 总线送到上位机显示、存储。如果电网波动超限，系统会自动记录电网报警值，并将记录波形上送上位机保存。

监测内容：外电网输入相电压、线电压、电流、频率、相位角、功率。

监测点：配电箱（电务部门管理）闸刀外侧。

监测量程：AC 380 V 电压：量程范围 0～500 V；AC 220 V 电压：量程范围 0～300 V；电流量程范围：0～100 A；频率量程范围：0～60 Hz；功率量程范围：0～30 kW；

监测精度：电压±1%；电流±2%；频率±0.5 Hz；相位角±1%；功率±1%。

监测方式：周期巡测（周期≤1 s）；变化测。电流采用开口式电流互感器检测。

采样速率：断相、错序、瞬间断电开关量的采样速率为 50 ms。电压、电流采样速率为 250 ms。

2. 半自动闭塞的工作原理

半自闭外线电压电流采集对半自闭电路的电压、电流进行实时监测。半自闭外线电流通过分流器连接到半自闭智能采集单元，如图 8-23 所示。

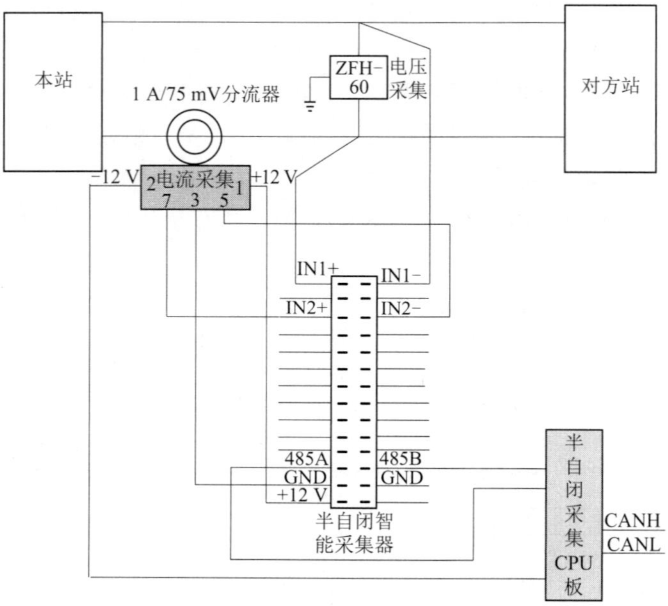

图 8-23 半自闭采集原理

半自闭电压、电流采集线通过电缆连接到智能传感器，由智能传感器完成测量，将半自闭电压、电流转换成数字量，半自闭电压测量精度可达 0.01 V，半自闭电流测量精度可达 0.1 mA。CPU 板通过 RS-485 总线与智能传感器相连，读取转换结果，发往站机。

半自闭电压、电流的测量工作主要在智能传感器部分完成，智能传感器将模拟信号转换成数字量保存在寄存器当中，外电网/半自闭采集机的 CPU 板通过 RS-485 总线访问智能传感器的寄存器，读回半自闭电压、电流的实时值，保存在存储器当中。CPU 板与站机间使用 CAN 总线进行通信，当收到要求发送半自闭信息数据命令时，将最新的半自闭电压、电流数据发送出去。

监测内容：半自动闭塞线路直流电压、电流，硅整流输出电压。

监测点：分线盘半自动闭塞外线、硅整流输出端。

量程范围：电压：±(0～200) V，电流：±(0～500) mA。

测量精度：电压±1%，电流±1%。

测试方式：站机周期巡测（周期≤2 s）；根据闭塞按钮状态变化动态测试并形成电压、电流曲线。

采样速率：100 ms。

三、实验内容

1. 熟悉集中监测信号模拟系统外电网及半自闭控制方法。
2. 熟悉信号集中监测站机外电网及半自闭的查看。
3. 外电网的监测（相角、相电压、相电流等）。
4. 轨道区段的占用监测（半自闭电压、半自闭电流等）。
5. 改变参数，记录查看数据。

四、实验设备

实验设备如表 8-3 所示。

表 8-3　外电网及半自闭监测实验设备

设备或板卡	功　能	数量
集中监测信号模拟系统	模拟集中监测信号的输出	1
外电网质量综合测试仪	采集外电网三相电压及电流信号	1
半闭外线电压电流采集器	采集外电网电压电注信号	1
CPU 通信板	将 485 总线数据转换为站机可用的 CAN 总线数据	1
集中监测站机系统	显示采集到的信号状态与大小	1

1. 外电网质量综合测试仪

外电网所有测试功能由外电网智能传感器完成，即由外电网质量综合测试仪完成，它所需的 12 V 电压由监测机柜供给。外电网智能传感器通过 RS-485 总线把数据传给机柜内的 CPU 板。外电网信息由外电网箱转换成数字量，CPU 板通过 RS-485 总线与外电网箱相连，CPU 板根据约定的通信协议，可以定时读取外电网的各种信息，保存在存储器当中，CPU 板同时通过 CAN 总线与站机通信，等待站机要求发送外电网信息数据命令，接到命令后，将外电网数据打包发送出去。当接收到外电网报警信息后，主动发送报警帧。

2. 半闭外线电压电流采集器

半闭外线电压电流采集器将模拟信号转换成数字量保存在寄存器当中，半自闭采集机的 CPU 板通过 RS-485 总线访问智能采集器的寄存器，读回半自闭电压、电流的实时值，保存在存储器当中。CPU 板与站机间使用 CAN 总线进行通信，当收到要求发送半自闭信息数据命令时，将最新的半自闭电压、电流数据发送出去。

五、实验步骤

1. 观察并记录外电网输入相电压、线电压、电流、频率、相位角、功率的变化情况，找出各个模拟量的正常工作范围。

（1）观察外电网和半自闭监测中监测系统的各部分实物相连情况。

(2)登录集中监测信号模拟系统,打开通信端口。

(3)打开监测站机。在站机中打开"集中监测数据采集监控",观察各采集机的连接状态。

(4)打开站机采集软件中的"外电网"→"外电网测量"→"实时值",打开外电网实时值监测窗口。

(5)在集中监测信号模拟系统中点击"外电网"→"Ⅰ路外电网"按钮,改变外电网中各监测量的大小,在监测站机的监测界面中观察对应各监测量的变化。观察各量的报警范围,记录并截图,如图 8-24、图 8-25 所示。

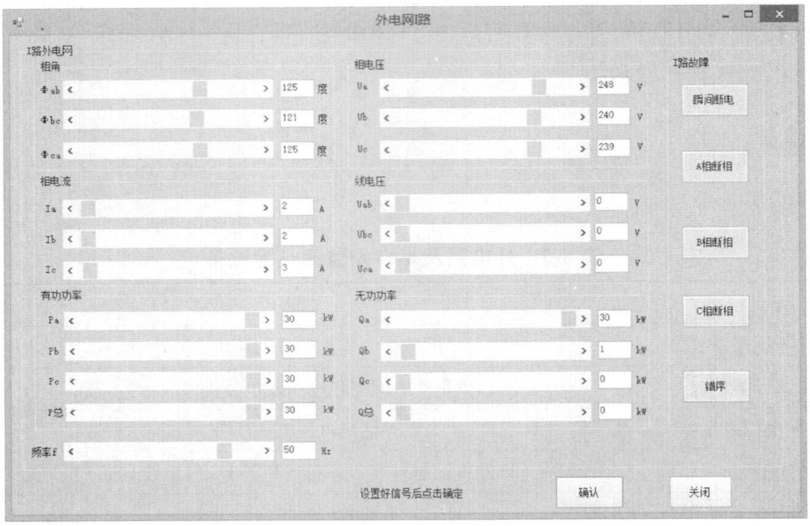

图 8-24　外电网设置界面

图 8-25　外电网采集界面

再次改变输入相电压、线电压、电流、频率、相位角、功率的大小时出现报警，如图 8-26 所示。

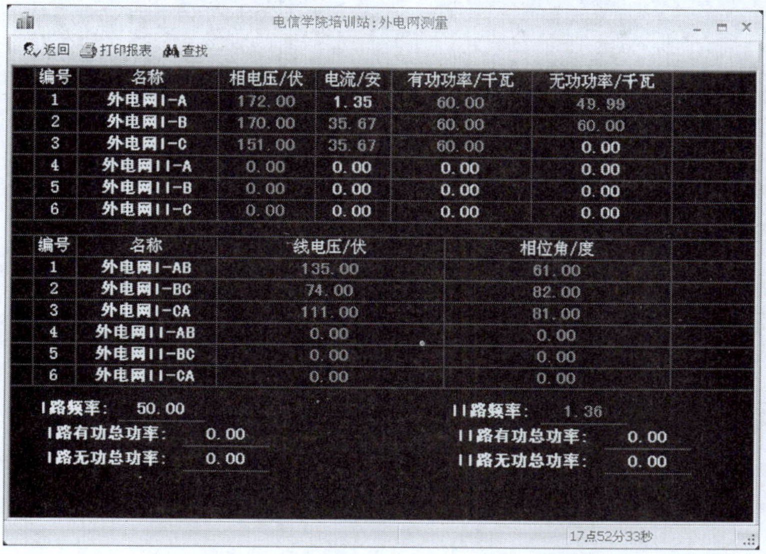

图 8-26 外电网采集界面报警显示

(6)在监测站机的监测软件中点击“模拟量分析”→“日曲线”，“选择数据类型”中选择外电网的各监测量，观察各个监测量的日曲线图，截图记录。

2. 观察并记录断相、错序、瞬间断电开关量。

(1)在集中监测信号模拟系统中点击“外电网”→“I 路外电网”按钮，改变外电网中输入，使 abc 分别错相断相，在监测站机的监测界面中观察对应各监测量的变化。观察各量的报警范围，记录并截图，如图 8-27、图 8-28 所示。

(2)在监测站机的监测软件中点击“模拟量分析”→“日曲线”，“选择数据类型”中选择外电网的各监测量，观察各个监测量的日曲线图，截图记录。

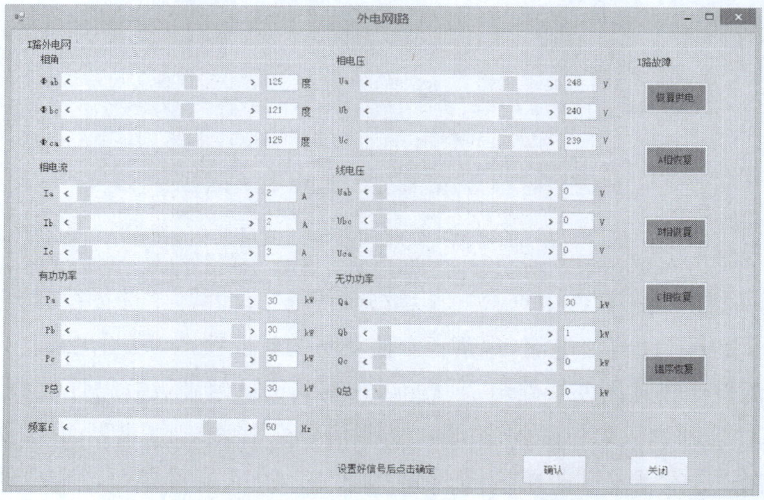

图 8-27 断相、错序、瞬间断电开关量设置界面

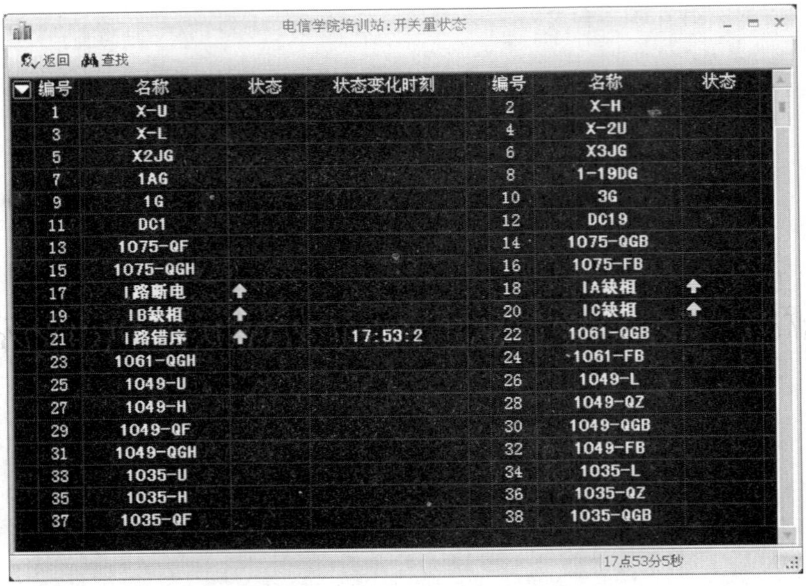

图 8-28 断相、错序、瞬间断电开关量采集界面

3. 观察并记录半自动闭塞线路直流电压、电流的变化情况并记录两个量的正常工作范围。

(1)打开站机采集软件中的“半自闭”→“半自动闭塞测量”→“实时值”,打开半自闭实时值监测窗口。

(2)在集中监测信号模拟系统中点击“半自闭”按钮,改变外电网中各监测量的大小,在监测站机的监测界面中观察对应各监测量的变化。观察各量的报警范围,记录并截图,如图 8-29 所示。

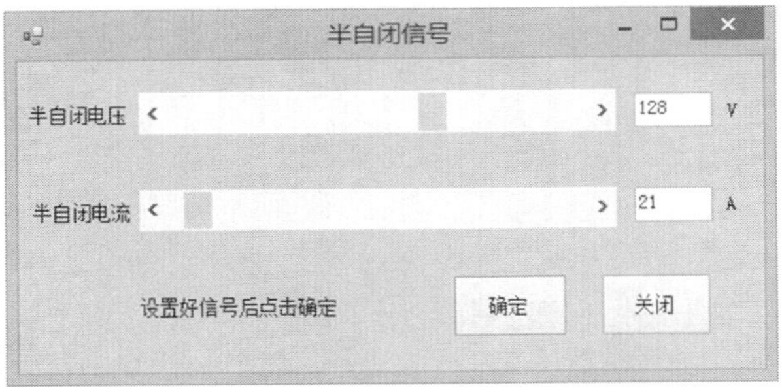

图 8-29 断相、错序、瞬间断电开关量采集界面

(3)在监测站机的监测软件中点击“模拟量分析”→“日曲线”,“选择数据类型”中分别选择半自闭直流电压和半自闭直流电流,观察各个监测量的日曲线图,截图记录。

4. 串口屏配置半自动闭塞线路电压、电流,观察并记录信号板数码管显示信息。

(1)打开串口屏即进入串口屏程序“集中监测信号模拟系统”登录界面,如图 8-30 所示。

(2)触摸点击“进入系统”,选择“半自闭电压电流”,进入配置界面,修改“外线电压”和“外线电流”,观察并记录信号板数码管变化情况,如图 8-31 所示。

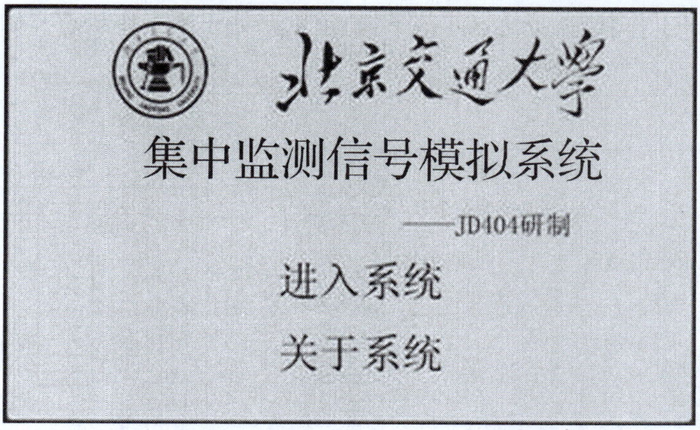

图 8-30 断相、错序、瞬间断电开关量采集界面

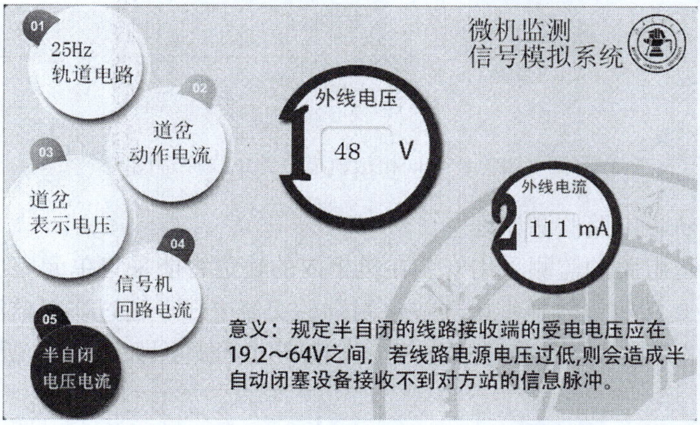

图 8-31 半自动闭塞串口屏设置界面

第五节 25 Hz 相敏轨道电路监测实验

一、实验目的

通过操作集中监测信号模拟系统改变 25 Hz 轨道电路轨道及局部电压、相位，运用信号集中监测站机查看监测信号的实时状态。使学生了解 25 Hz 轨道电路的工作原理、监测原理，掌握 25 Hz 轨道电路各监测量的安全范围及监测过程。

二、实验原理

1. 25 Hz 相敏轨道电路工作原理

25 Hz 相敏轨道电路的电源屏由室内分别供出 25 Hz 轨道电源和局部电源。轨道电源由室内通过电缆供向室外，经由电源变压器、送端限流电阻、送电端扼流变压器、钢轨线路、受端扼流变压器、受端中继变压器、电缆线路，送回室内，经过防雷补偿器及防护盒给二元二位继电器的轨道线圈供电。

25 Hz 局部电源经并联的防雷补偿器直接给二元二位继电器供电。当二元二位继电器 GJ 的轨道线圈和局部线圈所得电源满足规定的相位(90°)、频率、电压值的要求时，GJ 继电器吸起，轨道电路处于工作状态；反之，GJ 落下，轨道电路处于不工作状态。如图 8-32 所示。

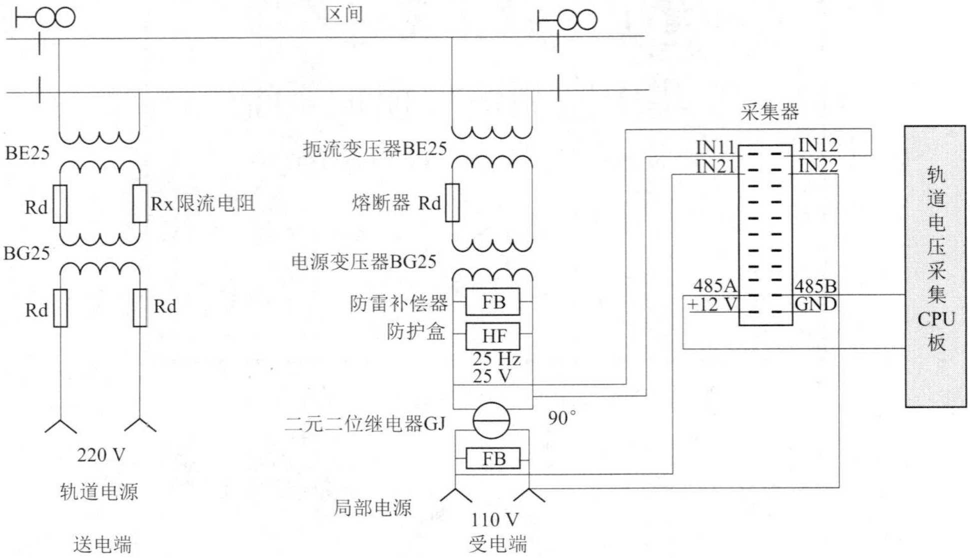

图 8-32　25 Hz 相敏轨道电路工作原理图

2. 25 Hz 相敏轨道电路监测原理

25 Hz 相敏轨道电路的监测采用安装在机柜内的轨道智能采集单元完成轨道电压和相位角的监测。监测点是接收端轨道继电器线包两端的交流电压。通过实时监测接收端电压值的变化，反映轨道电路调整状态和分路状态的工作状况，其原理图如图 8-33 所示。

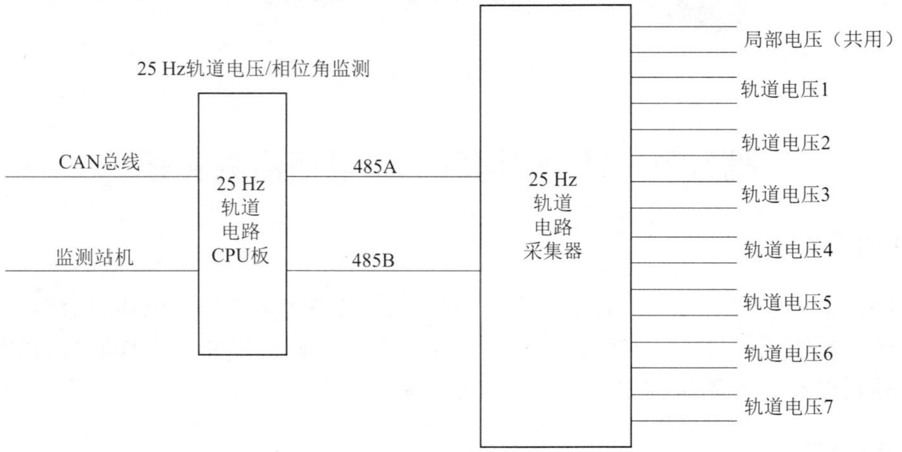

图 8-33　25 Hz 相敏轨道电路监测原理图

智能采集单元对输入的 8 路交流量进行幅度和相位的测量(相位的测量以第 1 路为基准)。它将测试数据通过 RS-485 总线传送给通信 CPU 板，并上传至监测站机。8 路交流量中，第一路是局部电压，2 至 8 路是轨道电压，各轨道的相位角均是它们与局部电压相比较获得。

CPU 板每秒查询 30 个智能传感器的测量结果，对结果进行整理。CPU 板与智能传感器间使用 RS-485 总线进行通信，波特率采样 19 200 bit/s，CPU 板能够在 1 s 内完成对 30 个智能传感器的读取。

监测内容：轨道接收端交流电压、相位角。

监测点：轨道测试盘侧面端子或二元二位轨道电路继电器端、局部电压输入端，相敏轨道电路电子接收器端。

监测量程：电压 0～40 V；相位角 0～360°。

监测精度：电压±1%；相位角±1%。

测试方式：站机周期巡测(周期≤2 s)；变化测。轨道继电器励磁时测相位角，轨道占用时不测试相位角。

采样速率：500 ms。

三、实验任务

1. 了解 25 Hz 轨道电路监测原理，观察系统结构，记录监测站机 X2JG 的交流电压和相位。

2. 调节轨道接收端交流电压的大小，找出 25 Hz 相敏轨道电路的交流电压的正常工作范围，查看并记录监测的实时值及监测的历史记录。

3. 调节轨道接收端交流电压的相位角大小，找出 25 Hz 相敏轨道电路的交流电压相位角的正常工作范围，查看并记录监测的实时值及监测的历史记录。

4. 串口屏调节 25 Hz 轨道电路参数，改变局部线圈、轨道线圈电压以及相位角，观察并记录信号板数码管变化情况。

四、实验设备

表 8-4　25 Hz 相敏轨道电路监测实验设备

设备或板卡	功　能	数量
集中监测信号模拟系统	模拟集中监测信号的输出	1
轨道电压相角综合采集传感器	采集轨道电压及局部电压	1
集中监测站机系统	显示采集到的信号状态与大小	1

五、实验步骤

1. 了解 25 Hz 轨道电路监测原理，观察系统结构，记录监测站机 X2JG 的交流电压和相位。

(1)观察 25 Hz 相敏轨道电路监测中监测系统的各部分实物相连情况。

(2)打开监测站机。在站机中打开“集中监测数据采集监控”，观察各采集机的连接状态。

(3)打开站机采集软件中的“轨道电路”→“25 Hz 相敏轨道电路的测量”→“实时值”，打开轨道电路实时值监测窗口。

(4)连上 220 V 转 24 V 变压器电源，25 Hz 轨道电路开始工作，打开监测站机，查看轨道电路信息，记录 X2JG 的交流电压和相位。

2. 调节轨道接收端交流电压的大小，找出 25 Hz 相敏轨道电路的交流电压的正常工作范围，查看并记录监测的实时值及监测的历史记录。

(1)在集中监测信号模拟系统中点击“轨道电路”按钮，改变轨道电路交流电压的大小，在监测站机的监测界面中观察对应各监测量的变化。观察各量的报警范围，记录并截图。

(2)在监测站机的监测软件中点击“模拟量分析”→“日曲线”,“选择数据类型”中分别选择轨道电压和轨道电流,观察各监测量的日曲线图,截图记录,如图 8-34 所示。

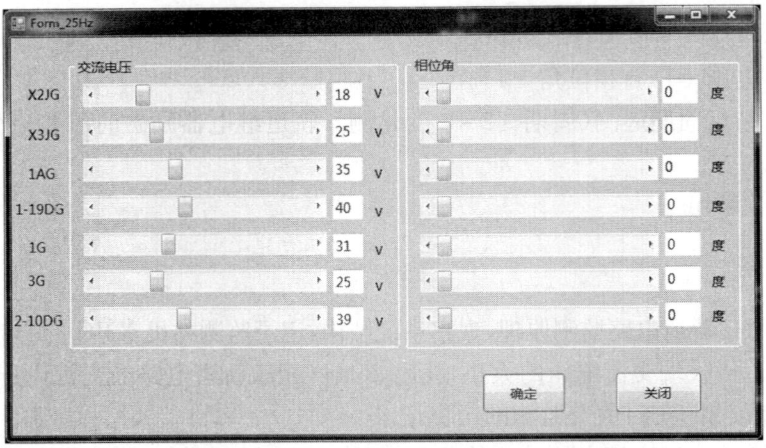

图 8-34 25 Hz 相敏轨道电路监测设置界面

3. 调节轨道接收端交流电压的相位角大小,找出 25 Hz 相敏轨道电路的交流电压相位角的正常工作范围,查看并记录监测的实时值及监测的历史记录。

(1)在集中监测信号模拟系统中点击“轨道电路”按钮,改变轨道电路交流电压相位角的大小,在监测站机的监测界面中观察对应各监测量的变化。观察各量的报警范围,记录并截图。

(2)在监测站机的监测软件中点击“模拟量分析”→“日曲线”,“选择数据类型”中分别选择轨道电压和轨道电流,观察各监测量的日曲线图,截图记录,如图 8-35 所示。

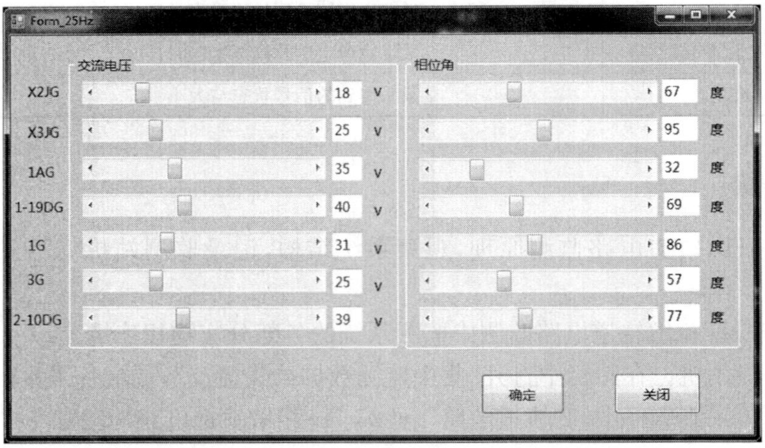

图 8-35 25 Hz 相敏轨道电路监测设置界面

4. 串口屏调节 25 Hz 轨道电路参数,改变局部线圈、轨道线圈电压以及相位角,观察并记录信号板数码管变化情况。

(1)打开串口屏进入“集中监测信号模拟系统”登录界面。

(2)触摸点击“进入系统”,选择“25 Hz 轨道电路”,进入配置界面,修改“局部线圈”电压、“轨道线圈”电压和“相位差”,观察并记录信号板数码管变化情况,如图 8-36 所示。

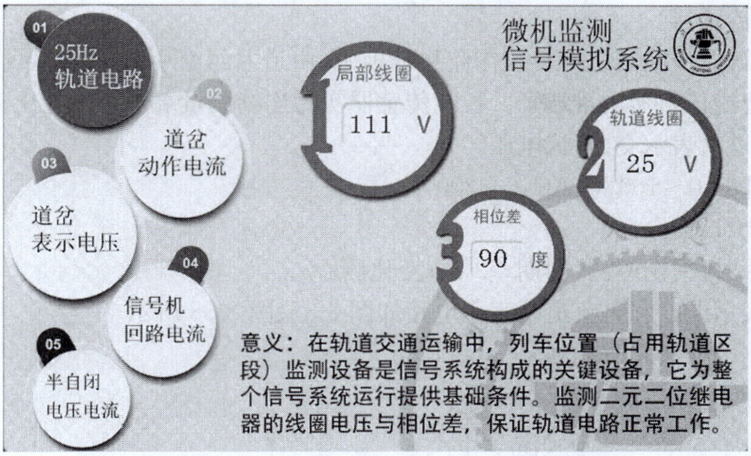

图 8-36 25 Hz 相敏轨道电路监测串口屏设置界面

第六节 道岔表示电路及道岔动作电流监测实验

一、实验目的

通过操作集中监测信号模拟系统改变道岔表示电压、道岔动作电流，运用信号集中监测站机查看监测信号的实时状态。使学生了解道岔表示电路及道岔动作电路的工作原理、监测原理，掌握道岔表示电路及道岔动作电路的监测过程。

二、实验原理

1. 道岔表示交直流电压

道岔表示继电器端电压是一个半波整流的脉动电压，兼有交流电压和直流电压的特点，当道岔处于定位或反位，表示继电器不能励磁时，可以分析出道岔表示电路中的故障点，道岔表示电压包括定位表示电压和反位表示电压，与维修机送来的定/反位信息对比可以排查道岔故障。道岔表示采集机使用智能传感器采集道岔表示电压。

监测点：道岔表示电压监测点为分线盘道岔表示线。

(1)交流道岔

定位采集 X4 和 X2，X4 为正，X2 为负；反位采集 X3 和 X5，X3 为正，X5 为负。

(2)直流道岔

定位采集 X1 和 X3，X1 为正，X3 为负；反位采集 X3 和 X2，X3 为正，X2 为负。

智能传感器：智能传感器直接对道岔表示线进行测量。测量交流道岔表示电压时，使用 TC6VBⅡ(110)交流道岔表示电压智能采集传感器，可分别对输入的 2 组道岔表示电压进行幅度测量，可用来分别测量 4 路道岔电压的 8 个交直流分量。测量直流道岔表示电压时，使用 TC6VBⅢ(110)16 路道岔表示电压智能采集传感器，可分别对输入的 4 组道岔表示电压进行幅度测量，可用来分别测量 8 路道岔电压的 16 个交直流分量。

监测原理：道岔表示电压的监测采用道岔表示电压智能采集单元，CPU 板通过 RS-485 总线与智能传感器进行通信，能够获得道岔表示电压的实时值。每个道岔表示采集机最多能够连接 30 个智能传感器。

采集方式：智能传感器统一安装在监测机柜中，由道岔组合引出的采集线经由组合侧面，使用电缆送往智能传感器测量端子。智能传感器实时连续测量端子上的电压值。

监测内容：道岔表示交、直流电压。

监测量程：DC：0～100 V；AC：0～200 V。

监测精度：±1%。

监测方式：站机周期巡测（周期≤2 s）；变化测。

交流道岔表示电路和直流道岔表示电路如图 8-37、图 8-38 所示。

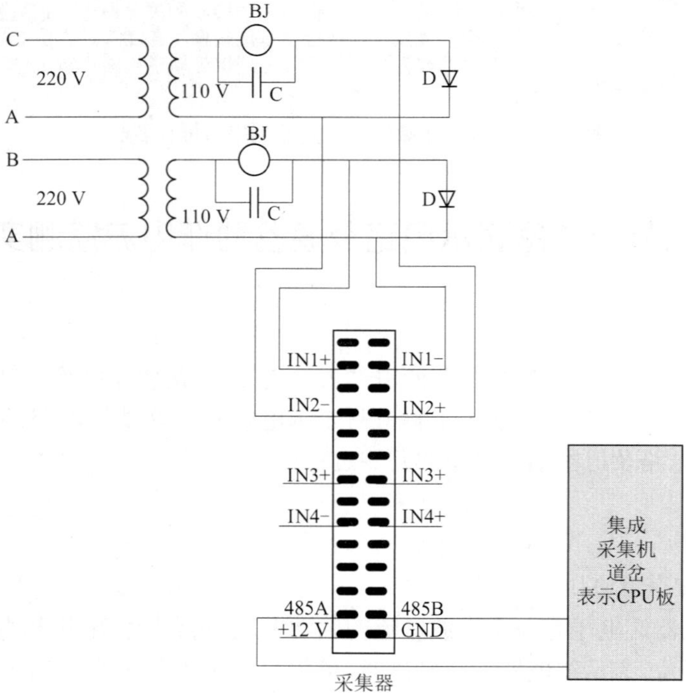

图 8-37　交流道岔表示电路

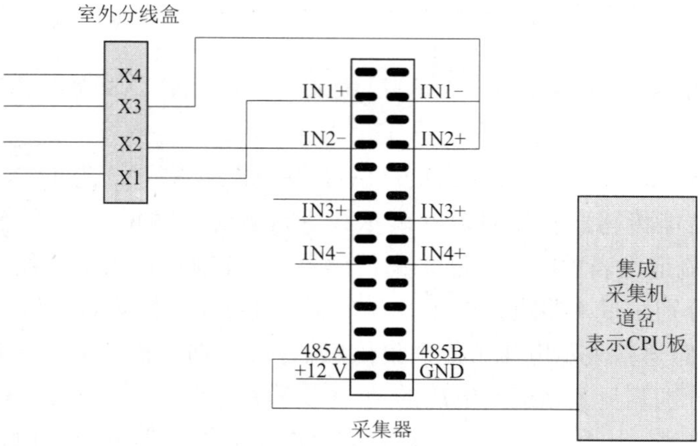

图 8-38　直流道岔表示电路

2. 道岔的工作原理

直流道岔转辙机是直流供电，通过改变电流方向来控制转辙机的正反转；当电流过大或过小时，转辙机的工作性能都将受到影响。在转辙机刚启动时会产生瞬时的大电流，如图 8-39 所示。一般动作时间大约在 5～6 s。

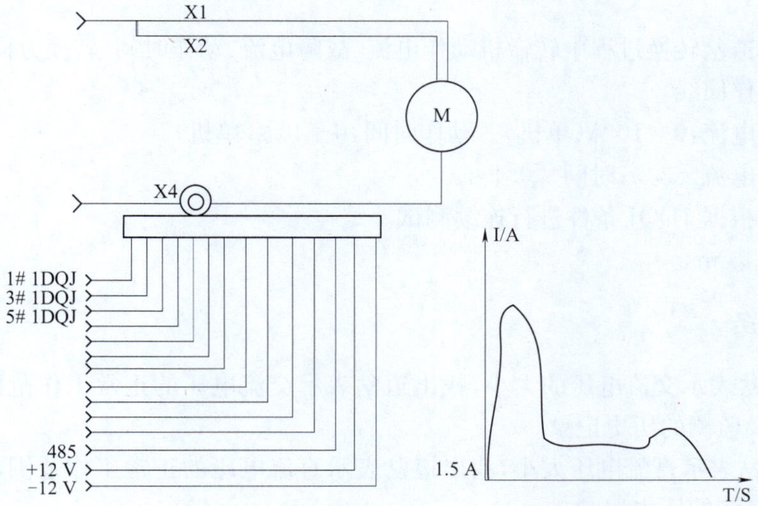

图 8-39　直流道岔工作及监测原理

交流电动转辙机的工作流程：解锁—动作—锁闭—缓放表示。交流电源输入采用三相四线制，如图 8-40 所示。错相、缺相、过欠压应报警。

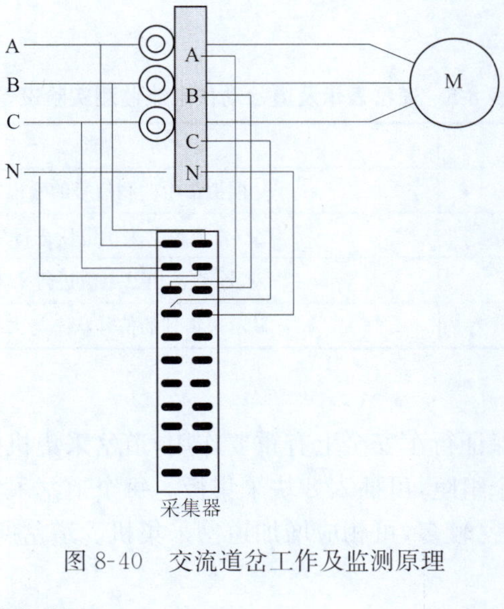

图 8-40　交流道岔工作及监测原理

3. 道岔动作电流的监测原理

道岔转换时才会有动作电流，道岔采集机是通过采集继电器的落下接点状态来监测道岔转换的起止时间。通过监测道岔定位/反位表示灯电路的继电器接通条件，记录道岔位置、描绘战场状态。由于表示灯电路里的采集条件是开关量，所以必须经过电阻衰耗隔离和光电隔离。

直流电动转辙机在分线盘或组合选取动作电流回线，三相交流电动转辙机在组合后面选取 A、B、C 三相动作线。采用开口式道岔电流采样模块，利用霍尔原理获得采样电流。对道岔动作电流的测试，采用穿心感应式电流传感器，可监测 10 A 以内的交、直流电流。传感器采用了线性补偿霍尔原理，隔离彻底、响应快、耐冲击，0～20 mA 电流源通过采样电阻输出 0～5 V 标准电压。

监测内容：道岔转换过程中转辙机动作电流、故障电流、动作时间、转换方向。

监测点：动作回线。

监测量程：电流：0～10 A(单机)。动作时间：0～40 s(单机)。

测量精度：电流±3%；时间≤0.1 s。

测试方式：根据 1DQJ 条件进行连续测试。

采样速率：40 ms。

三、实验任务

1. 调节道岔表示交流电压的大小，找出道岔表示交流电压的正常工作范围，查看并记录监测的实时值及监测的历史记录。

2. 调节道岔表示直流电压大小，找出道岔表示直流电压的正常工作范围，查看并记录监测的实时值及监测的历史记录。

3. 观察并记录道岔转换过程中转辙机动作电流、动作时间、转换方向。

4. 串口屏调节道岔编号、交流电压和直流电压，观察记录信号板数码管变化情况。

四、实验设备

试验设备如表 8-5 所示。

表 8-5 道岔表示及道岔动作电流监测实验设备

设备或板卡	功　　能	数量
集中监测信号模拟系统	模拟集中监测信号的输出	1
道岔表示电压智能采集传感器	对交/直流道岔表示电压进行采集	1
道岔电流综合采集传感器	对交/直流道岔电流进行采集	1
集中监测站机系统	显示采集到的信号状态与大小	1

1. 道岔采集机

道岔采集机的监测在保证行车安全上有重要作用，道岔采集机的设计采用组匣式、总线板结构。每个采集机占用一个组匣，可插入 8 块采集板。每个道岔采集机容量最多为 192 路，但一般情况下为 96 路。若道岔较多，可相应增加道岔采集机。道岔所使用的转辙机为直流电动转辙机或交流电动转辙机。

五、实验步骤

1. 观察道岔表示电路及道岔动作电流监测中监测系统的各部分实物相连情况。

2. 登录集中监测信号模拟系统，打开通信端口。

3. 打开监测站机。在站机中打开“集中监测数据采集监控”，观察各采集机的连接状态。

4. 打开站机采集软件中的“道岔”→“道岔启动电流”→“实时值”，打开道岔启动电流监测记录窗口。

5. 在集中监测信号模拟系统中点击“道岔”按钮，（建议将动作电流最大值调到 33 000 左右）改变各个道岔的状态，在站机监测界面观察动作电流曲线，记录并截图，如图 8-41、图 8-42 所示。

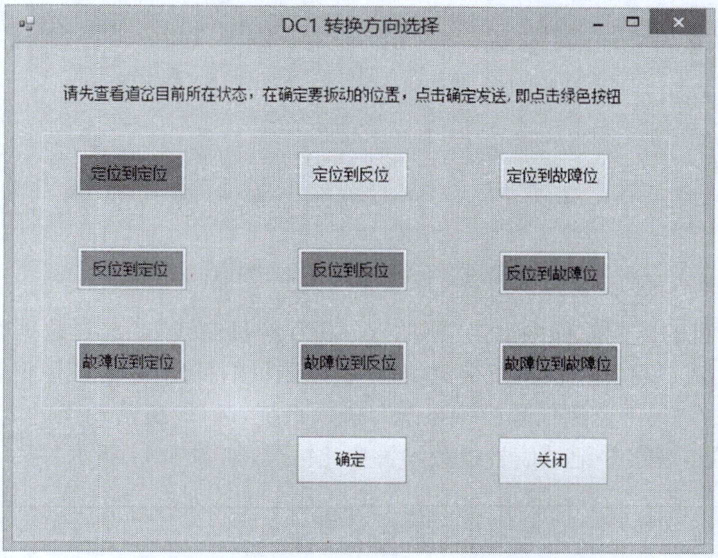

图 8-41 道岔动作设置界面

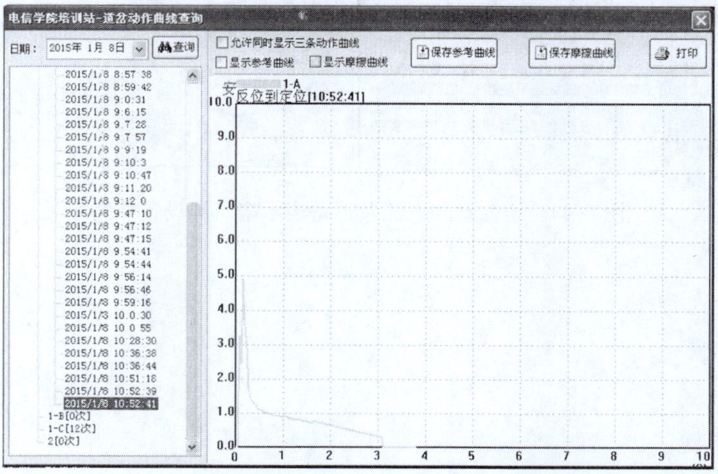

图 8-42 道岔动作电流监测界面

6. 打开站机采集软件中的“道岔表示”→“道岔表示电压”→“实时值”，打开道岔表示实时值监测窗口。

7. 在集中监测信号模拟系统中点击“道岔表示”按钮，改变各个道岔表示的监测量大小，在监测站机的监测界面中观察对应各监测量的变化。观察各量的报警范围，记录并截图，如图 8-43所示。

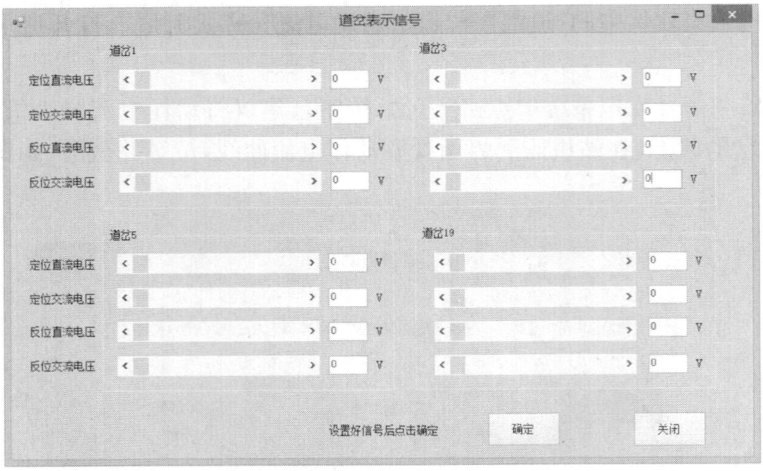

图 8-43 道岔表示设置界面

8. 在监测站机的监测软件中点击“模拟量分析”→“日曲线”,“选择数据类型”中分别选择定位直流、定位交流、反位直流、反位交流,观察各监测量的日曲线图,截图记录。

9. 打开串口屏“集中监测信号模拟系统”,进入系统,选择“道岔动作电流”和“道岔表示电压”,修改相应参数,观察并记录信号板数码管变化情况,如图 8-44 所示。

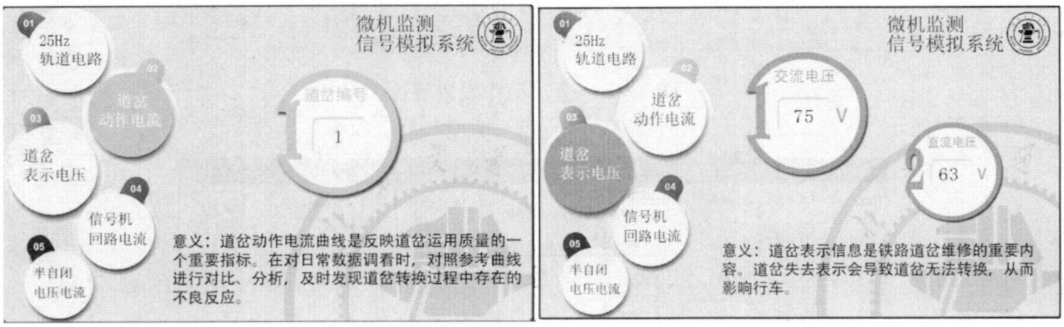

图 8-44 道岔动作电流及道岔表示串口屏设置界面

第九章　轨道交通信号事故再现与分析实验

第一节　轨道交通信号事故再现与分析系统概述

轨道交通信号事故再现与分析系统是针对影响列车运行安全的轨道交通信号而设计的专业性故障再现与分析实验教学系统。该系统可以复现各种轨道交通信号事故，让学生在观察事故的同时重视安全问题，通过对事故原因的查找、分析与解决，培养学生的安全意识、创新意识和实践动手能力。

系统总体功能通过搭建 CTCS-3 列车运行控制模拟系统，在可以模拟正常列车运行的前提下，同时可以模拟各种轨道交通信号故障，从而复原出各种由于铁道信号故障而引起的轨道交通事故。

本分析平台主要功能如下：

1. 列车正常运行，模拟列车正常运营状态，通过站场演示模型直接展现列车运营全过程。

2. 真实事故分析，即通过直接勾选真实事故名称，平台将自动选择相应的故障群进行模拟仿真，复现真实事故的发生过程。

3. 自主事故分析，即自由组合故障因素，通过勾选单个或多个故障因素，由平台自行仿真故障，模拟可能产生的动车事故。

4. 事故数据窗口，学生在模拟事故的过程中，事故数据窗口产生各种通信交互数据，便于认知事故与分析事故。

一、轨道交通信号事故再现与分析实验系统构成

1. 结构概述

本系统的控制平台主要分为三个部分，即列车运行控制系统、列车故障分析平台和站场演示模型，其中列车运行控制系统又包括调度集中系统（CTC）、无线闭塞中心（RBC）、联锁列控一体化系统（CBI）和车载人机交互界面（DMI）。系统整体框图如图 9-1 所示。

列车运行控制系统可以模拟列车的正常运行，如 CTC 编辑调度计划、RBC 控制信息的执行与处理、车站联锁办理行车进路、DMI 显示列车运行状态。

列车故障分析平台可以根据故障库按照真实事故或自主事故产生故障信息，模拟事故产生的过程，进而复原真实事故或模拟可能事故。

站场演示模型可以驱动室外站内与区间信号，并将列车占用信息采集到联锁列控系统，列车模型可以根据 RBC 发送的控制信息行车。平台实物如图 9-2 所示。

2. 结构详述

(1)列车运行控制系统

①列调工作站一台：用于调度员进行调整计划的编制和下达。

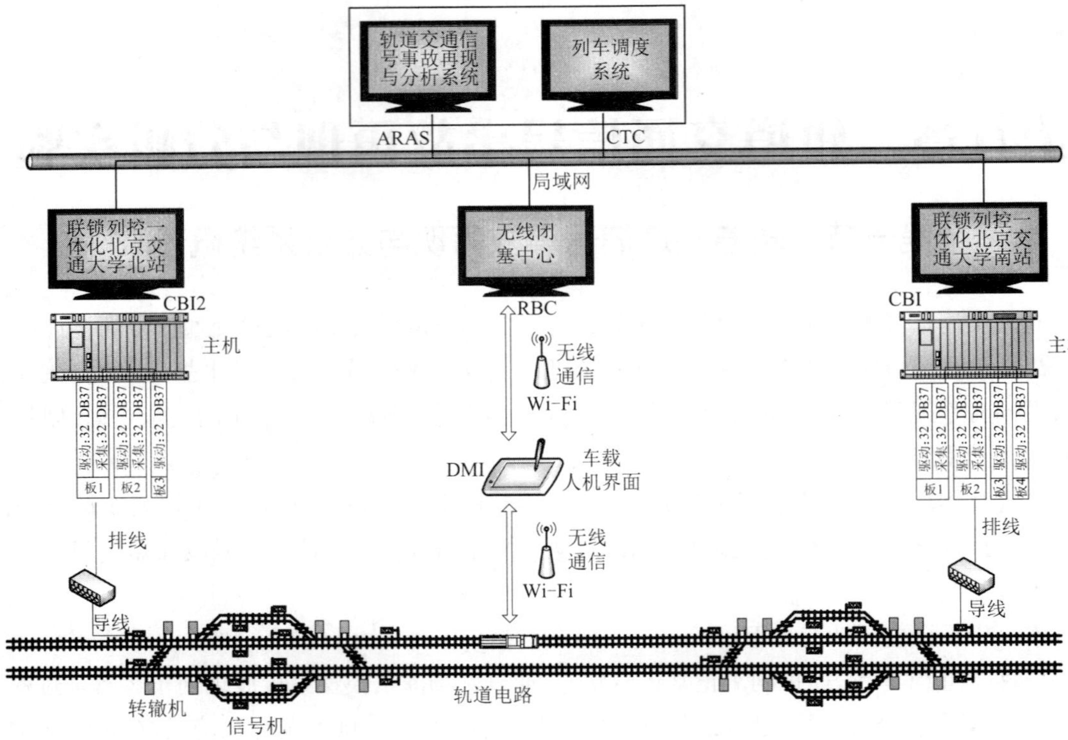

图 9-1 轨道交通信号事故再现与分析系统平台结构图

图 9-2 轨道交通信号事故再现与分析系统平台实物图

②联锁列控一体化工作站两台：分为交大南北两站，主要实现联锁列控功能和调度计划的显示。

③无线闭塞中心服务器一台：处理联锁列控发送的信息，发送列车运行许可。

④车载人机交互界面两台：接收 RBC 发送的列车运行许可信息，并转发到列车，接收列车发送的速度位置信息反馈到 RBC。

⑤列车模型两辆：车载设备包括电机控制模块、霍尔测速测距模块、无线通信模块，模拟列车正常运行。

(2)列车故障分析平台

事故再现分析服务器一台:存储事故数据库,设置事故,并对事故进行分析。

(3)站场演示模型

演示车站两个:包含站内轨道电路,信号机,转辙机。

3. 系统网络结构

系统网络结构见表 9-1。

表 9-1　轨道交通信号事故再现与分析系统网络结构

工控机	交大北站: 192.168.0.23	ARAS 系统 & 调度集中系统 192.168.0.15	无线闭塞中心: 192.168.0.16	交大南站: 192.168.0.3
DMI 主机	DMI_A	DMI_B		
列车	列车 1	列车 2		

二、轨道交通信号事故再现与分析实验系统开启与关闭说明

1. 系统开启步骤

(1)连接站场演示模型电源;

(2)顺序开启联锁列控一体化设备、故障分析/CTC 设备、RBC 设备、车载 DMI、列车等设备电源;

(3)连接车载 DMI 与 RBC 系统之间、列车和车载之间的 Wifi;

(4)依次打开 CTC、RBC、联锁列控一体化、车载 DMI、故障分析系统程序。

2. 系统关闭步骤

(1)顺序关闭 CTC、RBC、联锁列控一体化、车载 DMI、故障分析系统程序;

(2)关闭列车电源;

(3)顺序关闭联锁列控一体化设备、故障分析/CTC 设备、RBC 设备、车载 DMI 设备电源。

(4)断开站场演示模型电源。

三、实验报告要求

1. 按照实验指导书的格式简述实验目的、实验原理、实验任务。
2. 详细列表、图示记录并分析每一项实验任务的具体实验结果。

第二节　系统基本操作实验

一、实验目的

了解事故再现分析系统作用,分析系统的组成结构,熟悉系统的操作流程。

二、实验原理

轨道交通运行控制部分主要包括车站联锁/列控系统、无线闭塞中心、调度中心、地

面设备及车载设备，实现列车无故障地运行于 CTCS-3/CTCS-2 模式，是平台的基础控制部分；而事故再现与分析部分是指用于事故再现、故障设置和故障分析的事故再现与分析平台，其根据需要产生特定的事故信息或设置故障信息，并实现事故再现和故障分析的目的。

三、实验任务

1. 行车调度指挥系统

掌握绘制运行线、进路图区列车进路修改、下计划等主要操作绘制实际运行图，并将已经绘制好的运营图发送至各车站。

2. 无线闭塞中心

掌握无线闭塞中心原理，与服务器建立操作，观察无线闭塞中心信息传输，理解列车运行过程。

3. 联锁列控一体化系统

掌握联锁列控一体化系统原理，掌握系统与其他系统地连接，根据 CTC 下发计划办理进路。

4. 事故再现分析系统

掌握事故再现分析系统的原理，观察经典事故的发生过程，了解单点故障和组合故障的设置过程。

5. 车载人机交互界面

掌握车载人机交互界面的原理，与 RBC 和列车的连接过程，了解列车的注册注销过程。

四、实验步骤

1. 打开电源给站场演示模型上电。
2. 打开工控机，并打开应用软件(RBC、CBI、CTC、ARAS)。
3. 给 DMI 上电，并打开 DMI 软件。
4. 列车上电。
5. CTC 操作步骤

步骤 1：打开桌面 CTC 程序，自动建立服务器，等待 RBC、CBI 的连接；

步骤 2：在 DMI 注册完成之后，在菜单栏点击：绘图→计划线；

步骤 3：当鼠标靠近车站横线位置时，鼠标会变成十字架形状，单击放开，当放到第二个车站再次变成十字架形状时再次单击，绘制列车运行计划图，右键结束绘制，点击确定，如图 9-3 所示；

步骤 4：在列车运行计划图下方的进路图区，切换相应车站进路计划，并下计划，如图 9-4 所示。

6. RBC 操作步骤

步骤 1：打开桌面 RBC 程序，在 RBC 界面，RBC 初始化菜单栏中选择“初始化”，得到如下图界面，点击确定，在弹出的设置更改界面，继续点击确定，如图 9-5 所示。

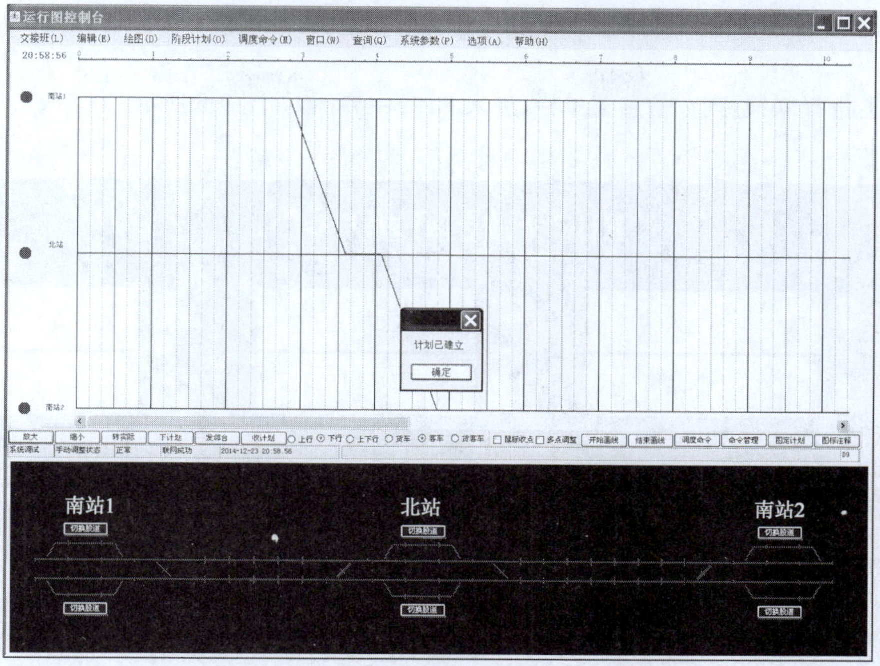

图 9-3　列车运营图绘制过程

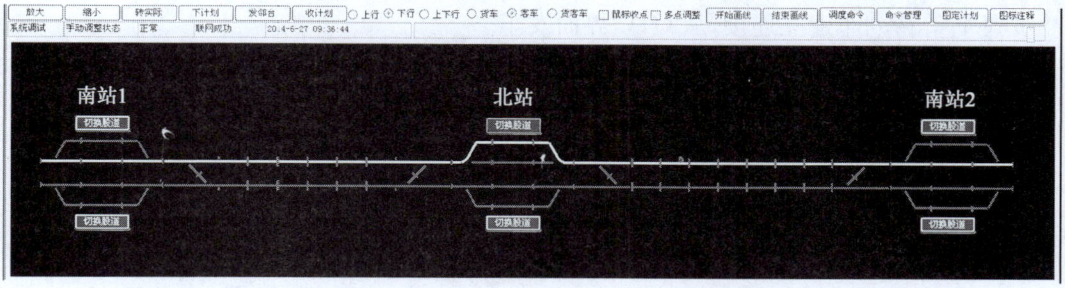

图 9-4　列车运行计划图进路图区

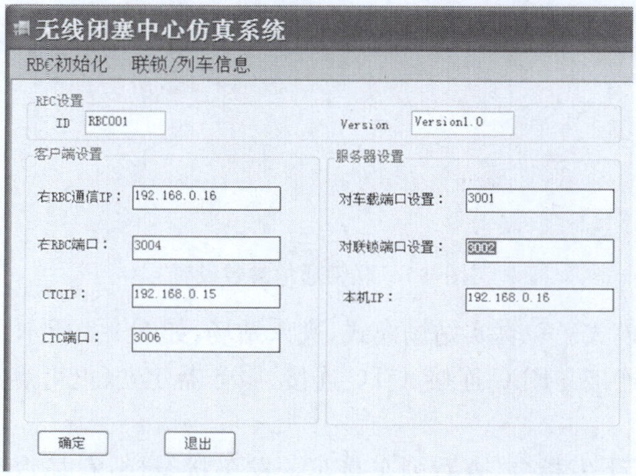

图 9-5　无线闭塞中心初始化参数设置

步骤 2：在 RBC 界面，从 RBC 初始化菜单栏选择建立连接，继续点击弹出对话框的确定。

步骤 3：选择联锁/列车信息菜单栏，进入 RBC 主界面，如图 9-6 所示。

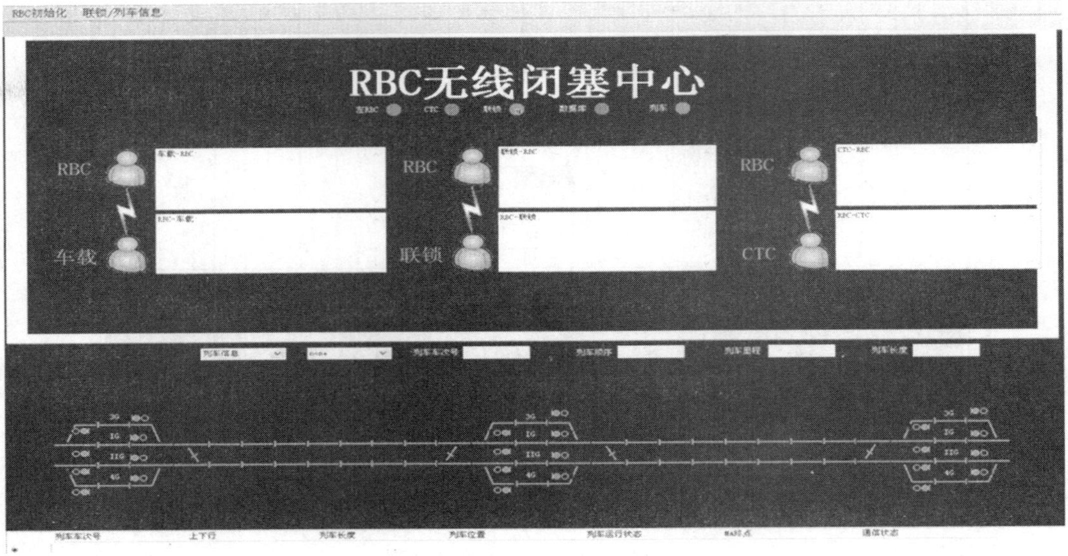

图 9-6 无线闭塞中心主界面

步骤 4：等待列车建立连接，从 CTC 界面发车。

7. 操作 CBI 联锁

步骤 1：打开联锁站程序选择程序—网络设置，设置各软件平台之间连接 IP 地址，如图 9-7所示。

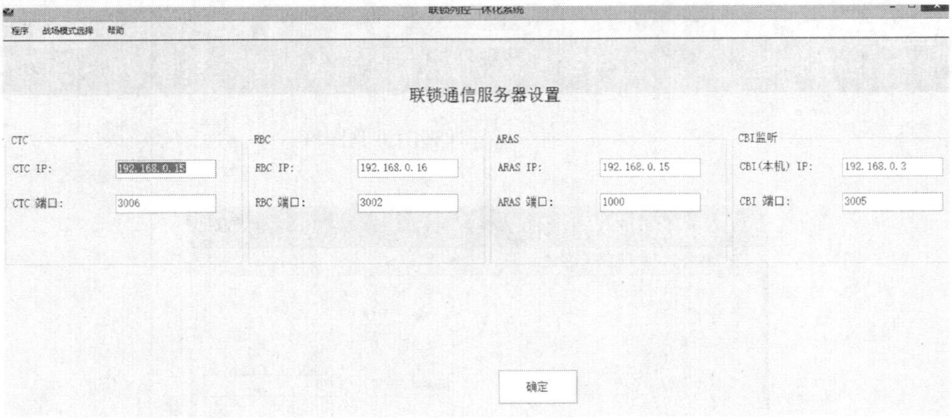

图 9-7 联锁通信参数设置

步骤 2：选择站场模式——真实站场模式，进入站场，如图 9-8 所示。

步骤 3：选择网络连接—RBC 连接、CTC 连接、服务器建立（也可点击一键连接），如图 9-9 所示。

步骤 4：等待 CTC 下发指令，查看列车接车—发车状态栏，看是否有列车计划，如图 9-10 所示。

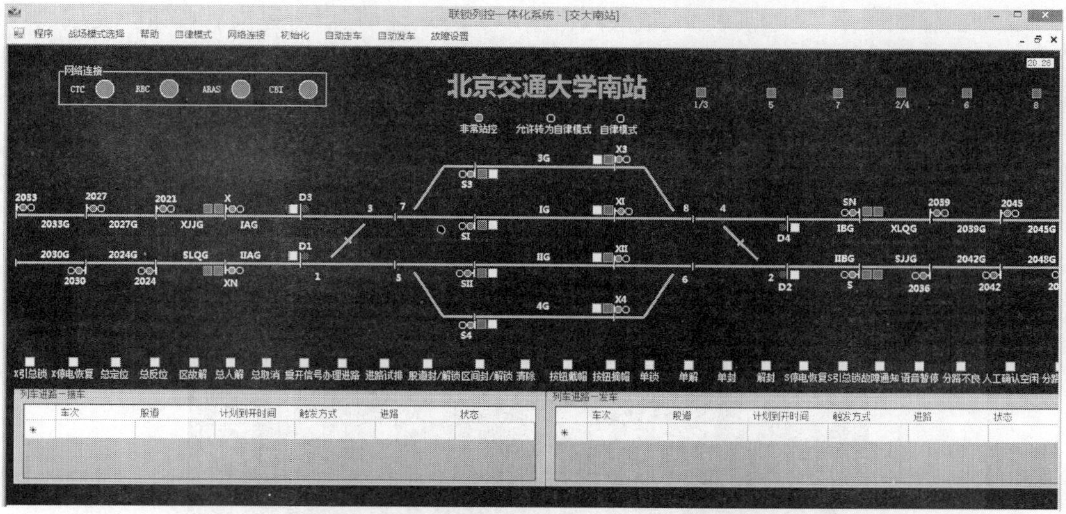

图 9-8　联锁车站界面

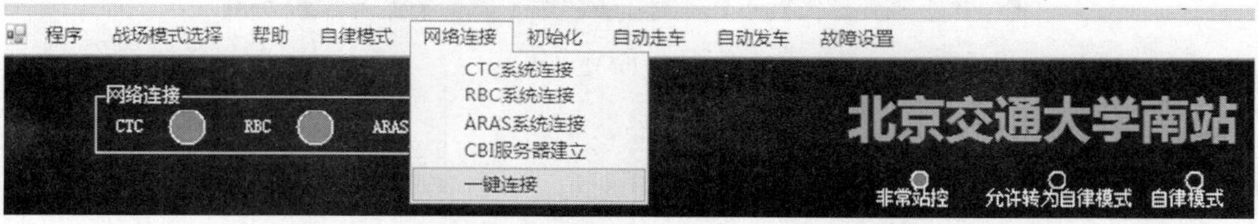

图 9-9　联锁车站网络连接

图 9-10　列车接车—发车状态栏

步骤 5：根据计划，依次点击发车始端，发车终端按钮，再点击办理进路发车。

8. 操作 DMI

步骤 1：打开 DMI 主机上 DMI 软件，进入 DMI 配置界面，如图 9-11 所示。

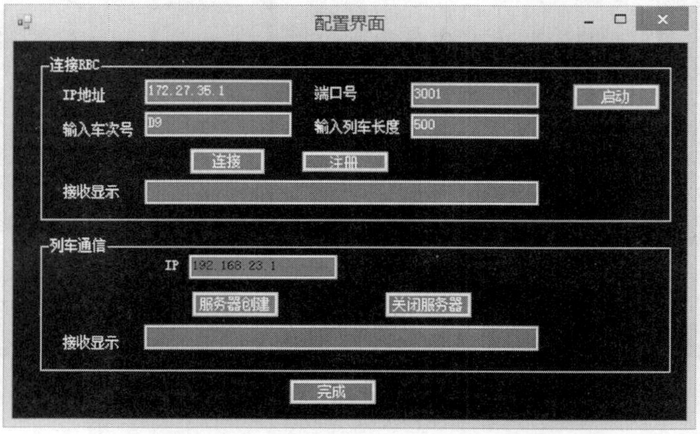

图 9-11　DMI 配置界面

步骤 2：输入车次号、列车长度，依次点击启动、连接、注册（点击完成后按钮会变成黑色）。

步骤 3：等待 CTC 下发运行计划后，接收显示会显示接收到的计划，然后点击服务器创建，与列车通信。

步骤 4：点击完成，进入 DMI 主界面，如图 9-12 所示。

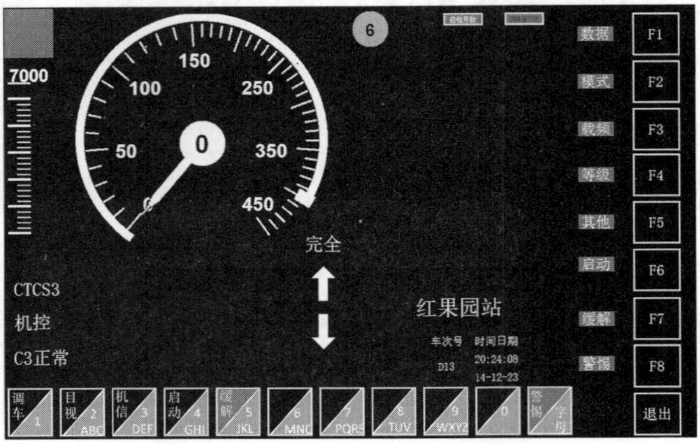

图 9-12　DMI 主界面

9. 操作 ARAS 故障分析平台

步骤 1：打开故障分析平台软件，如图 9-13 所示。

图 9-13　故障分析平台软件界面

步骤 2：在菜单栏中选择通信服务，点击通信设置，与 CBI 建立通信，如图 9-14 所示。

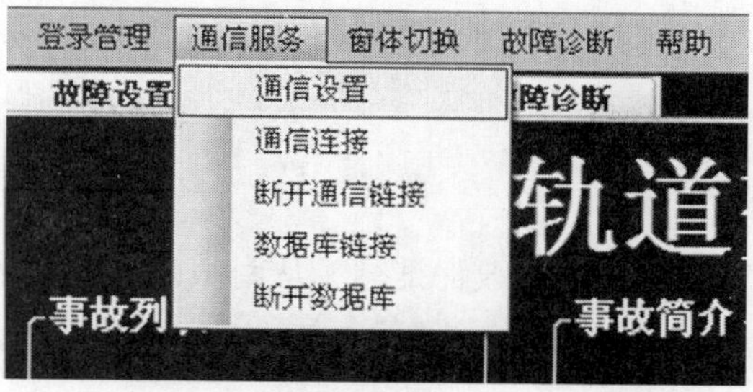

图 9-14　故障分析平台通信设置

步骤 3:故障设置。在站场图中,双击信号机、轨道区段或道岔,会弹出相应的故障设置窗体,在其中可选择设置相关故障,如图 9-15 所示。

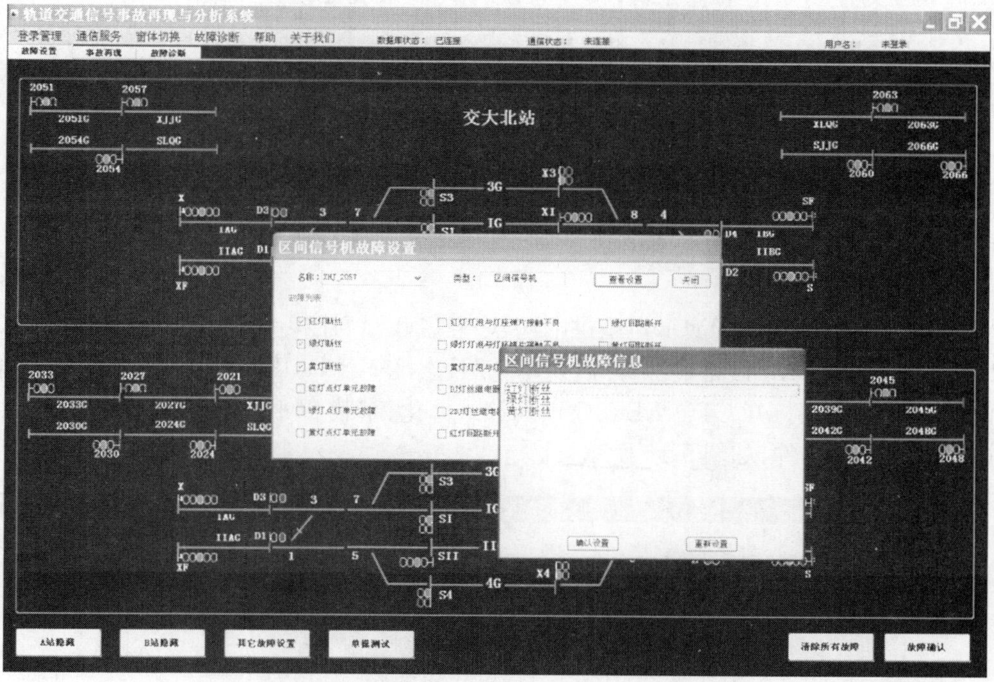

图 9-15　故障分析平台故障设置

第三节　列车运营全过程实验

一、实验目的

通过操作轨道交通信号事故再现与分析实验系统各子系统人机界面,实现列车接发车实验,掌握列车的基本发车过程。

二、实验原理

CTCS-3 级列控满足运营速度 350 km/h、最小追踪速度间隔 3 min 的要求,全线 RBC 设备集中设置,GSM-R 无线通信覆盖包括大站在内的全线所有车站,动车段及联络线均安装

CTCS-2 级列控系统地面设备，300 km/h 及以上动车组不装设列车运行监控装置(LKJ)。

三、实验任务

1. 行车调度指挥系统

绘制运行线、进路图区列车进路修改保证列车从南站正线发车，北站侧线接车，停站1 min 后发车，南站正线接车要求，并将计划下发到各车站。

2. 无线闭塞中心

掌握无线闭塞中心原理，与服务器建立操作，观察无线闭塞中心信息传输，观察列车位置，理解列车运行过程。

3. 联锁列控一体化系统

掌握联锁列控一体化系统原理，掌握系统与其他系统地连接，根据 CTC 下发计划办理进路。

4. 车载人机交互界面

掌握车载人机交互界面的原理，与 RBC 和列车的连接过程，了解列车的注册注销过程。

5. 列车操作

掌握列车测速和运行原理，上电无线连接过程，了解列车通信过程。

四、实验步骤

步骤 1：打开电源给站场演示模型供电，顺序开启联锁列控一体化设备、故障分析/CTC 设备、RBC 设备、车载 DMI 设备电源；开启列车电源；连接车载 DMI 与 RBC 系统之间、列车和车载之间的 Wifi。依次打开 CTC、RBC、联锁列控一体化、车载 DMI、故障分析系统程序。

(1)打开 CTC 软件，如图 9-16 所示。

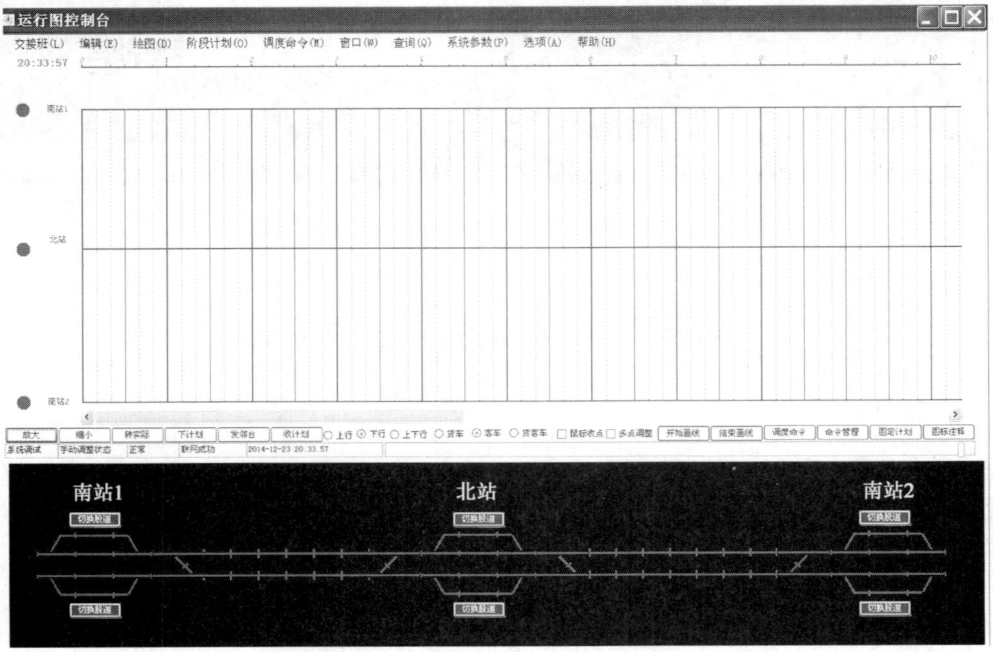

图 9-16 CTC 软件界面

（2）打开 RBC 软件，数据初始化，如图 9-17 所示。

图 9-17　RBC 软件数据初始化

（3）建立服务器连接，如图 9-18 所示。

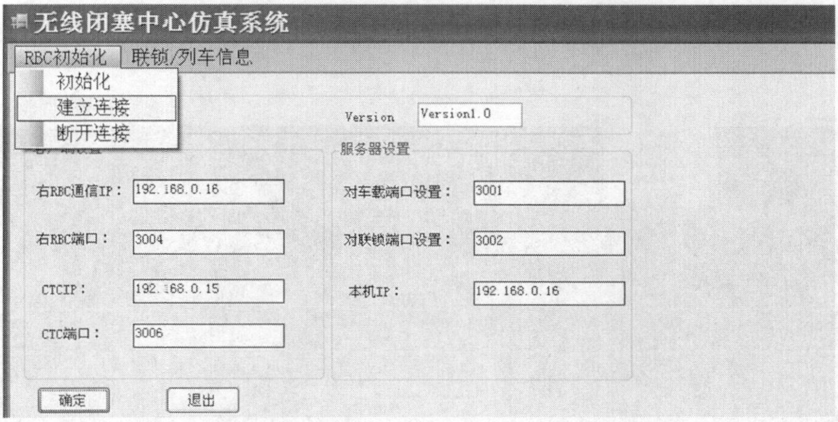

图 9-18　RBC 软件建立连接

（4）点击联锁列车信息显示 RBC 主界面，如图 9-19 所示。

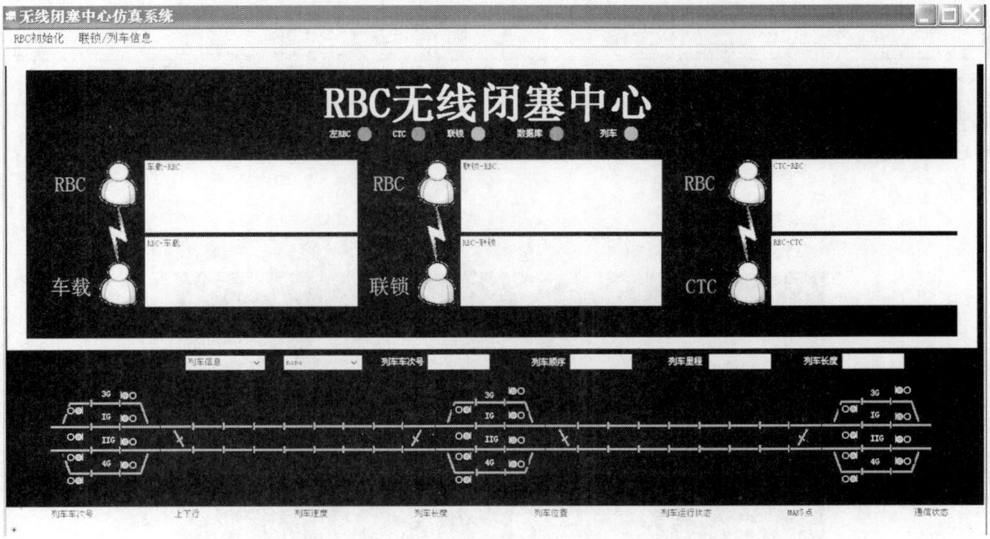

图 9-19　RBC 软件各站场联锁界面

（5）打开南北两站 CBI 软件，选择程序—网络设置，设置各软件平台之间连接 IP 地址，然后选择站场模式（真实站场模式），进入站场后，选择网络连接，依次建立连接（注意：右边的 CBI 先进行连接），可观察到连接指示灯变绿，如图 9-20、图 9-21 所示。

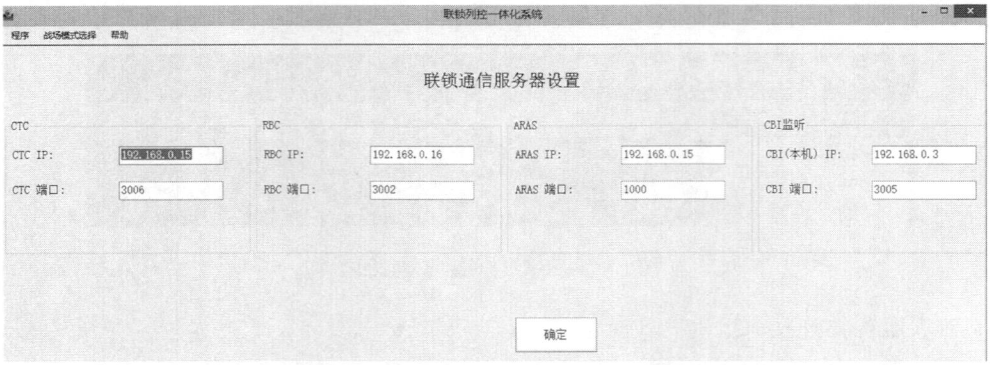

图 9-20　联锁通信服务器配置界面

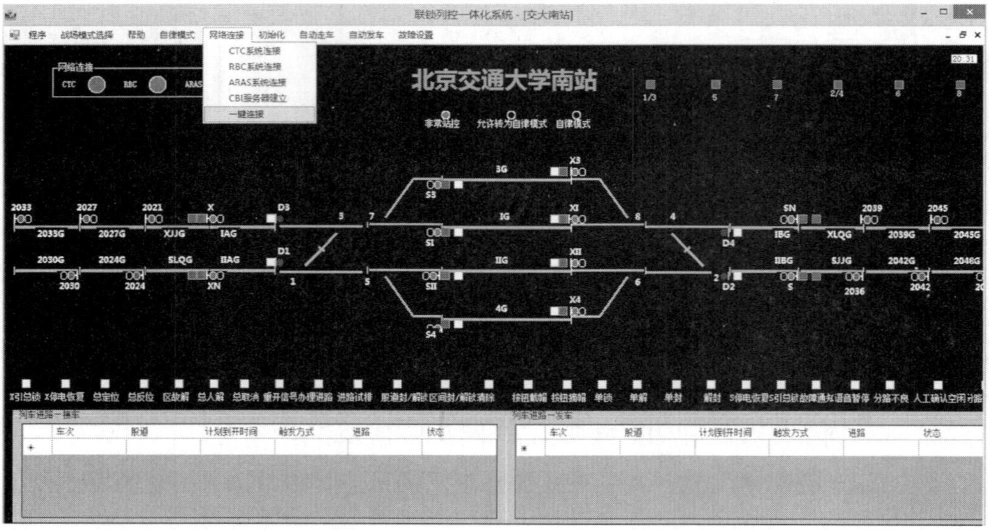

图 9-21　列控联锁一体化界面

(6)DMI 使用 Wifi 建立无线网络模拟 GSM-R 连接 RBC，进入车载 DMI 界面初始化，如图 9-22 所示。

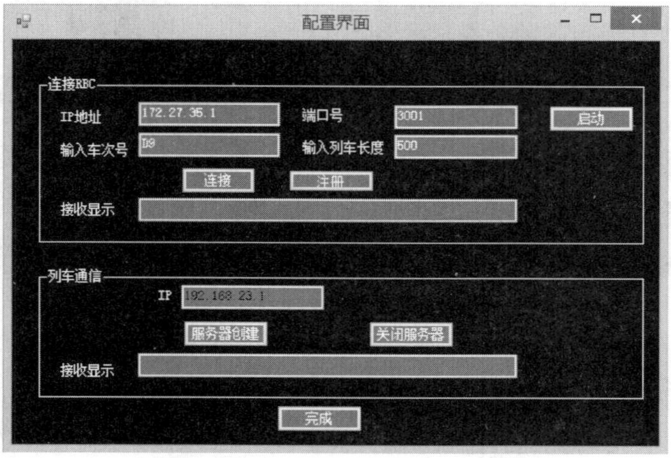

图 9-22　列车 DMI 配置界面

步骤 1:将仿真列车放入南站ⅠG上,方向为下行,如图 9-23 所示。

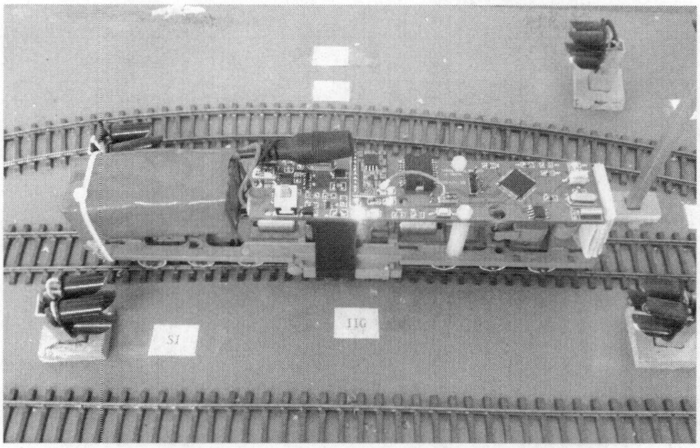

图 9-23　列车发车位置

步骤 2:当 DMI 上显示有设备连接上时,操作 DMI,依次点击启动、连接、注册,等待 CTC 下发运行计划,如图 9-24 所示。

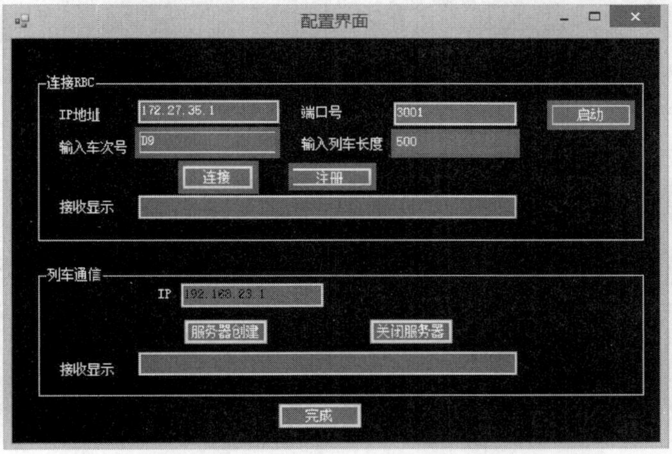

图 9-24　列车 DMI 配置信息

步骤 3:CTC 接收到列车注册信息后,根据实际情况,绘制列车运行图,调整列车进路股道,下发计划。

①点击绘图—计划线,绘制运营图。

②当鼠标靠近车站横线位置时,鼠标会变成十字架形状,单击放开,当放到第二个车站再次变成十字架形状时再次单击,绘制列车运行计划图,右键结束绘制,点击确定,如图 9-25 所示。

③在下方的进路股道配置中的相应车站点击股道切换修改进路计划,点击下计划,如图 9-26 所示。

步骤 4:DMI 接收到列车计划,进行服务器创建,与列车进行通信,再点击完成,进入 DMI 主界面,如图 9-27 所示。

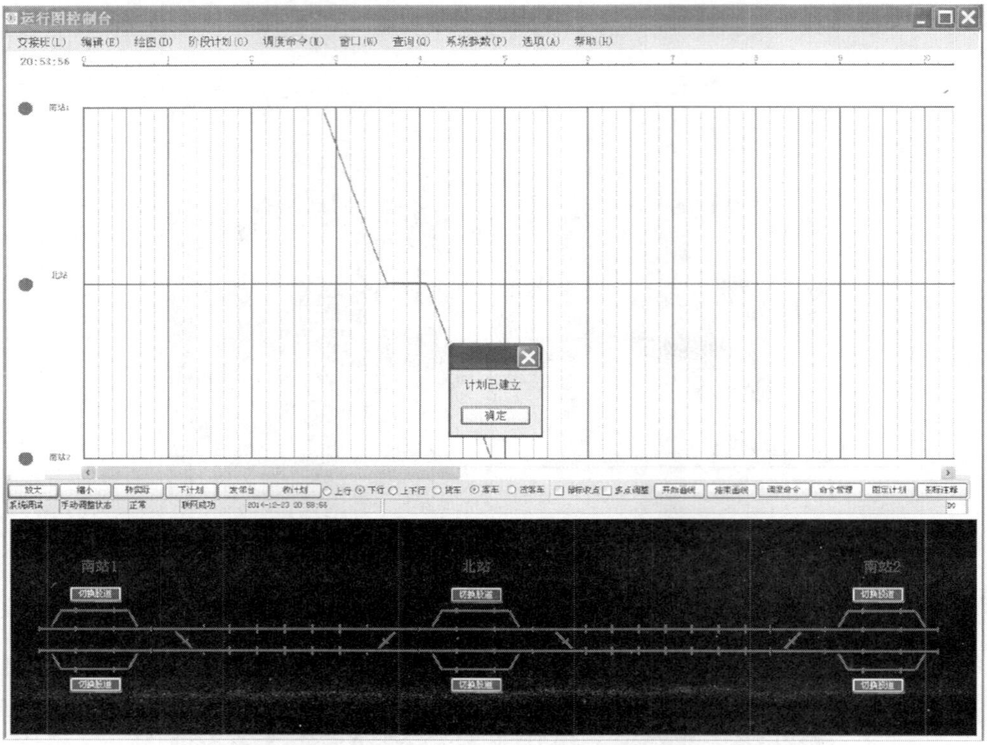

图 9-25 CTC 计划图绘制

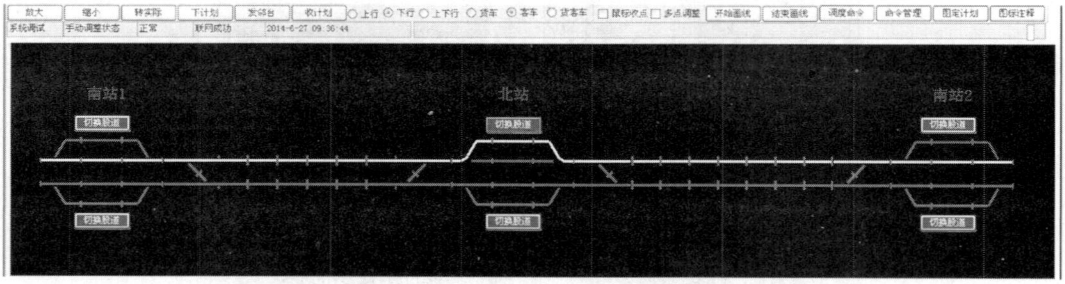

图 9-26 CTC 进路图区修改

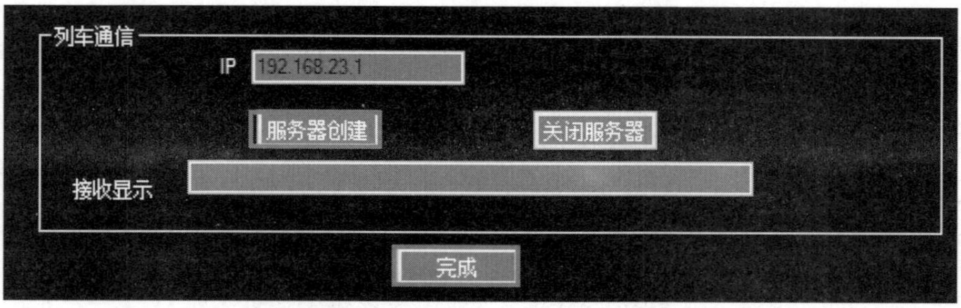

图 9-27 DMI 通信连接成功

步骤 5:在南站 CBI 进行发车操作

①等待 CTC 下发指令,查看列车接车—发车状态栏,看是否有列车计划,如图 9-28 所示。

图 9-28　车站接发车进路图区计划表

②根据计划，依次点击发车始端，发车终端按钮，再点击办理进路发车，如图 9-29 所示。

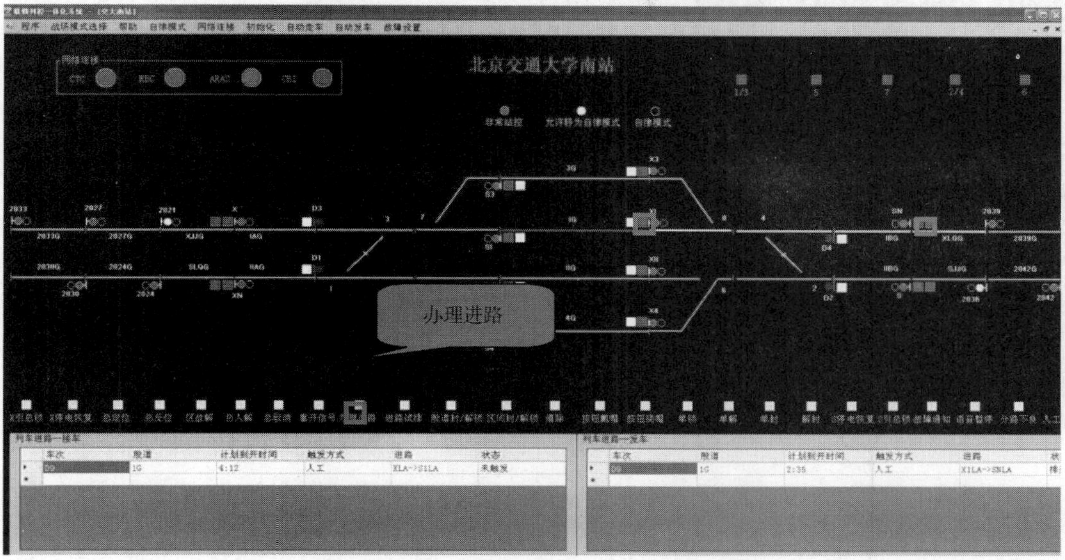

图 9-29　南站发车进路的办理

步骤 6：观察列车实际运行，或观察 CBI 红光带显示，当列车在北站进站口等待进车时，在北站 CBI 点击接车始端、接车终端、办理进路按钮，办理接车操作。再根据计划，依次点击发车始端，发车终端按钮，进行发车操作，如图 9-30 所示。

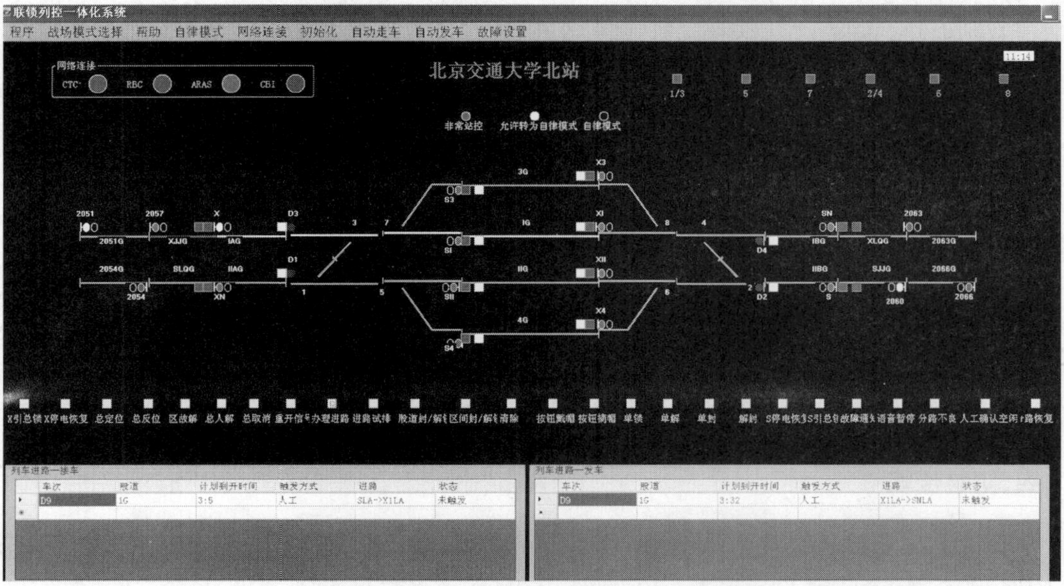

图 9-30　北站接车进路的办理

步骤 7：在南站 CBI 进行接车操作，依次点击接车始端、接车终端、办理进路按钮将列车接进站内。至此,完成一次列车全运营,如图 9-31 所示。

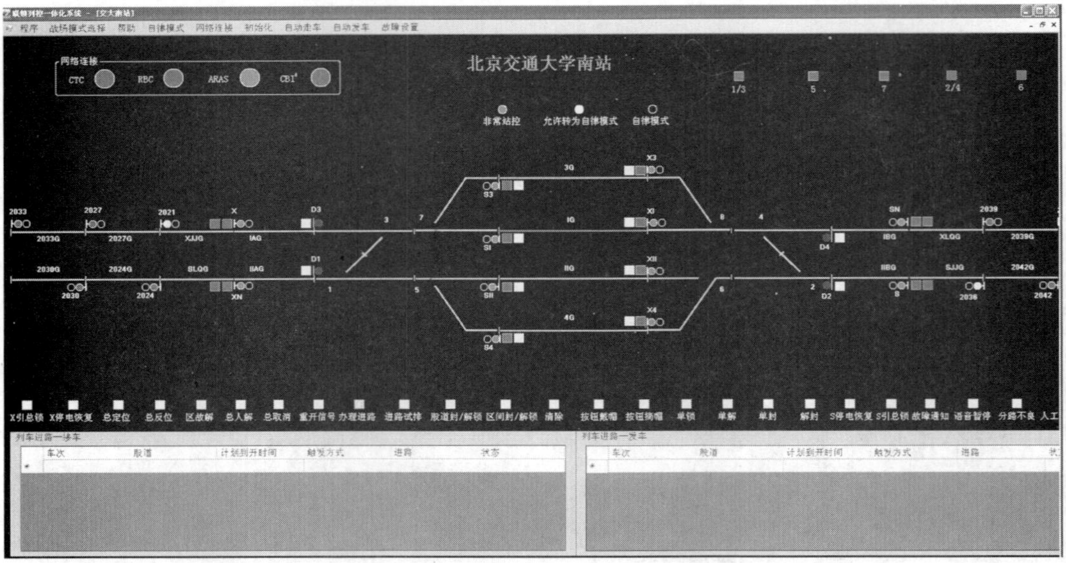

图 9-31 南站接车进路的办理

步骤 8:关闭整个系统。

第四节 多列车运行及站内超车实验

一、实验目的

通过操作轨道交通信号事故再现与分析实验系统各子系统人机界面,实现多列车的无碰撞运行及站内超车实验,理解列车运行的安全保障。

二、实验原理

分散自律在列车运行调整计划的基础上,解决列车作业与调车作业在时间和空间上的冲突,实现列车和调车作业的统一控制。列车超车就是根据超车计划绘制运行图,通过列车是否停站实现超车。

三、实验任务

操作轨道交通信号事故再现与分析实验系统各子系统人机界面,实现多列车的无碰撞运行及站内超车实验。

四、实验步骤

步骤 1:打开电源给站场演示模型供电,顺序开启联锁列控一体化设备、故障分析/CTC 设备、RBC 设备、车载 DMI 设备电源;开启列车电源;连接车载 DMI 与 RBC 系统之间、列车和车载之间的 Wifi。依次打开 CTC、RBC、联锁列控一体化、车载 DMI、故障分析系统程序,并进行各软件初始化连接。

步骤 2:将列车 1 放入南站ⅠG 上,方向为下行,将列车 2 放在南站 3G 上,方向为下行,如图 9-32 所示。

图 9-32　多列车发车起始位置

步骤 3:操作 DMI1,输入车次号和列车长度,依次点击启动、连接、注册后等待 CTC 下发运行计划,如图 9-33 所示。

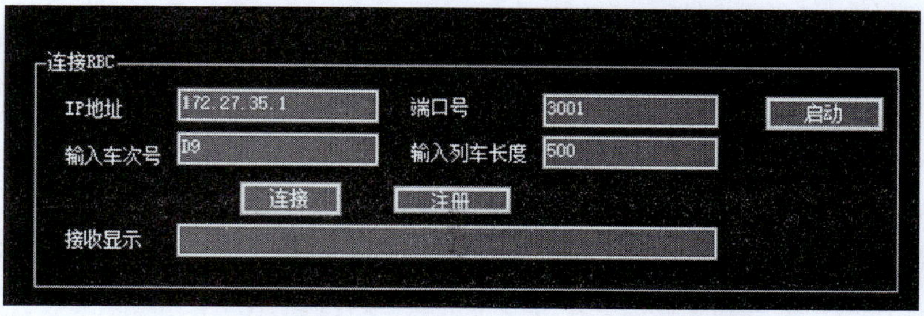

图 9-33　首发列车 DMI 配置

步骤 4:CTC 接收到列车注册信息后,根据实际情况,绘制列车运行图,调整列车进路股道(南站正线发车,北站侧线接车,北站侧线发车,南站正线接车),下发计划,如图 9-34 所示。

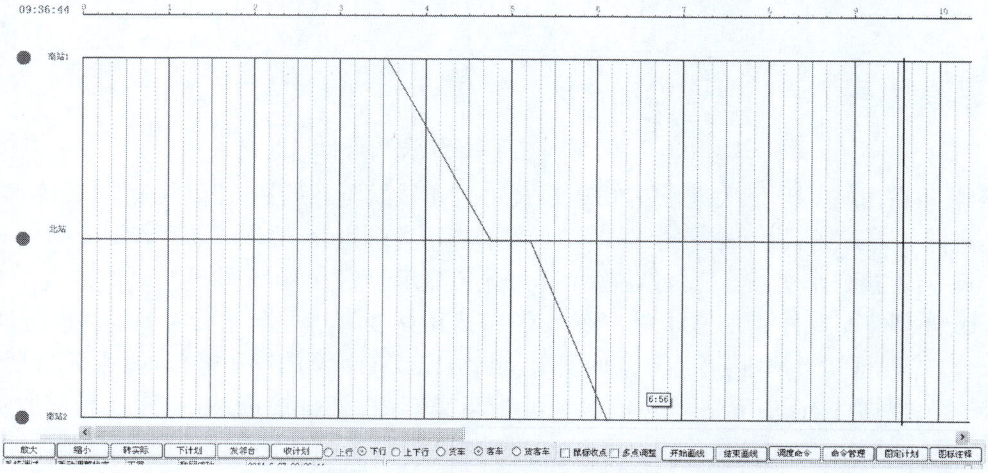

图 9-34　首发列车运营计划图绘制

步骤 5：DMI 接收到列车计划，进行服务器创建，与列车进行通信，再点击完成，进入 DMI 主界面，如图 9-35 所示。

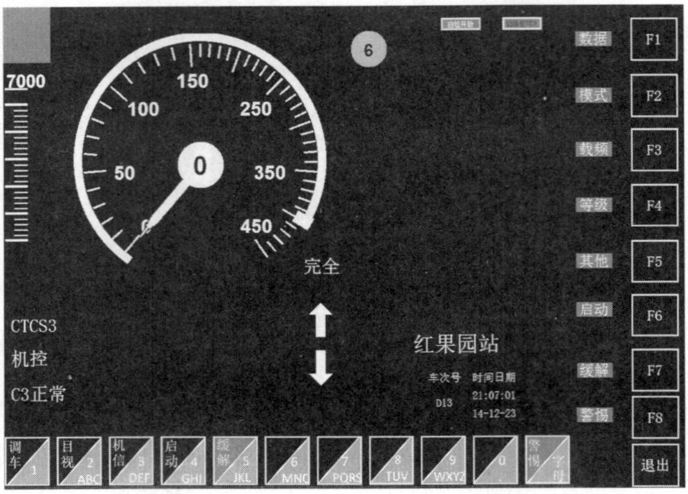

图 9-35　列车 DMI 主界面

步骤 6：DMI2 进行 DMI1 相同操作，即重复步骤 3、4、5，CTC 计划为南站侧线发车，北站正线接车，北站正线发车，南站侧线接车，如图 9-36 所示。

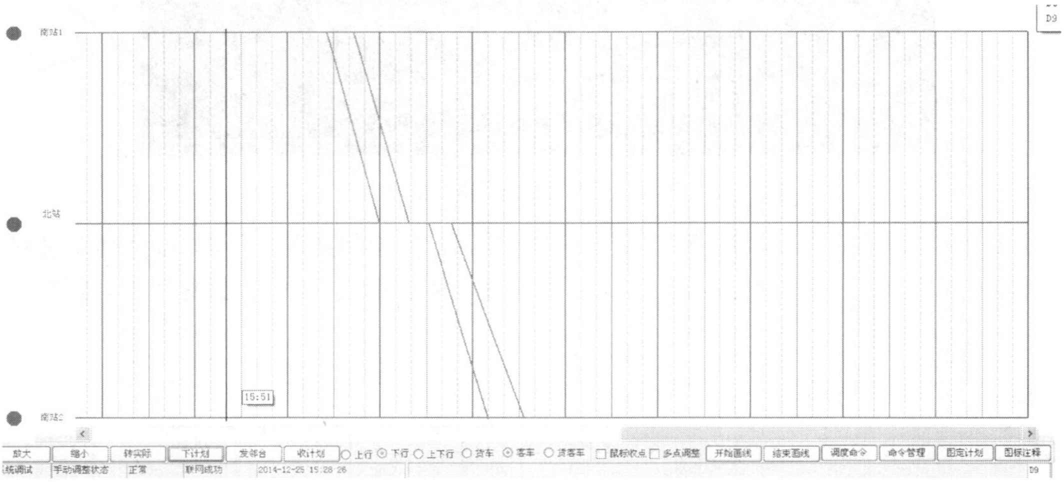

图 9-36　追踪列车运营计划图绘制

步骤 7：在南站 CBI 依次进行发车操作，先办理正线发车，然后办理侧线发车，发车步骤为先点击进路始端按钮，再点击进路终端按钮，最后点击办理进路，如图 9-37 所示。

步骤 8：观察列车实际运行，或观察 CBI 红光带显示，当列车在北站进站口等待进车时，在北站 CBI 办理接车操作。根据计划，将列车 1 接入南站 3G，将列车 2 接入 1G，再进行列车 2 发车操作，等列车 2 出站后，进行 1 车的发车，至此，完成了列车的超车操作，如图 9-38 所示。

步骤 9：根据计划，在南站 CBI 依次进行接车操作，将列车接进站内，停在相应股道，如图 9-39所示。至此，实验结束。

步骤 10：关闭整个系统。

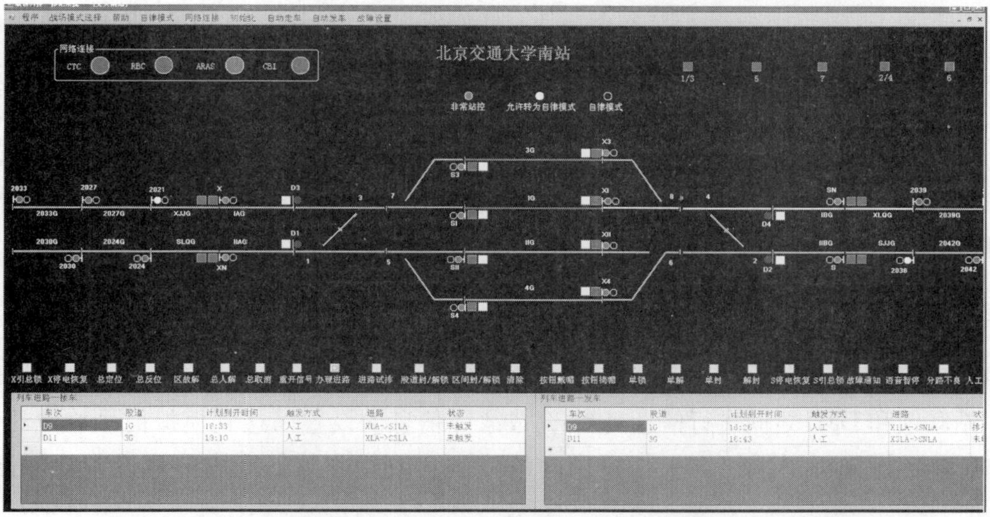

图 9-37 南站双列车发车进路的办理

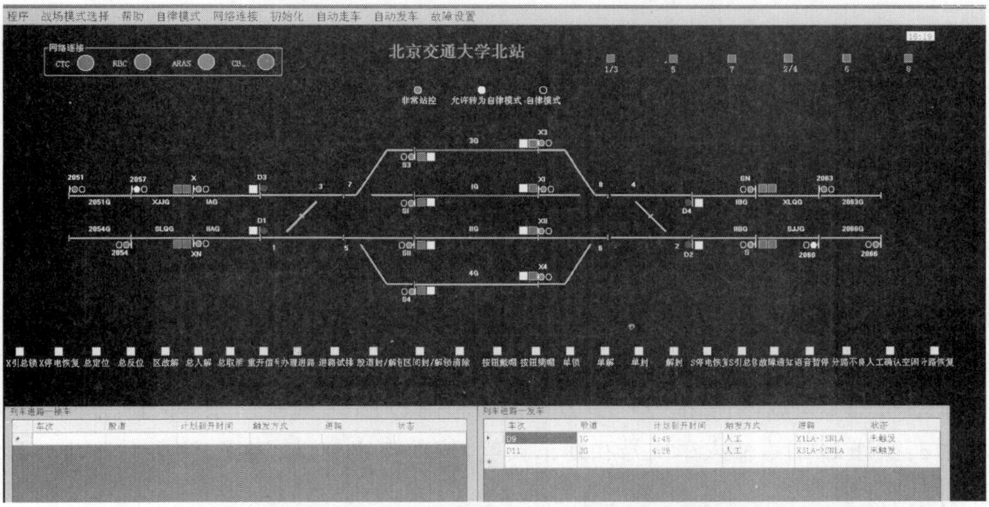

图 9-38 北双列车超车过程的办理

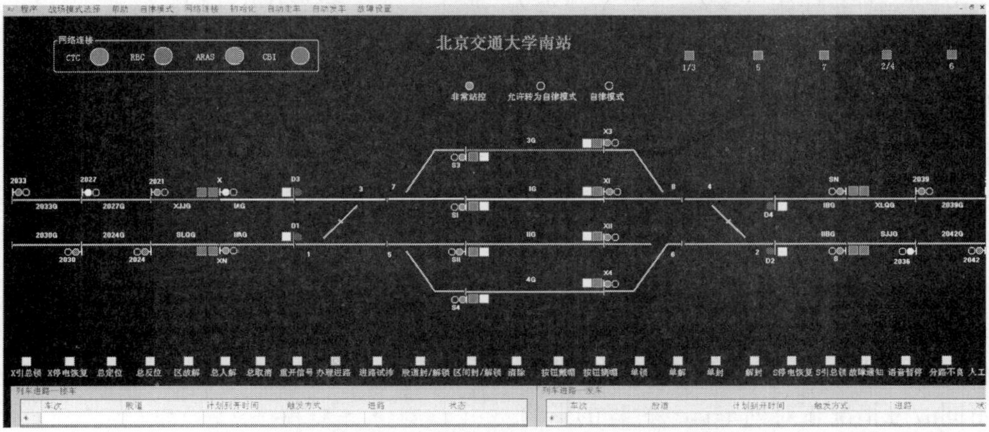

图 9-39 南站双列车接车进路的办理

第五节 动车信号事故再现与分析实验

一、实验目的

通过操作轨道交通信号事故再现与分析实验系统各子系统人机界面，模拟事故产生的过程，理解导致事故产生的原因。

二、实验原理

在事故再现与分析系统中，故障设置子系统通过 TCP/IP 数据网与调度中心、无线闭塞中心、车站联锁和 DMI 之间进行信息交互，完成故障信息的设置以达到模拟信号故障的目的；而故障诊断与分析子系统则根据提供的故障事实或相关数据完成信号设备故障诊断的作用。

三、实验任务

通过学习模拟故障分析平台设置故障方式模拟复现列车追尾事故，并理解导致事故产生的原因。

四、实验步骤

步骤 1：打开电源给站场演示模型供电，顺序开启联锁列控一体化设备、故障分析/CTC 设备、RBC 设备、车载 DMI 设备电源；开启列车电源；连接车载 DMI 与 RBC 系统之间、列车和车载之间的 Wifi。依次打开 CTC、RBC、联锁列控一体化、车载 DMI、故障分析系统程序，并进行各软件初始化连接。

步骤 2：将列车 1 放入南站ⅠG 上，方向为下行，将列车 2 放在南站 3G 上，方向为下行。

步骤 3：操作 DMI1，输入车次号和列车长度，依次点击启动、连接、注册后等待 CTC 下发运行计划。

步骤 4：CTC 接收到列车注册信息后，根据实际情况，绘制列车运行图，调整列车进路股道（南站正线发车，北站侧线接车，北站侧线发车，南站正线接车），下发计划。

步骤 5：DMI 接收到列车计划，进行服务器创建，与列车进行通信，再点击完成，进入 DMI 主界面。

步骤 6：先将 ARAS 平台和交大南站相连接，点击交大南站事故再现按钮，在 ARAS 模拟雷击，双击 2045 股道，设置故障，点击查看设置，点击确定故障，如图 9-40、图 9-41 所示。

步骤 7：在南站进行列车 2 手动发车，等列车 2 出站后，在南站 CBI 进行列车 1 发车进路办理。

步骤 8：观察 CBI 红光带显示，观察列车撞车事故。

步骤 9：同学们可以对实验内容进行拓展，通过 ARAS 平台设备各种故障，重复上述过程，观察不同故障情况下对列车运营过程的影响。

步骤 10：至此，实验结束，关闭整个系统。

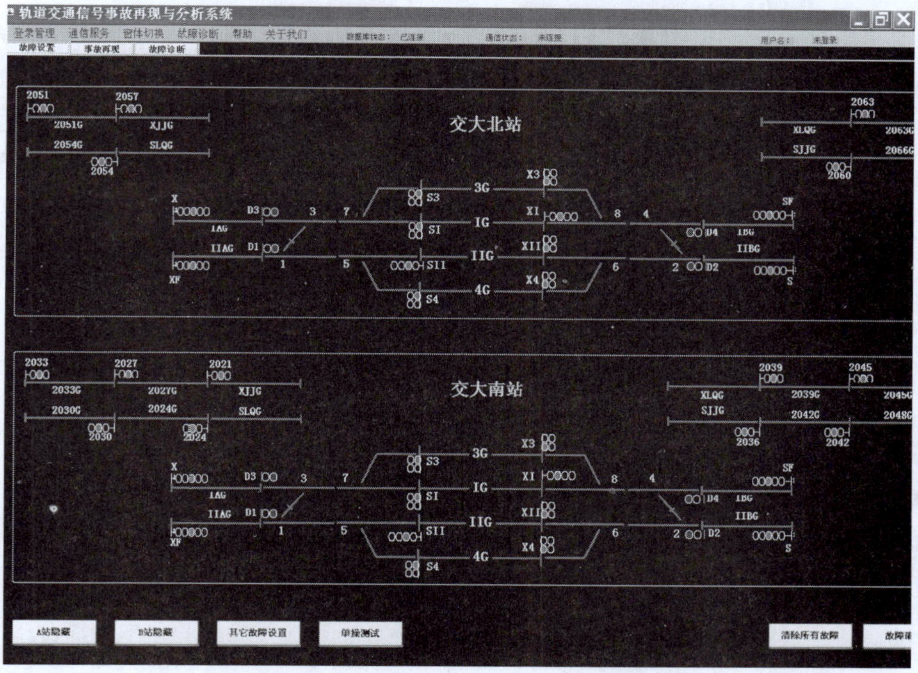

图 9-40　ARAS 系统主界面

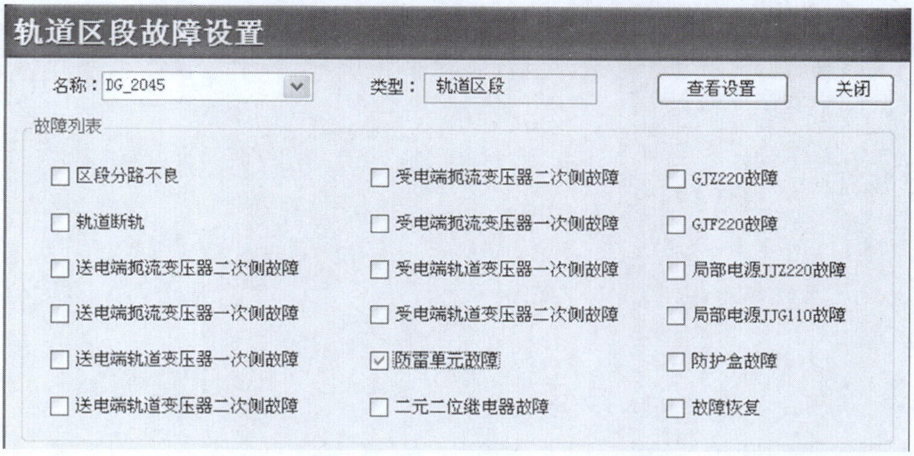

图 9-41　ARAS 系统轨道区段故障设置

参考文献

[1] 宁滨,唐涛,李开成,等. 高速列车运行控制系统[M]. 北京:科学出版社,2012.
[2] 唐涛. 列车运行控制系统[M]. 北京:中国铁道出版社,2012.
[3] 中国铁路总公司. 高速铁路信号系统[M]. 北京:中国铁道出版社,2013.
[4] 邱宽民. JT1-CZ2000 型机车信号车载系统[M]. 北京:中国铁道出版社,2007.
[5] 郭进. 铁路信号基础[M]. 北京:中国铁道出版社,2010.
[6] 铁道部. 铁路列车调度指挥系统(TDCS)[M]. 北京:中国铁道出版社,2006.
[7] 刘朝英. 中国铁路分散自律调度集中[M]. 北京:中国铁道出版社,2009.
[8] 赵志熙. 计算机联锁系统技术[M]. 北京:中国铁道出版社,1999.
[9] 徐洪泽. 车站信号自动控制[M]. 北京:中国铁道出版社,2012.
[10] 李萍. 铁路信号集中监测系统[M]. 北京:中国铁道出版社,2012.